暗夜星火

——穿越悠悠岁月的激昂文字

樊国安 ◎ 著

天津出版传媒集团

天津科学技术出版社

天津出版传媒集团

天津人民出版社

图书在版编目（CIP）数据

暗夜星火：穿越悠悠岁月的激昂文字 / 樊国安著 .
天津：天津科学技术出版社：天津人民出版社，2024.
10. -- ISBN 978-7-5742-2544-2

Ⅰ . G239.296

中国国家版本馆 CIP 数据核字第 2024LE1905 号

暗夜星火：穿越悠悠岁月的激昂文字
ANYE XINGHUO: CHUANYUE YOUYOU SUIYUE DE JI'ANG WENZI
责任编辑：刘 颖 李晓琳 张 冲 李佩俊
责任印制：兰 毅 刘 彤 赵宇伦

出　　版：<u>天津出版传媒集团</u>　<u>天津出版传媒集团</u>
　　　　　 天津科学技术出版社　天津人民出版社
地　　址：天津市西康路 35 号
邮　　编：300051
电　　话：(022)23332372
网　　址：www.tjkjcbs.com.cn
发　　行：新华书店经销
印　　刷：北京捷迅佳彩印刷有限公司

开本 710×1000　1/16　印张 22.5　字数 280 000
2024 年 10 月第 1 版 1 次印刷
定价：88.00 元

倡导置身时代、融入生活的读书观(代序)

——樊国安《暗夜星火——穿越悠悠岁月的激昂文字》读后

中学时代,笔者最爱去的一个地方就是北京的灯市口,沿着王府井大街向北,中华书局灿然书屋、商务印书馆涵芬楼书店、三联韬奋书店是网购尚未普及的时代里,一个中学生获取课外读物的最佳去处。尤其是生活·读书·新知三联书店,一进店门,最新出版的各种人文社科类图书摆在前面最显眼的展架上,地下一层还有港台原版书。我常常在书店里流连忘返,一待就是一天。钱穆、李泽厚、阎步克等人的学术名著,都是从这里购得的。

年少的我,最好奇生活·读书·新知三联书店的牌匾为何有三种字体。"生活""读书""新知",这三个词印在上面,有的味道浓郁,有的端庄大气,有的笔意简省。后来才知道,生活·读书·新知三联书店是由邹韬奋、徐伯昕等人于20世纪30年代在上海创立的生活书店、新知书店和读书出版社合并而成。今天再重新打量这几个词,"生活""读书""新知",每一个都是如此美好,编织着那一代出版人对光明未来的期许和惠及读者的情怀。

手中这册《暗夜星火——穿越悠悠岁月的激昂文字》,正与生活·读书·新知三联书店的前身之一——读书出版社有关。读书出版社成立于1936年,创办人是李公朴、艾思奇、黄洛峰等人,其前身正是1934年创刊的《读书生活》半月刊。不夸张地说,这份刊物与当时的《太白》《世界知识》等一道开辟了20世纪30年代"大革命"落潮后,以通俗化、大众化、小品化、学校化的方式,在城市青年劳工中播撒革命星火、传播先进思想、开展启蒙教育、倡导读书生活的崭新道路。作者樊国安通过查阅大量原始史料,结合人物传记、年谱、文集、回忆录等文献,为我们还原了90年前李公朴、夏征农、艾思奇、柳湜等进步知识分子的文化实践。翻阅书中节选的《读书生活》篇目,那些泛黄的书页中饱蘸的火热激情被重新激活,我们仿佛来到历史现场,窥见那个黑云压城的年代里若隐若现的"暗夜星火"。

《读书生活》创办于1934年11月10日,脱胎于《申报》流通图书馆及其读者指导部。创办者李公朴是著名的爱国民主人士,他在上海团结了一批"大革命"失败后云集至此的革命党人以及从海外留学归来的革命知识分子。其中,夏征农是从南昌"大革命"前线转移到上海的共产党员,柳湜是从长沙前线经由江苏转移到上海的共产党员,艾思奇是从日本东京留学归来的马克思主义者,其余重要成员如高士其等也秉持抗日主张,倾向社会主义,这决定了这份新刊物的红色基调。《暗夜星火——穿越悠悠岁月的激昂文字》中,作者首先向读者传递出《读书生活》同人的爱国情怀与抗日精神,通过介绍他们马克思主义中国化、大众化的生动实践,引导我们感受在帝国主义侵略加剧、国民党统治严密残酷的上海,这些进步知识分子的胆识与智慧。

20世纪30年代初,九一八事变爆发,东北沦陷;一·二八淞沪抗战失利,东部沿海地区岌岌可危;国民党当局奉行"攘外必先安内"的政策,加紧对红军围剿,中央红军主力被迫长征……在革命处于低潮、白色恐怖加剧的1934年,在"左联"和"社联"机关刊物无法正常出版的情况下,《读书生活》坚持宣传抗日主张,如1936年第三卷第五期"新年特辑"刊登了章乃器的《给青年们》、吴敏的《学生运动的总检讨》、柳湜的《把千万颗子弹打在一个靶子上》等文章,1936年第四卷第九期推出"国防总动员特辑",从政治、国防外交、经济、军事、教育、哲学、文学、戏剧、电影、音乐等方面讨论全民抗战的对策。杂志的其他栏目和文章也巧妙地融入了马克思主义观点,引导公众树立对时局的正确认识。比如,高士其的科学小品文《我们的抗敌英雄》,借人体白细胞杀菌的科学话题,用春秋笔法巧妙传递了国家兴亡、匹夫有责的思想,其现实标靶是当局和一部分人所主张的"不抵抗主义"。"读书问答"栏目在批驳《贫穷的征服》一文时,尖锐地指出"现在中国国民经济的生命是握在帝国主义的手里的",鲜明地点出了中国社会半殖民地半封建社会的性质。

值得注意的是,《读书生活》编辑部同人的公共言说不是说教式的,而是将逻辑思维与科学的世界观和方法论融入日常生活和日常情感话题之中,在引导、鼓励读者解决现实生活疑难问题、突破个人心理障碍的同时,使他们潜移默化地吸收和掌握正确认识社会现实的立场、视角、观点和方法。比如,"读书问答"栏目在回复一名想轻生的大二学生时指出,我们要把一时的冲动和情感"牵引到伟大的情操上去",这情操是什么呢?作者接着说:"我们要十分坚定底站在大众的一方,随时用冷静的头脑,配合沉毅而热烈的伟大情操,自始至终地去谋大众底幸福。"将个人的一己悲欢融入社会的广大人群中,个人也因此获得了力量和方向。作者接着告诉这位青年,"你一切都应该从矛盾上去看。当你看见失败了的时候,同时一定要看出它底收获"。用矛盾的观点看问题,意在引导失意青年看到生活中的积极因素,摆脱自怨自艾的情绪。又如1935年3月8日,影星阮玲玉在三八国际妇女节这天自杀,一位女读者希望《读书生活》对这一事件进行评价。柳湜较为全面地阐述了自杀事件背后的主观原因和客观原因,认为阮玲玉不仅成了商品化社会的受害者,也成了商品化社会的被动

"支持者"。她的死,再次成了被商品化社会消费的对象。这种分析应该说是深刻的,其价值旨归正是引导读者正确认知所处的社会和时代,逐步具备独立思考的能力。

如果说积极宣传抗日主张、潜移默化地引导公众接受马克思主义思想是《读书生活》的价值旨趣,那么通俗化、大众化、小品化、学校化则是其具体的编辑策略。一方面,杂志需要通过严格的书报检查,在国民党严密控制的城市顺利印刷出版,另一方面,又要采取青年劳工和文化水平较低的底层市民易于接受的方式,这就需要丰富的斗争经验和高超的编辑智慧。

学者谢泳曾在一篇文章中说:"一张报纸也好,一本杂志也好,它的名字总是能反映出编者的一些个性和价值取向的,而在整体上,刊物名字的风格,也能看出一个时代的文化精神。"以此观察《读书生活》会发现,杂志的名字"生活"与"读书"里藏着李公朴等人的秘密。他们首先没有起过于激进或"左"倾色彩鲜明的名字,不管什么处境,人总要"生活",不管什么年代,"读书"总归没错。因此,刊物的名字并不起眼,从表面上看不出其明确的政治倾向。进一步说,恰恰在"读书"与"生活"中,包含了创办者对现实的理解——在"大革命"落潮时期,力量微弱的底层人民,唯有抓住"读书""生活"这两点——把宏大的政治理想以及社会抱负融入静水流深的生活潜流中。从现实效果角度看,《读书生活》也确实起到了引导大众关心时事、关注社会的作用,它帮助底层群众树立正确的世界观和方法论,提高认知水平,以获得参与现实斗争的能力。它不只是一本单纯介绍读书方法和经验、传播科学文化知识的杂志,更有着极强的现实针对性,其"时事小品""读书问答""生活记录""大众习作""社会相"等栏目,针对农民遭受的盘剥、工厂"养成工"的罪恶制度、租界人民的游行抗议、青年学生的迷茫无助等社会现实发声,是一本引导读者通过"读书生活化"参与现实斗争的杂志。穿过90年的历史烽烟,再次阅读这些振聋发聩、热情似火的文字,我们很难不被知识分子与广大劳工和城市底层市民的同心同德所感动。《读书生活》在这方面取得的成功得益于以下三个具体做法:

一是大众化、平民化的话语实践。《暗夜星火——穿越悠悠岁月的激昂文字》第二章重点介绍了艾思奇主持"哲学讲话"栏目的办刊思路。他撰写《哲学并不神秘》《哲学的真面目》等篇目,倡导哲学生活化,从日常生活入手,让哲学成为大众启蒙的"明白学"。在他看来,与其一个一个解决读者生活中遇到的各类问题,不如让他们掌握唯物论、实践论哲学的科学方法,以此起到"授人以渔"的作用。正如学者冯淼所概括的:"他们的文学、哲学、社会科学教育将'资本主义'和'殖民压迫'等十分抽象的结构性的社会经济矛盾转化为个体劳动者的生活经历。资本和阶级的矛盾变成了鲜活、具体和细腻的经历和体验。"这种话语实践取得了极大成功,脱胎于"哲学讲话"的《大众哲学》,迄今印刷超过90版,赢得了"一卷书雄百万兵,攻心为上胜攻城。蒋军一败如山倒,哲学尤输仰令名"的赞誉。《街头讲话》《如何自学文学》《社会常识读本》等著名的马克思主义社会科学通俗读物,最初也是《读书生活》编者和作者与读者通信、笔谈或讲座的产物。

二是"我启你蒙"模式的反转,让大众成为言说主体。翻阅《读书生活》"生活记录""大众习作"等栏目,可以看到当时不同职业和生存境遇的底层群众和城市青年劳工来稿,他们有的痛陈做工之苦,有的冷静描写饥荒下人们抢粥的凄惨场景,有的同情流浪的小乞丐。1935年春天,夏征农曾给茅盾寄去17篇城市劳工作品,茅盾认为,这些作品除了题材广泛外,其他方面是失败的。夏征农并不同意这样的看法,他认为,写作有利于推动青年劳工从实际生活入手,提高对世界的认知水平。进一步说,思维与语言具有同一性,语言表达能力的提高辩证地促进了思维认识的提升。另一方面,同样境遇的写作者也能在彼此"看见"的阅读与写作中培养同理心,建立情感共鸣,成为"共同体"。实际上,二人的分歧在于文学标准不同,茅盾更多是从文学性出发来看待这些业余作者的创作,他认为当时文艺创作要紧的还是职业作家走向大众的文艺实践,大众与真正的创作尚有距离;而夏征农意在突破"我启你蒙"的模式,张扬底层写作者自身的主体性和写作权利,并将其作为一种文学的革命性因素进行看待。

用今天流行的"素人写作"说法来打量当时业余作者的创作,或可发现,正是这批被文学史忽略的20世纪30年代的素人作者们,为我们留下了源自现场和亲身体会的最真实、最动人也最充满血泪的生活档案。后来,柳湜将"生活记录"的自传体散文和日记编为合集,其中有农民、工人、贩夫走卒、底层士兵,以及城市中的编译、校对、练习生、学徒、店员,甚至小姐、婢女、和尚、师爷等群体的原生态生活。尽管我们看不到这样的写作如何影响了写作者自身,但他们一定在用文学组织生活的过程中,感受到了作为"作者"的主体性力量。可以说,《读书生活》基本实现了李公朴创立这份刊物时"稿子要从各社会层的角落里飞来"的宏愿。

三是建立生命情感联结的编读关系。夏征农在《读书生活》曾发表过一篇《致青年创作者》,彼时他即将告别"大众习作"这个他亲手创办和主持的栏目。文中有这样一句话:"我和诸君精神上的结合,可以说超过一切'泛泛之交'的朋友,我对于文学是外行,我很自愧常常在诸君的面前东拉西扯,然而能够有机会和诸君站在一道努力却不能不算幸运。"从中可以看出,面对这些几乎没有创作基础的青年劳工来说,作为知识分子的夏征农并不在意二者之间在社会阶层、知识背景、思想文化等方面的差异,而是将他们引为"同道"。他注重的是与普罗大众和劳动者们精神上的结合,他的编辑工作取得出色成绩的前提是与后者建立了血肉相连的情感联系。在这一点上,夏征农并非个例,不论是五四一代知识分子的"大众化""平民化"倡导,还是20世纪40年代的"走向民间",知识分子与底层群众之间的关系一直是知识界的核心关切之一。直到毛泽东发表了《在延安文艺座谈会上的讲话》,这一问题才有了"盖棺定论"式的解决。以此观察夏征农,我们感受到的是他的平视视角、赤诚之心和同怀之情。在知识界和底层群众存在不可泯灭鸿沟的20世纪30年代,因《读书生活》团结在一起的编者和作者,试图与广大人群建立生命情感的联结,这种尝试暗含了对人民命运的严肃关切,也折射出他们挖掘社会革命潜在力量的努力。

通俗化、大众化、小品化、学校化的办刊特点是由《读书生活》特定的读者群所决定的。《读书生活》在"创刊辞"中写道:"它根本就没有要喊人回书斋去,它的主要对象是店员、学徒以及一切连学校那张铁门都不能走进的人。"《读书生活》的功能是起到像学校一样的教育作用,而这种教育具有社会性、公共性、生活化的特点。李公朴曾自述,长期困扰自己的有"两种痛苦",一种是该读书的时候失学,有生活却无法学习;一种是入了学校读书,步入社会却发现学非所用。前者是"生活没有学习",后者是"学习没有生活",这种理论与实践的割裂,令李公朴深感"使读书与生活统一起来"的重要性。因此在"读书方法"等栏目中,可以看到《读书生活》所提倡的读书观是读生活所需的书、结合实践的书,同时要掌握正确的读书方法。这样一来,《读书生活》在城市青年劳工中颇受欢迎,这使广大的人群"渐渐进而与现代文化握手"。

20世纪20年,陈独秀曾讲述办《新青年》的体会:"凡是一种杂志,必须是一个人一团体有一种主张不得不发表,才有发行底必要;若是没有一定的个人或团体负责任,东拉人做文章,西请人投稿,像这种'百衲'杂志,实在是没有办的必要,不如拿这人力财力办别的急于要办的事。"《读书生活》主张的正是读书与生活的结合,理论与实践的结合。在李公朴等编者看来,他们做的是"建造地基"的工作,这种文化选择也深刻影响了《读书生活》作者群体日后的人生道路。《暗夜星火——穿越悠悠岁月的激昂文字》用近一半篇幅讲述了《读书生活》的作者高士其、鲁藜、胡绳、刘岘等人在杂志发表科学小品、诗歌、杂文、版画的故事,他们都成为各自领域的领军人物。尤其令人印象深刻的是高士其,这位中国科普文学的先驱者,以顽强的毅力和惊人的生命意志克服肢体的残疾,战斗到生命最后一刻——支撑他的正是为人民、为大众的信仰,而这早在20世纪30年代他为《读书生活》撰稿时,即铭刻进骨子里。

在媒介传播格局发生深刻变化的今天,《读书生活》这个90年前印刷文明时代的产物,其所讨论的具体问题在今天多已解决,但其中蕴含的读书观并未过时。无论我们今天是在手机上阅读,还是用耳朵听书,抑或观看短视频网站上的讲书视频,如果我们的智识活动脱离当下、脱离生活,做不到李公朴所说的"读活书",必然会折损阅读的意义。尤其是在人工智能技术使获取信息和知识无比便捷的今天,具备思想的穿透力和敏锐的价值判断力,学会从海量信息中汲取生活的养料、获得灵魂的滋养,已成为现代公民的一项必修课。美国学者罗伯特·迪亚尼曾写道,"阅读的益处在今天尤为重要,因为这是一个我们都面临着复杂挑战的时代……有技巧的、有信心的甚至带有技能专长的高质量阅读,比以往任何时候都重要。"由此可见,即使时空相隔、文化语境相异,《读书生活》所倡导的置身时代、融入生活的读书观在今天依然有很强的现实针对性,这也是作者樊国安"旧事重提"、写作此书的原因。

2024年10月

张鹏禹*于北京

---

* 现为《人民日报海外版》编辑、青年批评家。

目录

引言

　　打开90年前在上海出版的半月刊《读书生活》，翻阅纸质已经脆黄的书页，人们可以看到一个个呈现书香生活的特色专栏，可以看到一篇篇充满人间烟火气的精彩文章——"爱国七君子"之一李公朴先生忧国忧民的激扬文字；"人民哲学家"艾思奇通俗化的"哲学讲话"；"中国霍金"高士其生动活泼的"科学小品"；著名社会学家柳湜口语式的"时事讲话"……还有鲁迅、陶行知、蔡元培、陈望道、茅盾、胡愈之、唐弢、徐懋庸、章乃器、胡风、章汉夫、张仲实等一代大师在《读书生活》中留下的充满思想火花的文字。

　　这些静默无声的文字穿越悠悠岁月的时空，依然散发着浓郁的书香芬芳，依然激荡震撼着今天读者的心灵。

　　20世纪30年代，是日本帝国主义占领我国东北，侵入华北，中华民族危机空前严重的时候；是国民党统治者对日本侵略实行不抵抗主义，对人民大众施行法西斯高压政策最残酷的时候；是中国共产党领导的工农红军退出南方根据地进行艰苦的万里长征的时候；是在国民党书报审查制度下，连"抗日"两个字都不能见于公开出版的报刊上的时候；是由于看不到民族的出路和个人的前途而产生的愤懑、苦恼、彷徨、恐惧纷纷交织在一切善良的中国人民心中的时候。

这时候一个十分严峻的问题摆在中国人民面前：中国能不能避免亡国的命运？中国能不能有光明的前途？

《读书生活》杂志正是在这个时候诞生了。它于1934年11月10日创刊，针对人民大众普遍关心的小到个人家庭生活遭遇，大到世界形势和国家民族的出路等现实问题进行通俗化的解答，用生动活泼的形式将马克思主义思想和自然科学知识渗透到人民大众的日常生活之中；它大力提倡"把读书融化在生活中""读生活需要的书""用正确的方法读书"，通过读书指南、自学指导、理论指导、征文活动等方式，致力于为工人、农民、店员、学徒、学生和自学者以及不同社会背景的读者提供丰富的精神食粮，让更多的人能够理解读书做人的重要意义；它极力主张"一边为生活挣扎，一边挤时间读书"，"以补学校教育之不足"，追求刊物的生活化、小品化、大众化和学校化，积极引导广大读者参与到政治、社会和国家大事的关注和讨论中，投身到改变自身命运的伟大斗争中。

《读书生活》杂志在一二·九运动之后民族解放新高潮阶段，将刊物的内容转向了争取民族解放和宣传抗日救亡，热情地鼓舞千千万万的热血青年奋力投身中国共产党领导的民族解放斗争之中。

《读书生活》杂志秉承"把读书融化到生活中"的科学理念，采用春风化雨，以文化人的方式将浓郁的书香播撒到人民大众的心灵深处，受到了海内外广大读者的热情拥趸，曾经远销到美国（檀香山）、东南亚乃至欧洲国家。当年与李公朴先生同为"七君子"的邹韬奋先生称赞《读书生活》杂志的创举"在中国都打破了纪录！"[①]

《读书生活》成为20世纪30年代社会影响力最大的进步刊物之一，深入探究其成功的原因，是因为《读书生活》拥有一支非常优秀的编辑团队。

---

①邹韬奋：《经历》，生活·读书·新知三联书店，1978年，第121页。

《读书生活》的编辑团队在知识结构上，总体上具有中西兼顾、古今贯通的特征。李公朴、柳湜、夏征农和艾思奇四人，接受过从小学到大学的系统教育。其中，夏征农和艾思奇二人都读过私塾，李公朴有在美国、欧洲的留学经历，艾思奇有在日本的留学经历，他们都接受过比较系统的近代教育。

因此，他们不但具有较为扎实的中国传统文化知识基础，还了解、掌握西方国家的现代前沿知识。这种较为丰富的学习经历和知识结构，为编辑出版《读书生活》，从事现代知识生产奠定了宽广而扎实的知识基础。

《读书生活》的编辑团队在政治倾向上是社会主义。李公朴先生虽然不是共产党员，但他思想开明，向往社会主义，"关注下层社会"，坚决支持中国共产党的抗日主张，属于进步民主人士。柳湜、夏征农和艾思奇是中国共产党党员，他们虽然是以个人身份进入《读书生活》编辑部，同时也与我党领导的"社联""左联"有密切的联系。他们在做好李公朴先生思想工作的同时埋头苦干，对组稿、审稿、定稿认真负责，与李公朴先生密切配合。其他左翼文化人士和共产党员，如章汉夫、钱亦石、沈志远、胡绳、薛暮桥、张庚、周立波等人，也经常为《读书生活》撰写时事解说、社会科学理论、文学评论以及写作指导等方面的文章。

在当时国民党政府实行白色恐怖的政治大气候下，《读书生活》编辑部针对所处的困难复杂的政治形势采取了较为睿智恰当的应对，就像鲁迅和茅盾那样，既"不去参加，但也不便反对这过左的行动"，以专注于中小知识分子和劳苦大众的读书生活为切入点，巧妙地和国民党当局进行周旋和斗争，从而成为当时独领风骚的一份进步刊物，获得了巨大成功。

由于《读书生活》有效地宣传革命和动员革命工作，促使广大爱国知识青年从中国共产党的抗日主张中看到了中华民族的希望，从而产生了对中国革命的向往，所以，最终形成了燎原之势的"星星之火"。

胡绳先生认为，《读书生活》等进步刊物在20世纪30年代上海左翼文化运动和抗日救亡运动中,从人民大众的生活需要和接受能力出发,进行了颇有特色的马克思主义宣传和科学启蒙工作,对于促进抗日民族统一战线、普及文化科学知识以及推动人民大众的政治觉醒产生了巨大的社会影响。

《有思想的生活——智识生活如何滋养我们的内在世界》一书的作者泽娜·希茨在该书的前言中指出:"智识生活并不是只有专家才能参与的职业活动。因为它的核心价值是普遍的,所以它可以出现在出租车内、海滩别墅、读书俱乐部、工厂休息室或业余植物学家的后院中,出现在零散或系统的深思熟虑中,毫不逊色于大学里的智识生活,甚至更胜一筹。""一度塑造了美国人精神文化的'伟大书籍阅读运动'就是在工人阶级中首先开始的。在工人协会中,从事体力劳动的人寻求思想的成长,希望成为内心生活充实的人。"①

重新阅读《读书生活》这份在20世纪30年代中国颇有社会影响力的进步刊物,深刻领悟《读书生活》"把读书融化在生活中"科学理念的伟大实践,我们可以得出这样的历史结论——这份刊物倡导的大众读书生活"毫不逊色于大学里的智识生活,甚至更胜一筹"。

---

① 泽娜·希茨:《有思想的生活——智识生活如何滋养我们的内在世界》,吴万伟译,中信出版集团股份有限公司,2023年,前言和第17页。

第1章　《读书生活》诞生记

　　1931年,九一八事变后,日本占领东北三省,开始了变中国为日本殖民地的侵略活动。在这民族危机日益严重的时刻,国民党当局坚持"攘外必先安内",在加紧对苏区红军"围剿"的同时,在国民党统治区实施法西斯专政,残酷镇压抗日民主运动,对进步文化也进行"围剿"。不少爱国志士和爱国青年被捕、监禁和惨遭杀害。

　　从美国留学归来的李公朴和许多爱国民主人士一样,在焦急、苦闷、彷徨中寻求着抗日救亡和民族解放的道路。他和高士其在南京筹办《全球通讯社》,准备把欧美留学生联合起来,报道各国新闻,但由于当局的种种限制,未能办成。后来又与南京文化界知名人士发起组织中国国际合作协会,联络各国文化界人士,呼吁国际社会制止日本帝国主义侵略中国;参加上海废止内战大同盟成立大会,报告出席国际和平大会情况,呼吁停止内战,团结御敌。

　　1932年春天,李公朴又在上海与邹韬奋、胡愈之、戈公振、杜重远、毕云程等发动筹办《生活日报》,因为国民党政府百般刁难,出版后时间很短就被迫停刊。

　　《生活日报》被迫停刊后,继续为社会做点什么呢? 此时李公朴想起在从常州到上海的火车上曾经遇到的一件事。

当时坐在李公朴对面的一个小青年,穿着一件藏青色的竹布长衫,一直在专心读一本乌黑破旧的书,李公朴知道那是《七侠五义》。小青年的文化水平似乎不高,读书比较吃力,一字一句地辨认。他手边还有一本小开本的《学生字典》,遇到不认识的字,便翻《学生字典》。小青年是丹阳上的车。李公朴和他攀谈起来,得知小青年叫许小川,是丹阳乡下人,今年十六岁。年前由亲戚介绍,许小川到上海大陆商场一家五金店学生意。他对李公朴说:"家里穷没有钱供我读书,只在十岁那年进私塾读了年把书,师傅嫌我文化低学不了生意,让我在店里打杂。店里所有的杂事都由我干。我想多识点字,读点书,能早点学上生意。"①②

李公朴想到,在上海有很多像许小川这样的店员、工人以及失学失业的青少年。他们想读书也无书可读。这部分人如果不帮助他们提高文化素养,不帮助他们学一点谋生本领,在上海这样灯红酒绿的大染缸里,很容易误入歧途。李公朴很想帮助他们,但不知如何下手。他带着这个问题,拜访了陶行知、蔡元培、邹韬奋、戈公振等先生和朋友,倾听他们的意见。最后他决定开办一个流通图书馆,免费借阅,让青少年有书可读,引导青少年读有用的书。"使他们能得到一点读书机会,灌输他们以种种常识,以增进其生活技能和对社会服务的效率。"

经黄炎培先生介绍,李公朴结识了《申报》总经理史量才。当时,《申报》是国内最有影响的报纸之一,九一八事变后,《申报》从维护民族利益出发,代表民族资产阶级发声,接连发表评论,声讨日本帝国主义的罪行,抨击国民党的不抵抗政策,要求国民党结束一党专政、实行宪政,并积极支持中国民权保障同盟的革命活动。

---

① 杨金达、陈荣著,李公朴研究会编:《李公朴之歌》,群言出版社,2020年,第11页。

② 编者按:全书引用部分,对于遣词造句与今不同之处,以保留原文为原则。

对于李公朴开办流通图书馆的想法,史量才先生非常欣赏,他当即决定,把流通图书馆纳入《申报》馆的一部分。史量才聘请李公朴为图书馆馆长,所有工作人员的薪水由《申报》馆按月发给,同时先拨3000元作为开馆经费,主要用于购买图书,以后每年按《申报》馆的利润情况拨发。

1932年12月12日,《申报》流通图书馆正式开馆,馆址设在上海南京路大陆商场(慈淑大楼),面积达500多平方米。转年1月10日,图书馆正式对外提供借书阅读服务,读者对象主要是上海广大的学徒、店员、工人、职员和青年学生。

这一天,李公朴骑着自行车提前一个半小时往图书馆赶来,抵达图书馆门口时,时针正好指向六点钟。门口已经有20多位青年读者冒着零度以下的低温,顶着呼呼吹来的西北风等候图书馆开门了。

李公朴赶紧把图书馆的大门打开,没想到排在第一个的竟是许小川。他赶紧走过去握住许小川的手说:"小川,你怎么这样早?不冷吗?"

许小川说:"我昨天向老板请了假,四点多一点就往这里赶,到这里五点刚过。我一定要抢在第一位借书,我想用这样的方法表示对您的感谢。"说完,他天真地笑了。

这时,许多人围过来对李公朴纷纷说"谢谢"。李公朴内心也很激动,他没有想到自己刚刚为大众做一点事,就得到了大家的拥护。[1]

《申报》流通图书馆开馆第一天就借出了432本图书,占馆藏总量的五分之一。照这样的借阅速度下去,馆藏图书远远不能满足读者需求。

李公朴决定向各界朋友求助,很快就收到了邹韬奋《生活》周刊图书馆捐赠的图书500本。随后又收到了黄炎培职业学校、陶行知职业学校、南洋大学堂、震旦学院、同济大学、复旦公学和他的母校沪江大学等多所

---

[1]该故事出自杨金达、陈荣著,李公朴研究会编:《李公朴之歌》,群言出版社,2020年,第25—26页。

学校捐赠的图书三万余册。

一天傍晚，李公朴从《申报》流通图书馆步行回家。沿途路过许小川所在的五金店，发现他正趴在柜台上借着微弱的灯光看书。许小川一抬头见是李公朴，惊喜地说："李先生，您来了。您办了一件大好事。"

李公朴说："你从图书馆借的书，都能看得懂吗？"

"我已经借了三本书了，大体上能懂，不懂就写信问，你们给我答复。只是他……"许小川指着站在他身边的大个子说，"他也想读书，我给他借了一本书，可是有一大半字不认识，读不下去。"

大个子接过话茬说："小时候家里穷，读不起书。我也想读点书，学点文化，可是无缘了。李先生，要是你办一所教人认字的学校就好了，我一定第一个报名。"①

办一所教人识字的学校，这是一个不错的建议。李公朴看着这位青年店员渴望读书的眼神，心里忽然动起了一个念头——创办业余文化补习学校。

于是在1933年2月，李公朴先生又创办了《申报》业余补习学校，两个班的招生计划很快超员，还有"编外"登记的报名者493人。

他看到这些热切要求学习的年轻人，心里是高兴的，年轻人要求学习，重视文化，这是一件好事情。国民素质提高了，国家才大有希望啊！"我一定要让他们到业余补习学校来学习。"于是，他又求助黄炎培先生，在中华职业学校增设了五个班的分校，解决了"编外"学员的求学问题。

为了保证教学质量，李公朴聘请了王云五、章乃器、陶行知、陈望道等上海知名的教授、专家、学者共33人，组成特约兼职指导教师。

在业余文化补习学校里，李公朴接受陶行知和黄炎培的建议，在重视

①该故事出自杨金达、陈荣著，李公朴研究会编：《李公朴之歌》，群言出版社，2020年，第33页。

文化和职业技术教育的同时,还开展各种活动,成立了三个歌咏队,一个新生合唱队和一个口琴队。他们经常到街头演出,进行抗日宣传。学校的活动办得十分活跃,很受学生欢迎。不少专家、学者予以高度评价,说《申报》创办流通图书馆后又办了一件大好事。

李公朴还在图书馆创设了"读书指导部",负责编著《自学入门》《读书问答》等指导刊物,在浩如烟海的典籍中明示各学科的书目、要籍提要和研究方法,指导读者怎样有计划地读书,怎样选择图书,怎样阅读。同时还在《申报》开辟了"读书问答栏""店员通信""业余周刊"等专刊,由艾思奇、柳湜、夏征农、周巍峙等人负责撰稿回复读者咨询。

李公朴把读书指导部的工作作为图书馆的核心工作来抓,他经常对艾思奇、柳湜、夏征农说:"读书指导部是读者和图书馆联系的纽带,也是提高读者阅读水平的重要环节,拜托大家一定要把它办好。我们图书馆犹如一所社会大学,我们要把图书馆办成学校,让每个读者有所受益。"[①]

著名出版人陈汝言回忆说:

> 30年代,我在上海《新闻夜报》任职。业余时间去量才补习学校学习国文和英文。校长是救国会领导人之一的李公朴先生。此时,正值日帝侵占我东三省,又把魔爪伸向华北,图谋并吞全中国。上海各界人士义愤填膺,奔走呼号,纷纷成立救国会,抗日救亡运动风起云涌。
>
> 在这国势岌岌可危,民族处于生死存亡的严峻形势下,李校长常常在课堂上给我们讲解国内外形势,并慷慨激昂地指挥我们唱《义勇军进行曲》《毕业歌》等爱国歌曲,激发同学们的抗日热情。与此同

---

① 该故事出自杨金达、陈荣著,李公朴研究会编:《李公朴之歌》,群言出版社,2020年,第29页。

时,我在公朴先生的教诲下,参加了"职业界救国会",积极参与了在该组织领导下的一系列爱国救亡活动。

我在课余之暇,还常常到量才流通图书馆借阅书刊,该馆读书指导部的柳湜、艾思奇、夏征农等人经常前来辅导。我也经常向他们请教,他们总是不厌其烦地进行指点。

学校为了提高学生的写作能力,宣传抗日救国,成立了国文研究会,邀请金仲华、艾思奇、柳湜、夏征农等人前来讲演和指导,我提出的许多问题,他们深入浅出地给予解答。这种诚恳热情,平易近人的作风,使我深受感动。①

张静庐先生的自传《在出版界二十年》中这样写道:

早晨躺在床上看当天送来的几份日报,从《申报》本埠新闻后面附录里,读完艾思奇、柳湜先生们所主持的"读书问答",成为我最近的一种习惯。

一天,在问答的末段,看到说因某种关系,要将这一栏取消,另外改出一种周刊或旬刊的消息。自己是一个天天读这个类似函授讲义的老读者,既可惜从此不再有机会读这讲义;又想急于读到行将改编的周刊或旬刊。为自己,也为别人,就写一封信给李公朴先生。他是《申报》流通图书馆主任,这一栏是归图书馆的某一部门所担任的。

很快来了回信,很快我们就谈妥了(合作出版《读书生活》)。

十一月十日,《读书生活》半月刊就在上海杂志公司里出现了。这是第一种。

---

① 生活·读书·新知三联书后文献史料集编委会编:《生活·读书·新知三联书店文献史料集(下)》,生活·读书·新知三联书店,2004年,第1259—1260页。

为想减轻读者负担,我们商定用半价办法优待定户。如果你在打算盘珠,任凭你怎样打法,这半价预定是非亏本不可的。我们采取掩耳盗铃自骗自的方法,将这本刊物假定销数是六千份,就以六千份作为造本预算。另外再由公司代定部付印四千份,这四千份呢,不要编稿费,不要排工费,光是纸张和印刷,当然成本低廉多了,就将这一批便宜货,提出来作为半价预定,总算勉强通得过。

不料在出版的前一天、后一天,三天之内预定达四千五百份。预定杂志踊跃到这样,倒是生意经历所未曾遇到过。其时,还没有搬到新房子去,小小的门市挤破了,一批要进去,一批还没有出来,引起中央捕房派巡捕来干涉,说是妨碍了交通! ①

张静庐先生在这段有趣的回忆文字中惊叹《读书生活》创刊号的发行量是他多年做出版"生意经历所未曾遇到过"的一个大惊喜! 同时揭示了另外两个小'秘密'——一是说明他本人是《申报》"读书问答"专栏的一位热心读者,是这个专栏的主持人艾思奇和柳湜的"铁粉",由此可见《申报》"读书问答"专栏在当时上海社会各界产生的巨大影响力;二是透露出创办《读书生活》的关键人物是李公朴先生。

说起创办《申报》流通图书馆和开办大众业余补习学校的原因,李公朴先生在《我与〈读书生活〉》这篇文章中写道:

我幼年的时候,曾在镇江京广货店和兴盛中学过生意,做过整日忙到晚的小学徒。从那时候起,就深深地感觉到幼年失学的痛苦——这痛苦对于我是很深刻的,而且是没法解决的。在当时的商店中做学徒的,不用说整日的找不出适当的学习时间,就是稍有一些

---

① 张静庐:《在出版界二十年》,上海书店,1984年,第171—172页。

时候让我去学习,也是找不到最合乎学徒们生活的书籍、杂志或报纸,帮助我解决知识上、精神上的苦闷。

然而当我上了中学,读了大学,中途因政治工作脱离了学校以后,总算是受过高等教育的人了。可是一踏入社会担负起实际的工作,立刻就到处碰壁,才知道所谓学校的教育是冠冕堂皇的悬在空中不着实际的教育,受教育的人是所学非所用。因此我的第一种痛苦——是幼年失学,我的第二种痛苦——是所学非所用。

由于只有生活——而没有并且不能有生活中的学习,因此生活是枯燥无味的,是不充实的,是没有前途的生活。我就有了第一种痛苦,痛苦的根源是不能读书。

由于只有学习——关在各种学校的大门里埋头读死书,将学到的东西拿到社会上实际工作中去应用,结果是毫无所用,我就有了第二种痛苦,所以痛苦的根源,是学非所用。

《申报》流通图书馆 "一·二八"事变后是我从美国回来第二年。那时中华民族已遭遇着空前的恶运,东北四省已被日本帝国主义强占了。而国内的形势还是四分五裂的状态。"团结全国各党各派的力量,为中华民族的彻底解放而斗争",我虽有着这样一个薄弱的概念,但还不是一个事实,而是一个新启蒙运动的开始。

我当时看到了广大生活在上海的学徒、店员、工人、职员,于是就联想到当我做小学徒时所感觉到的痛苦——只有生活而没有学习。在上海广大的学徒、店员、工人、职员中恐怕有大部分是不能够例外的。

同时我也看到了千万的关在全国学校大门里读死书的学生,我就不能不联想到当我由学校走入社会时所感觉的痛苦——所学非所用。在全国读书的青年学生也是不能够例外的。

所以我当时一有了新启蒙运动的概念,而且预备做一点启蒙工作的时候——团结全国各党各派的力量,共赴国难,为中华民族的彻底解放而奋斗到底——也就以解决与自己有同样痛苦的学徒店员、工人、职员的痛苦——只有生活没有学习。青年学生的痛苦——只有学习，脱离生活的责任，为自己工作的主要目标之一了。

在许多的朋友互相研究帮忙之下，我们就创办了《申报》流通图书馆。

《申报》读书指导部 《申报》流通图书馆的成立，虽然在形式上与其他国内公私立的图书馆没有什么差别，然而在其组织上、内容上、性质上是有着她的特点的。首先就是我们办这图书馆的立场，是站在社会教育的立场上，是站在新教育的观点上，我们要使图书馆"教育化"。

第二：由于以我们的立场与观点来办图书馆，所以我们的图书馆，就不像学校中的图书馆，或其他图书馆那样，仅仅成为研究和读书的工具与场所，是附属性的。而我们所办的图书馆，是这样的图书馆——是图书馆的学校化，图书馆的本身就是一个实施社会教育的学校。

第三：由于我们的图书馆，本身是"学校化"了的图书馆，是实行社会教育的图书馆。不是附属性质的研究读书的工具场所，而是实行新教育方法特殊式样的学校。所以我们的图书馆就不仅做了像旁的图书馆同样借书给人看的工作，而且做了旁的图书馆没有做的工作，就是指导人读书，帮助人读书，告诉人在那空前的国难时代，应该读些什么书，必须要读些什么书。

在图书馆内，我们附设了读书指导部，专门负责解释读书人的种种疑问，答复旁人写信给我们提出读书生活的问题。我们每日接到的信，平均约有四五十封，来信中有长至万言者，我们的回信亦常常有四五千言以上者。①

---

① 方仲伯编：《李公朴文集》，云南人民出版社，1987年，第885—888页。

毫无疑问,《申报》流通图书馆、《申报》"读书问答栏"等面向人民大众的读书活动获得了出乎预料的成功。直到1936年底李公朴先生被捕为止,流通图书馆藏书由两千多册增加至三万多册,拥有读者两万多人。

李公朴先生在《一年来读书指导部的工作和今后的计划》中写道:

在一年以前,我们看出了我们的读者对于图书的选择上,书籍的读法上,以及知识的应用上都缺乏一定的素养。本馆为了供给他们以一个实际的而且急切的需要,便毅然决然地创设了读书指导部。这一举,我们虽然找不到一些很好的成法,做我们的参考,但是,本馆既然认定了这一举是读者们的需要,便也只好尽我们的能力探索地前进了。

……

在过去的一年中,我们对于读者经常地个别通信,指导他们怎样计划读书,怎样选择图书,怎样进行阅览,怎样解答字句上、意义上的种种问题。对于读者们所提出的一般问题,我们又曾经在《申报》上做过公开的解答。这其间虽然遇到了若干的困难,饱尝了许多人事上的麻烦,然而,终究因为读者们有一种实际上的要求和对于本馆的十分爱护,有一些手续上的困难,也一天天地减少了。

到现在,我们已经更深切地明白了读者们各种具体的要求。我们知道:在目前,他们一方面需要他们自己业务上特殊的知识,同时,一方面,他们对于中国乃至全世界的政治经济和文学艺术等等都想获得一个明白的了解。

他们和我们通讯,态度是十分的诚恳,问题是十分的具体。有时候,为了他们的问题,引起我们去找专家,有时候又引起我们去查书。这样一类的事,做起来似乎很麻烦,但是,我们看出这是替大众解答了具体的问题,同时,他们又在很热心地学习,所以,我们也把它看成一种很快乐的事了。

在最近,我们又看出了他们对于书籍的选择已经有了一点点转变。在从前,他们所读的书报和他们急切的需要,是不相关联。他们所需要的是有益于他们职业上的知识,但是,他们所阅读的却是一些仅供消遣或是绝无价值的东西。他们所需要了解的是中国或国际的政治经济等的知识,然而,他们所最喜欢的是很平凡的小说甚至是无聊的小说。目前,他们改变了:他们喜欢看报,并且不愿看那些无聊的小报了。他们喜欢看杂志,并且喜欢看那些很进步的杂志了。借书的,是借社会科学书籍的人增多了;甚至,他们有的还在研究方法论了。他们有的人已经认定:读书或者做事,若是没有正确的方法。那是花了时间还得不到好的结果的。①

尽管《申报》图书馆读书指导部的阅读推广工作取得了前所未有的社会效果,面对日益增多的追求真理的广大读者,面对人民大众如饥似渴的读书要求,仅仅依靠一个读书指导部和一个报纸的"读书问答"专栏,已远远不能满足人民大众日益增长的读书要求,同时这个专栏也开始遭到反动派的疑忌。

在《申报》一次研究如何应对上海国民党市党部图书杂志审查官员干扰和破坏的编务例会上,史量才先生要求全体编务人员一定认真工作,避免麻烦,在一些非原则的问题上,能迁就的就迁就,对一些有关民生的原则问题,不能让步的就寸步不让。他说:"我还是这样的话,国有国格,人有人格,报有报格,人没有了人格,猪狗不如,报纸没了报格,擦屁股都没有人要。这样的报纸不办也罢。我们要跟作家打招呼,文章尽量写得心平气和一些,隐晦一点,要学鲁迅先生,用事实说话,少一点刺激性的词

---

① 方仲伯编:《李公朴文集》,云南人民出版社,1987年,第726—727页。

语。有些话不得不说,我们照登,让他们去删,删了我们就开天窗。读者会理解我们的。"①

史量才先生的一番话说到了大家的心坎里,大家报以热烈的掌声。

会后,他把李公朴叫到《申报》总经理办公室单独谈话。史量才先生告诉李公朴,他总感到蒋介石可能要对《申报》动手,所以要早做准备,以免措手不及。他说:"我们报纸有三块内容特务盯得很紧,一是'新闻报道'栏目,二是'自由谈'栏目,三是'读书问答'栏目。我想最近一段时间尽量少报道一些敏感的新闻,'自由谈'里建议作者隐晦一点,少用曲笔,'读书问答'栏目,办得很成熟,很有成效,但常被特务等人嗅出问题来。昨天为了艾思奇文章中的一句话,硬被特务敲去三十元大洋。我建议把'读书问答'栏目从《申报》馆里撤出来,另外办份杂志。你看行不?"

李公朴早就想把"读书问答"栏目从《申报》馆拉出来,办成一份正式杂志。正是英雄所见略同。他一口答应:"完全可以,我也有这样的想法。"②

史量才当场拍板拨给新刊物3000元开办费,同时给国民党上海市党部报刊审批处一位朋友写了一封信,并叮嘱李公朴抓紧办理新杂志的审批手续。

李公朴回到图书馆办公室,立即把艾思奇、柳湜和夏子美(夏征农)等人叫来开了一个紧急会议,告诉大家,他已和史量才先生商量好,决定把"读书问答"栏目从《申报》撤出来办一份半月刊,刊名决定叫《读书生活》。在讨论办刊宗旨时,李公朴说:"我们《读书生活》依然以工人、职员、店员、学徒和辍学的青年为读者群,我们也要把《读书生活》办成一个理论联系实践的学校。通过杂志要求大家把读书与做人、读书与做事、读书与进步

---

①杨金达、陈荣著,李公朴研究会编:《李公朴之歌》,群言出版社,2020年,第42页。
②同上。

结合起来;要懂得如何做人,如何生活,如何读书,将来能够为人类幸福,为社会进步多做一点有用的事。"①

大家围绕办刊宗旨又补充了一些意见,使其更加完善、明确。最后分工是:主编李公朴,编辑艾思奇、柳湜、夏征农,稿子由三人负责,其他一切杂务皆由李公朴和周巍峙包揽。

1934年11月10日,李公朴和上海杂志公司老板张静庐合作出版的半月刊《读书生活》在上海正式创刊。

令人极为悲恸的是,在《读书生活》创刊后的第三天,史量才先生乘自备汽车从杭州返回上海,途经浙江省海宁县(现为海宁市)翁家埠附近时,在沪杭路上被戴笠所指使的军统特务暗杀。

当时,因练习骑马摔伤正住在医院治疗的李公朴,听到这个消息极为气愤。他扶托着骨折的手臂,在西藏路宁波同乡会礼堂举行的史量才先生的追悼会上,作了痛斥国民党特务丑恶行为的演说。

鉴于《申报》因史量才先生遭暗杀而被迫改组转向,李公朴与柳湜、艾思奇、夏征农等研究,决定重组董事会,将流通图书馆、业余补习学校上的《申报》二字,改为"量才"冠名,以示纪念,并从政治上、经济上、组织上完全脱离《申报》,以免受《申报》转向的影响。与此同时,将他们主持的"读书问答""店员通讯""业余周刊"等专刊的内容充实到《读书生活》杂志里,从而坚持了服务人民大众读书文化生活的宗旨。

李公朴此举一是为纪念史量才先生,向反动派表示抗议;二是为了与《申报》划清政治界限。

提到创办《读书生活》杂志的思想动因,李公朴坦言相告:

---

①杨金达、陈荣著,李公朴研究会编:《李公朴之歌》,群言出版社,2020年,第43—44页。

我曾有过很难解决也没有办法解决的两种痛苦:第一种是当不能读书的时候是失学;第二种是入了学校读书,一接触社会是所学非所用。故我由美国回来的时候,就有许多的朋友问我到了一趟外国,究竟学习了什么?我很坦白的回答了两句话:我在美国学习了劳动习惯,与怎样读书。

故此,我办《读书生活》:第一,由于这种工作是理论与实践联系和密切的工作。作这种工作,就直接、间接的帮助了不少的小店员、工人、职员、职员、青年、失学学生的读书,指导了他们的社会实践。

第二,在长期的工作实践中,确实的能够发觉自己的学识浅薄。故当受到旁人批判的时候,自己是丝毫没有感到难堪,反而在人家正确的批判下,诚恳的接受了批判,而且改正了自己的错误。《读书生活》杂志的本身,就是一个批判、辩证、发展的杂志。由于她的不断的发展与壮大,也就不能不促进我的认识,使我的认识渐渐地清楚起来。

第三,由我来主编《读书生活》——这一个研究读书,使读书与生活统一起来的杂志。在我个人讲来,不仅是我的实践中的学习的开始,而且就是我过去两种痛苦——生活没有学习,或学习没有生活——发生根源的统一,理论——实践的统一。也就是我生活中的读书,读书中的生活。①

正是这多年萦绕于心灵深处的"两种痛苦",促使李公朴先生萌生了"研究读书,使读书与生活统一起来"的执着一生的信念,激励和鼓舞他创办了"把读书融化在生活中"为指导理念的新刊物——《读书生活》。

《读书生活》在1934年11月10日创刊号的"创刊辞"中开宗明义地讲:

①方仲伯编:《李公朴文集》,云南人民出版社,1987年,第891—892页。

它根本就没有要喊人回书斋去,它的主要对象是店员、学徒以及一切连学校那张铁门都不能走进的人,他们哪里还有书斋回去呢?

《读书生活》提倡读书是读活书,是一面为生活挣扎,一面在万分嘈杂中利用一分一分的时间去读书;是把读书融化在生活中。为了我们要有更好的生活,要使我们生活向上,我们的生活应有一种知识去指引,不然会成为盲人骑瞎马。这种生活的知识一方面就是接受前人留下的生活经验,一方面就是在实际生活中去开展。我们不能偏于某一方面。所以我们提倡读书,但一定要读我们生活需要的书,我们提倡读书,但一定是配合我们的生活实践的读书,我们提倡读书,但一定是有正确方法的指针的读书,同时我们反对不合我们生活需要的书,与生活隔离的读书,没有方法的读书。

……我们的理想是,将来的《读书生活》完全要变作读者的园地,里面全部要登载他们的文学写作,生活实录,科学研究,时事意见等等,稿子要从各社会层的角落里飞来,撰稿人都是不见经传的生活奋斗的大众……使这广大的人群,渐渐进而与现代文化握手,这可说是本刊的一个特性。

自然,读活书是不会忘记现实的。但本刊到底是要偏重于书的一方面的。对于"国运挽回""民族解放"这些大题目,我们虽不敢将它遗忘,但衡其轻重,依据分工的原则,我们却不敢以此自任。我们做的是在建造地基,有的在填池塘,有的在挑沙石,我们只望将地基的土壤弄成铁的坚固,却不问地上将来要造什么式样的建筑,或者有人要讥笑我们太无目的了,将来说不定要闹出矛盾的笑话呢?但我们却自问这是目前最忠实而客观的态度,我们不能管许多建筑师的意见啊!我们暂时就把它作为本刊的一种特性吧!

在目前,我们知道这一种特性还不能充分地发挥。所以当前本刊的实践是特别注意下面几点:

一、首先做到对于不大读书的人提出一个读书生活方面的正确观念，纠正和说服过去所受的一些不良的影响，所以创设短论。

二、为供给正确而又通俗的科学知识，使读者从此片段的知识，渐渐进入较专门的研究，故创设科学讲话。

三、为彻底了解各社会层及职业团体生活的特殊与实况，特创设生活记录。

四、为鼓励大众写作，特创设青年文艺指导（后改为"大众习作"）。

五、为解除读书过程中的疑难，特创设读书问答。

"创刊辞"的结尾写道：

展在我们当前的是万花缭乱的世界，艰辛酸辣的生活，我们时时在抗争中，但是，我们如何才能维持生存，如何可使生活向上，不仅需要勇气，毅力，但尤须要认识。

认识之一源泉是读书。

《读书生活》就在这一意义上，它想尽一点小小的任务。希望全国学者、作家来和我们合作吧！

希望本刊全体读者自己来接受这一块园地，培植这块园地吧！

希望读活书的人数一天天加多，大家来多创造一点新园地吧！

从《读书生活》的"创刊辞"可以看出，这份刊物担负着将书香文化种子播撒到人民大众实际生活中去的社会责任，因此李公朴先生特别注意这份刊物的通俗化。

《读书生活》先后推出了"社会相"（时事短论）、"科学讲话"（科学小品）、"哲学讲话""时事讲话""读书方法""读书经验""读书问答""生活记录"和"大众习作"（青年创作指导）等"讲义化"的系列专栏，连续发表了以往杂志很少有过的各种学科讲座,对硬性的哲学、自然科学、社会科学,创新式地作了通俗化的尝试,开辟了硬性科学通俗化的道路,联系实际地传播了自然科学、社会科学和马克思主义的基础知识。

《读书生活》还团结和吸引了一大批文化名人作为特约撰稿人。鲁迅先生的读书心得《随便翻翻》是在这个刊物首次刊登的。其他撰稿人有章汉夫、杨放之(吴敏)、柳乃夫、钱亦石、张建甫、沈志远、胡绳、薛暮桥、凌鹤、周立波、张庚等,他们撰写的文章也受到了广大读者热烈欢迎,为普及进步文化,推动抗日救国运动发挥了很大作用。

1935年初,李公朴带着《读书生活》创刊号到内山书店拜访鲁迅先生。他们见面时,鲁迅先生微笑着握住李公朴的手,很风趣地说:"李先生是我很想见的人。你办了免费借阅的图书馆,又开办了全上海最大的学校。你是名副其实的孺子牛,吃的是青草,挤出来的全是奶。"

李公朴十分敬佩鲁迅先生的为人。他说:"我很爱读先生的文章,很敬佩先生,我们是学着先生做的。"李公朴说着,送上《读书生活》创刊号请鲁迅先生指教。鲁迅说:"你们的《读书生活》创刊号我拜读过了,'创刊辞'写得很好。要说意见嘛,有两条:第一条,要进一步通俗化。你们的对象是识字不多的青年,要让他们看得懂;第二条,要结合青年人普遍关心的实际问题来谈,要让他们喜欢看。"①

李公朴邀请鲁迅先生赐稿,鲁迅先生一口答应。第三天就写来了《随便翻翻》的稿子。鲁迅先生不仅自己为《读书生活》写稿,还动员左联的作家为《读书生活》撰稿。

《读书生活》杂志自1934年11月10日创刊,到1936年11月25日,出版第五卷第二期时被国民党当局以具有"左"倾嫌疑为由查封停刊,它以

①杨金达、陈荣著,李公朴研究会编:《李公朴之歌》,群言出版社,2020年,第47—48页。

半月刊的形式在两年的时间内总共出版了五十期。

《读书生活》被迫停刊后,在中共南方局领导下的读书生活出版社在重庆、桂林等地继续出版进步书籍,并且创办了与《读书生活》性质相同的《大家看》《读书》和《生活学校》杂志,继续为中国新文化事业做出了重要的贡献,直至1948年与生活书店、新知书店合并成著名的生活·读书·新知三联书店。

李公朴先生不仅是《读书生活》的创办人,而且是《读书生活》的第一撰稿人。

在《读书生活》1934年创刊号上发表的《求知识的三条路》这篇文章中,李公朴先生指出求知识的第一条路是读书。

《读书生活》1934年创刊号《求知识的三条路》

一个人总要受到生命上，环境上的种种限制，对于这许多方面的事情，有的曾经有过研究的，有的虽曾经验过，却还不大清楚的，或甚至完全不知道的。这时，你将怎样办呢？如果你要去请教朋友，不独是不胜麻烦的，且有许多问题是你的朋友所不知道的。那么，惟一的办法就是请教书籍帮助你。

求知识的第二条路是掌握读书工具。

在求知识的过程中的读书这件事情也须要有许多工具。那么读书的工具是什么？读书的工具最重要而最基本的，就是普通中小学里的教科书，如国、英、算等等。

……

因此，我们应该先把工具读好，并且要训练怎样的运用它。假使你是没有进过正式学校的，或是曾经进过中小学而仍感到不足的，你就得赶快求你所需的工具知识。

求知识的第三条路是获得实际生活的经验。

人是社会的产物，无论什么人都不能离开社会独自生存。换言之，只要你是"人"，你一定要和社会发生关系，与社会的关系越密切，则你的实际生活的经验就越丰富，也就是你的知识的丰富。并且和从书本上所获得的知识不同，书是死的知识，而经验乃是活的学问。一个乡下人，他虽没有读过书，也能耕种，能生存在社会上，就是因为他有实际生活的经验。所以"实际生活的经验"是求知识的过程中最重要的一项。

李公朴先生在《求知识的三条路》这篇文章的结尾写道：

> 我们看到目前社会上一切现象的颓废，不振作，如将要死去的样
> 子，归根的研究起来，实也未尝不可说是由于上上下下读书者死读
> 书，读死书的人太多的结果。要挽救它，就唯有反过来请大家根本上
> 改变过去对于读书的观念和认识，那就是要"活读书""读活书"，然后
> 这整个社会民族才可以慢慢苏转的"活"过来。

十分有趣的是，《读书生活》在李公朴先生的这篇文章中还配发了三
幅漫画插图，分别是三个青年人的"读书图"：一个在手捧书籍——"读活
书"，一个在干木工——"活读书"，一个在擦拭机器——"读书活"。

李公朴先生在《怎样纪念四个伟大的日子——"五一""五三""五四"
"五九"》的社会评论中特别提醒读者注意四个日子：5月1日、5月3日、5
月4日和5月9日。他认为5月1日和5月4日是新开始的时刻，这两个日
子应该标记为红色；5月3日和5月9日是悲剧和耻辱的纪念日，因此要标
上黑色，铭记其中的悲痛和愤怒。但是纪念仪式不能产生有益的目标，行
动才能。大家需要采取坚定行动，"一雪民族的奇耻"，为经济生产创造一
个新的、更好的环境。①

李公朴还为《读书生活》撰写了许多刊首语、编前语和专栏文章，他的
文章写得文风朴实，直指时弊，一针见血，掷地有声，深受大众读者的
欢迎。

1935年12月，上海各界救国联合会成立，李公朴被选为常务委员。
由于救国会呼吁国民政府停止剿共、组成抗日民族统一战线，1936年11

---

① 方仲伯编：《李公朴文集》，云南人民出版社，1987年，第107—109页。

月23日,李公朴和沈钧儒、章乃器、邹韬奋、史良、王造时、沙千里等7位救国会领导人被国民党政府以"危害民国"罪逮捕。同年11月25日,《读书生活》杂志出版到第五卷第二期后也以同样罪名被迫停刊。

胡愈之先生曾提到,李公朴先生在上海有四五千读过补习学校的学生,有一二万流通图书馆的读者,都被他引上了抗日的大道。救国会遭当局惧怕,救国会的领导人中,公朴先生和韬奋先生,特别被当局所忌,因为他们两个都是拥有广大群众的。

在胡愈之先生这段话里,还应当补充一句——李公朴先生还拥有《读书生活》杂志的两万多热心读者。《读书生活》也是同样"拥有广大群众的"。

从开办流通图书馆、工人文化夜校到《读书生活》的筹备创办和出版历程,一系列事例充分说明,李公朴先生不论处境如何困难,不管压力如何重大,只要他认为是对提升劳苦大众政治觉悟有帮助,对推动社会进步有意义的事业,他就决不气馁,总会竭尽全力地奋力推进这个事业。

著名作家张光年先生在《李公朴传》的序言中说:"公朴常常以'仁者不忧,智者不惑,勇者不惧'这句格言自励励人,作为他的座右铭,并自注曰:'惟其不惑,所以不忧,所以不惧。吾辈追求真理,认识真理,抱着真理为民族人类服务,有什么怀疑呢?'从这些话表现出公朴的光明磊落的人生观。"①

从这些话还可以看出李公朴先生以"追求真理,认识真理,抱着真理为民族人类服务"的崇高信念呕心沥血创办《读书生活》的一番良苦用心和一颗赤诚淳朴的赤子之心。

①周天度、孙彩霞:《李公朴传》,群言出版社,2002年,序言第3页。

第2章 大众化的"哲学讲话"

"一卷书雄百万兵，攻心为上胜攻城。蒋军一败如山倒，哲学尤输仰令名。"这是写在云南腾冲和顺乡艾思奇故居里的一首诗。

诗中提到的"一卷书"就是艾思奇先生的成名作《大众哲学》。

《大众哲学》这部能敌百万雄兵"一卷书"的原创本源就来自《读书生活》杂志，来自艾思奇先生亲自主持的著名专栏"哲学讲话"。

《读书生活》创刊后，艾思奇先生负责撰写"哲学讲话"和"科学讲话"（后来的"科学小品"）两个专栏的文章，同时还要为"读书问答"和"名词浅释"这两个专栏写稿。李公朴先生因为忙于抗日救亡运动的动员工作，《读书生活》的组稿、审稿、定稿等主要工作，就更多地由艾思奇先生担任了。

在一年的时间里，艾思奇先生从《读书生活》1934年创刊号上的《哲学并不神秘》开始，到1935年第二卷第十二期上的《猫是为吃老鼠而生的》为止，每期撰写一篇，总共发表了二十四篇"哲学讲话"。

《哲学并不神秘》开头写道：

哲学对于社会生活的关系，始终都是很密切的。在日常生活里，随时都有哲学的踪迹出现,但因为是日常生活,我们习惯了,所以就不觉察,不反省。假如我们有一个朋友,因为到别处去谋生,或其他原因,与我们离别了五六年,忽然有一天又相见了。那时我们会觉得他和以前有种种的不同。或者是更苍老了,或者是在知识上有什么进步了。见面之后,大家自然攀谈攀谈,个人把自己所经过的事件诉述一番,这时就更有很多的事情使我们发生感触,我们看见在这五六年的期间,大家周围的人,有的长大了,有的人死了。倘若我们的周围是商店,是工厂,我们又看见它们有的已经倒闭,有的繁荣起来,有的不死不活的支撑着门面……此外,还有很多的事情可以谈到。但是,事情即使很多,它表现在我们眼中的情形却有一个共同的地方,就是一切事情都和以前不同了,都变了……在时间的过程中,一切事物新生起来,发展起来,一切事物也被摧毁,被消灭。我们看见任何事物都没有永久常住的可能,过去了的,便不能再挽回。于是我们都深深地感动,叹息,在我们的头脑里,很强烈地浮现着一个"一切皆变"的观念,在无意中我们已经有了一种哲学思想。

　　……

　　哲学既然在日常生活里随时可以找到踪迹,那就可以知道它决不是秘密莫测的东西了。哲学上告诉我们"万物皆流转""一切事物离不了运动"等等的道理,而这些道理,与我们和友人久别重逢时所得到的人世变迁的感想,是具有着同样的来源,同样的性质的。

艾思奇先生在这篇"哲学讲话"的结束语中提示人们:

　　一面在日常生活的实践中努力清除神秘的要素,同时对于最进步最正确的哲学系统也得加以研究。单靠个人日常生活中的努力,是太迟缓,太困难,也许还有误入歧途的危险。最进步的哲学系统是全人类历史的最优良的成果，它可以帮助我们更敏速，更正确地解决所要解决的问题。当然，在这里我们仍不能忘记哲学本身也是从日常生活的基础里发生的，所以我们不能把所研究的看作凝固了的死的规范，还应该随时随地应用到生活的实践中，与生活中的一切互相印证。也许，我们由我们的生活中找到新发见，能促进已知道的哲学系统，而使之发展，进步。要这样，我们才可以在哲学中愈更深刻地认识到最切实的，最不神秘的事物本身的真理。

《读书生活》1934年第一卷第三期"哲学讲话"专栏的文章是《哲学的真面目》。文中写道：

我们已知道哲学并不神秘难测，它在日常生活里随时随地都有踪迹，所以，方便得很，仍然只要从周围随便拾一个例子来，解释解释，就可以看清楚它的真面目了。

现在是经济恐慌的时代，我们所最苦恼的是失业和生活难的问题。失业和生活难是大家都看得见，大家都容易明白的事，所以最好就把它拿来当作说明的例子。人遇到失业或生活难的时候，当然都要觉得失望的，这是人之常情，也是必然要有的感情，用不着我们多说。但除了失望之外，同时还有许多的感想，这感想，可就是人各不同了。有的人失望到了极点，会感到人生没有意味，以为世界无可留恋，于是就自杀，这是第一。有的人相信命运观念，遇到困难的时候，只埋怨自己的命苦，既然是命定了，当然只好忍受着，忍受着牛马的生活，不敢希望抬头，这是第二。又有的人认为生活难并不是生前命运注定，而是事实上由许多原因造成，如果能看清楚这原因，努力从事实上去求解决，终有一天可以将我们的生活提高，于是他临到困难的当前，就不屈服忍受，更不会自杀，他只是认真地去研究事实，研究所以造成困难的种种原因,并且根据所研究所知道的去决定奋斗的方法,这是第三种。

艾思奇还指出极少数地位优越、生活舒服的人,对失业问题往往一笑置之,这些人信奉"生活不过是梦罢了,游戏罢了","这种感想,和我们的真正感到生活难的人所想的,是有天和地的差别的!"

他接着写道:

> 人的思想行为的态度是这样和他的生活地位有直接的关系,但有时也会受到别种地位上的人们影响。例如生活困苦的人,如果奋斗有希望,当然是奋斗的好;然而有时常会受到命运思想的影响,结果不肯前进,老是守着自己穷苦的生命,这种影响,也常是不知不觉中自然发生的事情。受到这种影响的人,当觉悟而不知道觉悟,结果把自己的前途也错过了,这是常有的事。
>
> 所以,我们不能完全顺从着自然发生的思想去做事,自然发生的思想常常会将我们引入迷途,为要防止这种危险,我们就要有目的有意识地去懂得正确的哲学,由正确的哲学里获得稳固的立足点,找到正确的方法去认识我们周围的一切。有了正确的认识,才有正确的行为,才可以解决当前的困难。

在《读书生活》1935年第二卷第一期"哲学讲话"中发表的《天晓得!》中,艾思奇把"人"与"天"对立起来,宣称意识是人类历史和过去经验的产物。按照这个观点,"天"并不晓得,尽管古训不这么说。知识和意识是人类在活动中逐渐产生的。

艾思奇继续写道,由于许多知识来源于经验,所以如果使用正确的科学方法来勤奋地积累,人类可开发的知识就是没有边界的。以当前巨大的经济衰退问题为例,一个人如果采取科学的分析方法,便不难明白这完全是人类而不是上天的错误。经济萧条并不是运气使然,而是人类的行为导致了工厂关闭、雇员失业。

《读书生活》1935年第二卷第十二期发表的第二十四篇"哲学讲话"的文章是《猫是为吃老鼠而生的》。

《读书生活》1935年第二卷第十二期《猫是为吃老鼠而生的》

文章开头写道:

我们对于世界上的事物,平常多半不注意去想,马马虎虎的过去便算了。若注意去想,就会觉得,即使最简单的事物,也是常常令人惊奇不已的。譬如我们渴了,要吃水,世界上也恰恰就有水给我们喝,为什么恰恰就会有水喝呢?这不是很奇妙的事吗?老鼠伤害人的器物,恰恰就有猫生在世界上,可以替我们捉老鼠;为什么恰恰又有猫呢?这不是很凑巧的事吗?

艾思奇先生从人渴了要喝水,老鼠被猫捉的自然界和人类生活的种种"巧合"现象说起,批评了存在于很多人中间的"目的论"世界观,提出了人类认知和改变客观世界的可能性和现实性的哲学问题,同时进行了有理有据的分析论证。

他写道:

　　现在明白了:可能性并不就是现实性,要使可能性转变成现实性,必须把阻碍的可能性打倒了或克服了才行。怎样才能做到这一步呢?这一方面要客观事实上的良好条件,另一方又要有主观的努力。还是先用读书的例子来说吧?要借读书认识现实,一方面必须要可以找到好书来读,这是客观事实方面的条件,另一方面要自己有好的读书方法和认真的努力,能够选择,不至于误读了坏书,这是主观方面的努力!这两方面都全备了,帮助认识的目的才可以实现。再说到革命运动的问题吧,革命的成功,一方面社会的发展中必须具备成功的条件,必须要有广大的民众不满于现状而要求革命,同时旧制度的维持者也缺乏维持的力量了,这些都是必要的客观条件,然而单有这些客观条件还是不行的,最重要的是另一方面:这些广大的革命民众还得要有一个正确的领导,积极地起来努力向着正确的道路走去,这是主观的努力,没有这主观的努力,客观的条件无论怎样好,还是不会成功的。

　　旧社会必然要没落,新社会必然要产生,这是社会科学证明了的。然而因为必然是要产生的,我们就可以坐着不动地来等待么?如果我们不积极地起来努力,旧社会的保守的可能性不就是要加强,而新社会产生的可能性就要减弱了么?我们切不要因为兔子多而容易捉,就想打"守株待兔"的主意啊!

艾思奇先生在《读书生活》发表的"哲学讲话"专栏,之所以产生巨大的社会影响,最显著的特色是深入浅出,通俗易懂,践行了这份进步刊物的创刊宗旨——通俗化、小品化、大众化。

很多读者往往是看到了《不是变戏法》《没有了》《思想的秘密》《七十二变》这些"哲学讲话"的通俗化题目就一口气把全篇文章读下来,同时还互相传诵,哲学第一次真正变成了大众启蒙的"明白学",成了改变自身命运的强大精神武器。

艾思奇先生原名李生萱,是我国哲学大众化的先驱人物。1927年和1930年,艾思奇两次到日本留学,本来他是学习冶金系采矿专业的,由于有机会参加了中共东京支部组织的"社会主义学习小组"的活动,对马克思主义产生了浓厚的兴趣,刻苦研读了许多马列主义经典著作,逐步掌握了马克思主义世界观和人生观的真理。

1929年,艾思奇从日本第一次留学归国后就和他大哥李生庄在昆明一起主持云南《民众日报》的"杂货店"副刊。一天5000字的版面,起初来稿很少,兄弟俩负责采写、编辑、校对、设计版面,工作异常辛苦,但是"杂货店"专栏刊登的内容非常贴近社会生活,有的揭露帝国主义在滇越铁路把中国农妇推下车,被车轮碾死的惨状;有的报道国民党火药库爆炸,炸平了北门街、青云街,死伤数千人的悲惨事件;同时呼吁对死难者予以抚恤救济。

更加引人注意的是艾思奇兄弟两人以化名论战形式宣传新哲学的文章。

有一天,李生萱(艾思奇)和李生庄在书房里探讨公元前325年至公元前315年之间公孙龙"白马非马""坚白石"的学说。李生庄在他父亲指导下认真学过先秦哲学,后又在大学里专攻哲学,因此比较有功底。这天他正对兄弟解说:"白马非马,白马非白。马这一概念比白马这一概念的外延要广,包括了白马以外的黄马黑马等等。马这一概念的内涵只要求考虑马的形,而白马这一概念的内涵,却必须在马的形之外考虑到马的色,公孙龙……"

李生萱插话道:"如果他说求马,黄马、黑马、白马皆可致,那他的白马非马的结论不就难以成立了么?"

李生庄回答:"对,因此他才故意说,求马,黄马黑马皆可致。却故意不提白马。在他的《坚白论》中也是这样,他认为'得其白,得其坚,见与不见离。'是说石头的坚和白是互不相关的,是互相独立而存在的。他把坚的性质和白的属性都一一从具体事物割裂出来,并把它看成离开具体事物而独立存在的实体了。"

李生萱睁着一双圆而晶亮的大眼:"如果我们都按照形式逻辑的同一律去思考,去说话,能反映真实的客观世界吗?个别与一般是相互联系而存在,一般是从个别中抽象出来的,因此也只能在个别中存在,通过个别而存在。反过来说,任何个别都存在于一般之中。他只注意了概念自身的明确性,而丢开了个别与一般之间的相互关系。"

他的话刚说完,书房门戛然被推开,李曰垓进门来,脸上露出笑容:"你们两兄弟相互切磋,研讨先秦哲学,这么勤奋,我很高兴。"想想,他又说,"研讨哲学之风,可在报纸上开展,我希望你们弟兄各自都要学一门实用科学,于国于己,方有着落处。但哲学是一切学术的概括,欲穷事物之至理,宜读一些哲学书方可。"想了片刻,他又叮嘱两个儿子:"为文不要陈义太高,语言太僻,或用奇词奥义。写文应像白居易那样,务使人人皆懂,妇孺皆知。"

李生萱听了父亲这番话立即顿悟:"穷事物之至理"才是哲学所要追求的终极目标。为什么在日本马克思主义哲学有那么广泛的影响,就因为辩证唯物主义帮助人们理解宇宙和人类社会运动的规律。为了使哲学引起云南青年的兴趣,李生庄化名老么、小伙计、罗曜;生萱化名小么、店小二、S·H,有时就直接署名生萱,就"白马非马"、《费尔巴哈论》的不同理解,展开争论,这引起了很多青年读者的兴趣,有的还写文章参加了争论。[①]

对艾思奇来说,这样一段生活经历和父亲的教诲,为他后来从事写作与编辑工作,为从事《大众哲学》的创作奠定了坚实的基础。

艾思奇先生曾对一位朋友说:他总想从哲学中找出一种对宇宙人生的科学真理,但古代哲学都说不清楚,很玄妙,最后读到马克思、恩格斯的著作,才豁然开朗,对整个宇宙和世界的发生发展,有了一个比较明确的认识、合理的解释。这说明他曾经努力寻找宇宙人生的真理,经过自己的独立思考,才确立起对马克思主义哲学的充分信仰,奠定了哲人的思想基础。

1933年5月,年仅23岁的艾思奇在左联的机关刊物《正路》发表了《抽象作用和辩证法》,紧接着又发表了《进化论和真凭实据》,这是他在哲学园地的处女作。文章立意新颖,文字生动流畅,初步显示出青年艾思奇扎实的哲学基础和论辩才华。同年6月,他第一次署名"艾思奇"在《中华月报》第一卷第四期发表了《现代自然科学的危机》。随后他又在这份刊物上发表了多篇哲学和文学评论,并且和提倡"大众文学"的鲁迅先生互相呼应,坚持提倡在文化启蒙运动中走大众化、通俗化的道路。

---

①该故事出自杨苏:《艾思奇传》,云南教育出版社,1994年,第79—81页。

1934 年 5 月 6 日,艾思奇在上海《中华日报》上发表《连环图画还大有可为》的文章,5 天后,鲁迅先生便在这份报纸上发表了《连环画琐谈》,明确指出:

> 艾思奇先生说:"若能够触到大众真正的切身问题,那恐怕愈是新的,才愈能流行。"这话也并不错。不过要商量的是怎样才能够触到,触到之法,"懂"是最要紧的,而且能懂得的图画,也可以仍然是艺术。①

这次在报刊上的文字交流说明,艾思奇和鲁迅先生的心是相通的。

九一八事变后,民族危机日益严重,祖国的大好河山被肢解,加上天灾人祸,连年内战,经济破产,民不聊生,苦难多多。这时候艾思奇正在李公朴先生创办的《申报》流通图书馆读书指导部工作,他和柳湜、夏征农负责《申报》"读书问答"专栏的编辑,每天接到许多人的来信,其中失业、失学青年的来信更多。仅在 1933 年 10 月到 1934 年 10 月,指导部发出的有学术内容的复信就有 1800 余件,其中有普遍意义的回信,在《申报》"读书问答"专栏公开发表的就有 30 万字。

这些来信的主要内容是诉说他们的苦闷,发出中国的出路在哪里、怎样生活下去等疑问。艾思奇非常同情他们的苦闷,总是满怀热情地给一个个读者回信。他仿佛看见无数迷惘无助、悲观失望的眼睛在期待着。这难道不正是知识的饥荒吗?

他痛切地感到,使更多的人把握正确的认识,找寻救国救民的真理和正确的生活道路,是理论工作者不可推脱的责任。他的心中强烈地萌发着让广大人民群众掌握哲学的美好心愿,决心要为大众讲哲学、写哲学,

---

①《鲁迅全集(第六卷)》,人民文学出版社,1981 年,第 28 页。

全身心地投入到开拓哲学大众化通俗化的领域中。

一位读者来信提出"怎样学好书法?"艾思奇建议应向读者指明:生长在现代这样一个危难重重环境中的中国青年,应该用更多的时间和精力去关心国事,关心人民大众的命运。有志于书法这是件好事,但现在还不是时候。这封回信密切结合当前的时代现实,不但及时为一批青年读者指明了前进的方向,而且给读书指导部的同事也留下了十分深刻的印象。

一位读者来信表示热爱文学,将来想当个作家。当时有个编辑给这位读者回信说,当作家不一定非要上大学,高尔基就没有上过大学。只要深入生活,深入社会基层,熟悉人物的生活、思想、感情,用艺术形式和文学语言再现出来,就能写出好作品。

艾思奇看了觉得这种提法不够完全,他指出,光强调高尔基深入基层体验生活是不够的,高尔基之所以成为世界文豪,是因为在列宁布尔什维克领导下,直接参加了革命实践,在科学世界观指导下,正确地反映了被压迫被剥削人民的苦难和他们对光明的追求,并热情地向这位读者推荐高尔基的名著《母亲》。后来他还为这个问题写过一篇专论,发表在左翼社联的秘密刊物《火线》上,对当时的青年文学爱好者产生了非常深刻的影响。

艾思奇在量才流通图书馆读书指导部与大批读者的思想交流中得到一个启示:要向人们宣传普及新哲学,使他们用一种新的思想方法来认识客观世界,也许比单纯地回信答复一个个具体问题要好得多。

他同时还想到,量才业余学校的学员主要是职工群众,文化程度普遍较低,要将比较深奥的哲学原理普及到工人大众的心里,只能根据他们的接受能力、理解程度进行通俗化的讲解。因为哲学来自人类社会的实践,是客观世界的高度概括,如果新哲学不能回答社会实践中的普遍性问题,还算什么新哲学!

为此,艾思奇在《读书生活》发表每一篇"哲学讲话"之前,努力做到将马克思主义的立场、观点、方法与人们耳熟能详的生活事例相结合,尝试用通俗化的大众话语连接马克思主义哲学与各种现实问题,他先把讲课内容讲给这些学员听,学员听了有兴趣后才在《读书生活》正式发表。

这里还要说明的是,艾思奇早年是学习自然科学的,以后虽然致力于马克思主义哲学的研究,但是他对自然科学的兴趣始终不减。他对世界上日新月异的科学技术一直非常关切。所以在《读书生活》创刊初期,他为"哲学讲话"撰写稿件同时,还以李崇基的笔名为"科学讲话"专栏撰写了一批科学小品和普及自然科学的文章。

他在《读书生活》1935年第二卷第六期发表的《怎样研究自然科学》文章中指出,目前中国社会患有一种科学"贫血症"。

这种科学"贫血症"的第一个表现"症状"是"患者"对于自然界的现象认识得太不够。第二个表现"症状"是不能应用自然科学的知识来解决实际生活中的疑问。

他针对这种科学"贫血症"的两个表现"症状"开出了三个"药方"。

第一点是自然科学各科的知识,应该大略地都懂得一点,这是初学者第一步的必要步骤,但这当然也并不全限于初学,就是一个做专门研究的人,也不能在他所专门研究的一科以外,再具备各科的普通知识……

第二点是要对于第一点所得到的知识加以整理。这是第二步的必要步骤。《科学大纲》之类的书籍并不是很有系统地编成的(当然也不能说全无系统),但我们不需要零碎的知识……

第三点,就要了解人类社会和自然科学的关系,人类社会为什么会发现了自然科学? 自然科学与社会的旧迷信传统和旧势力怎样冲突？这就是第三步要研究的事件……

艾思奇在这篇文章中还向青年读者推荐了《科学大纲》《少年自然科学丛书》《西洋科学史》《十万个为什么》等十四种科技书籍。

在这篇文章中，艾思奇先生幽默地写道：

这十四剂药品中有《科学大纲》《天演论》《自然辩证法》可以省去，结果必需的药品是十一剂，要全部修了，大致七个月至十个月的功夫就行，这要算是最低限度最经济的程序了。

在艾思奇看来，哲学的发展有赖于自然科学的发展，哲学家要学习自然发展史，密切注视自然科学学科的最新发展，因为哲学是自然科学和社会科学的结晶，两门科学是相辅相成、互相促进的。我们既要从科学的角度研究自然科学的内容，也要从社会的角度考察自认科学问题。因为，自然科学也是一种社会历史现象，与社会发展密切相关，离开社会生产等方面，孤立地研究自然科学现象，就难以认清现代科学的本质及其发展规律。

所以，他写的科学小品也始终贯穿着辩证唯物主义的思想。

艾思奇的科学小品题材广泛，除了《谈潜水艇》《火星中的生物》以外，还有《谈死光》《毒瓦斯》《火箭》《斑马》《牛角尖旅行记》《中风症与黄河》《由蝗虫到鸡生蛋的问题》等。上至天文，下至地理，从物理、化学到生物进化，他所选择的题材都是当时广大读者关心的社会热点问题。

1936年1月，艾思奇的《哲学讲话》由读书生活出版社正式出版，这是"读书生活出版社"成立后出版的第一本书。

《哲学讲话》第一版问世两个月就被读者抢购一空，但令人始料不及的是，这本书很快就遭到国民党政府的查禁。

1936年6月,《哲学讲话》经作者修改后改名为《大众哲学》继续出版。这本书到1938年发行了10版,到1948年发行了32版。中华人民共和国成立前,全国各地发行的版本已达75版。1979年3月,生活·读书·新知三联书店根据艾思奇1950年的修订本又进行了一次再版,迄今已超过90版,成为中国出版界的一大奇迹。

杨放之先生曾经提到,使理论工作与群众相结合,了解群众的思想,才能与群众息息相通。这就是从《大众哲学》出版得到的启示。

是的,《大众哲学》的成功在于"与群众息息相通",真正让哲学掌握了大众。所以,李公朴在第一版的序言中说:

> 这本书是用最通俗的笔法,日常谈话的体裁,溶化专门的理论,使大众的读者不必费很大气力就能够接受。这种写法,在目前出版界中还是仅有的贡献。[①]

他接着写道:

> 新哲学本来是大众的哲学,然而过去却没有一本专为大众而写的新哲学著作。这书给新哲学做了一个完整的大纲,从世界观、认识论到方法论,都有浅明的解说。自然,因为要节省生活忙的读者的精力时间,篇幅不能过多拉长,大部分是正面的叙述,对于新哲学的反对方面的批评,比较少一点,并不是读了这本书,就可以一切都完全了解。但正因为如此,才使这本书成为很好的入门书。读者由这里把握到新哲学正面的全貌,确立起正确的观点,然后才好作更进一步的高深的研究。

---

① 艾思奇:《大众哲学》,生活·读书·新知三联书店,1979年,编者序第1页。

......

在许多地方，他显然是很用了些心力，使理论的前后有更自然的连贯。例如通常的著作都把目的性和因果性连在一起叙述，本书却使它归入可能性和现实性的一节，作为全书的最后的结束。这一方面因为可能性和现实性是人类的活动、人类的目的实现有直接关系，这样联系起来是很自然的；另一方面，把人类的目的活动列在最后一节，可以使全部哲学的理论直接转入"变革世界"的实践问题上去。新哲学的"重要问题就在于改变世界"，所以这里的叙述秩序是最适当的。

因此，这是一本通俗的哲学著作，我敢说是可以普遍地做我们全国大众读者们的指南针，拿它去认识世界和改变世界。①

艾思奇先生"哲学讲话"的写作还要克服当时严峻的"环境的困难和言论自由的限制"。他在《我怎样写成〈大众哲学〉的》一文中不无感慨地写道：

这不但是写作通俗文章感觉到，就一切其他愿意存着良心来著作的人都很明白的。当《大众哲学》在《读书生活》上逐期连载的时候，言论界还存在着检查委员会的统制。一篇文章写成之后，要经过"删去"、盖章，然后才能够和读者见面。碰得不好的时候，就根本无法出版。《大众哲学》所要讲的全是新唯物论方面的东西，这根本就已经不太妙了。如果再把说明例子举得更现实、更明了、更刺激，那么，这个发育不全的小孩也许就会根本流产。为着这样的缘故，就是有了实际生活的材料，也因为碍于环境，没有办法拿出来。慢说我没有

①艾思奇：《大众哲学》，生活·读书·新知三联书店，1979年，编者序第2—3页。

丰富的生活经验,即使有了,也会感觉到运用困难的苦楚。①

他向读者袒露心迹说:

> 如果不是为着做了《读书生活》的一个编者,不能不服从编者的义务的逼迫,如果不是朋友们的鼓励和督促,《大众哲学》也许就永远不会开始写,而我也许永远没有机会使这么多的读者们认识了。②

从《大众哲学》的成功,人们可以看到艾思奇的思想历程经验的积累和人生导师对他的谆谆教诲及重大影响。

一是孩童时期(1910年3月—1925年8月),这是艾思奇的成长期和革命思想的酝酿期。艾思奇的父亲李曰垓是中国同盟会会员,参加过辛亥革命后的滇南起义,曾担任蔡锷的护国军秘书长,参加过反袁护国战争等。大哥李生庄是一位出色的共产党员,常和艾思奇一起交流革命思想。这些民主思想与革命活动对孩童时期的艾思奇产生了耳濡目染、潜移默化的作用。

二是中学时期(1925年9月—1926年12月),这是艾思奇马克思主义观的萌芽期。在云南省立一中求学期间,受进步教员楚图南、陈小航、李国柱等人的影响,他开始接触到许多进步书籍,如陈望道先生翻译的《共产党宣言》、布哈林的《共产主义ABC》等,并时常阅读进步刊物《新青年》《向导》等,其演讲"什么是唯物史观"引起全校轰动。这些经历使他有了马克思主义观的萌芽。

三是两次日本留学期间(1927年3月—1931年12月),这是艾思奇马

---

① 艾思奇:《大众哲学》,生活·读书·新知三联书店,1979年,第279页。
② 同上书,第277页。

克思主义观的形成期。1927年3月,艾思奇初次抵达东京,为了能直接阅读马恩原著,他开始自学德语,并经常去神田书店阅读马列著作,参加社会主义学习小组的活动等。1928年5月3日,济南惨案发生后,艾思奇义愤填膺,回到了祖国。1930年夏,艾思奇再次赴日求学。他一边学习工科冶金专业,一边阅读英、德、日文版的马列著作,逐渐对父亲所持的"工业救国"思想产生了怀疑,并坚信只有马克思主义才能救中国。1931年九一八事变发生后,艾思奇和许多留学生愤慨万分,毅然弃学回国。

四是上海时期(1932年初—1937年7月),这是艾思奇马克思主义观的发展期。1932年初,艾思奇抵达上海后,起初在泉漳中学担任物理和化学教员。1933年6月,因其哲学论文《抽象作用与辩证法》受到上海左翼文化运动领导人杜国庠和社联领导人许涤新的赏识,二人商量决定将艾思奇调入社联。1934年6月起,经社联安排,柳湜介绍,艾思奇调入《申报》流通图书馆,担任《读书生活》半月刊编辑。

艾思奇以上思想历程经验积累和诸位名师的指导以及个人的哲学天赋因素,包括良好的家庭氛围影响、国内外求学教育环境的熏陶、《申报》和《读书生活》学习专栏的推动和他平易近人、关心大众生活疾苦的品格,加上广大读者对"哲学讲话"的热烈欢迎,这些因素共同促成了1936年《大众哲学》一书的诞生。

《大众哲学》反复论证人的实践在认识过程的重要意义。艾思奇指出,要认识一件事的真理,只有在改变的行为中去认识,只有实践,只有变革的实践,能够使人认识真理,只有那在变革的实践中得来的理论,才能够真正把握着事物的本身。实践被称为变革的实践,实践是检验认识的标准,要在实践中去纠正主观的错误。总而言之,他认为实践是最重要的,实践是人类的认识的基础。

《大众哲学》用中国老百姓喜闻乐见的语言,用日常的成语、格言、俗语作比喻,来说明哲学上的深刻道理。例如,从"一块招牌上的种种花样说起",说到"观念论和二元论的错误";"用照相作比喻",来解释"唯物论的认识论";以"追论雷峰塔的倒塌",来解释"质量互变率";以"笑里藏刀"的格言,来说明"形式和内容"等。他用日常生活中这些家喻户晓、妇幼皆知的事例,生动地阐述马克思主义哲学的基本原理,就像磁铁一样,吸引住读者的思想,打破了哲学的神秘感,使哲学成为人民大众心中的"明白学",成为改变人生命运的强大精神武器。

据著名学者陈仲平讲述,当年潮汕地区有一位青年,家庭生活比较困苦,一日两餐难得一饱,加上读书交不起学费而中途失学,想找点职业糊口,却久久找不到而失业,加上眼见日本侵略一步步深入,国势日益危殆,终日陷入彷徨苦闷境地,遂产生了不如自杀了此一生的念头。一个偶然的机会,他读到了《大众哲学》这本书,打开了眼界,终于使他把悲观绝望的情绪一扫而光,毅然走上了革命的道路。因此,当年的《大众哲学》还留下了"及时雨"和"救命书"的美誉。

这个真实的故事正好证明了艾思奇的初衷:写《大众哲学》,不是为了那些富家子弟为他们提供好看的衣裳,而是为贫穷的百姓提供一个烧饼。《毛泽东书信选集》中《致叶剑英、刘鼎》有这样一段记载:

> 要买一批通俗的社会科学、自然科学及哲学书,大约共买十种至十五种左右,要经过选择真正是通俗的而又有价值的(例如艾思奇的《大众哲学》、柳湜的《街头讲话》之类),每种买五十部,其价不过一百元至三百元,请剑兄经手选择,鼎兄经手购买。在十一月初先行选买几种寄来,作为学校与部队提高干部政治文化水平之用。①

由于《大众哲学》体系新颖,结构别出心裁,逻辑严密,在理论上有

---

① 《毛泽东书信选集》,人民出版社,1984年,第80页。

许多创新,尤其在认识论上更有独特之处,丰富和发展了马克思主义哲学原理。

1937年10月上旬艾思奇抵达延安,在抗日军政大学教务长罗瑞卿主持的欢迎会上,毛主席非常高兴,幽默地说:"噢!搞《大众哲学》的艾思奇来了!延安来了这么多笔杆子,我们有枪杆子,两杆子结合起来,革命一定会胜利!"①

胡绳先生曾提到,艾思奇同志是在哲学和思想战线上勤劳工作了一生的学者和战士。想到他的时候,人们往往首先想到他在20世纪30年代写的《大众哲学》,这是曾经起过广泛影响的一本书。《大众哲学》最初是从1934年11月起在《读书生活》杂志上连载的。当时,他是这个杂志的读者,也就成为艾思奇的哲学讲话所启发和鼓舞的众多青年读者中的一个。

当年曾经在《读书生活》接替艾思奇为"科学讲话"专栏撰写科学小品的著名科普作家高士其充满深情地回忆说:"我和他最早一次见面,还是一九三四年在上海,在读书生活书店里。我们很谈得来,好像一见如故的朋友,每一次见面他都鼓励我多创作科学小品……我很欣赏他的《哲学讲话》,这本书对辩证唯物主义的哲学,作了通俗的解释和阐述,在当时影响是不小的。我有一篇科学小品叫作《肚子痛的哲学》,就是按照他的辩证法原理写成的。"②

刘白羽在《一个哲学家的道路——回忆艾思奇同志》的序言中写道:"对《大众哲学》的评价,不能只限于它把哲学通俗化,更为重要的是,它是把哲学推向人民中间去的一个重大突破。《大众哲学》点燃了无数人心灵的火花,引导无数人走上革命道路,正因为如此,艾思奇同志为哲学,同时

---

① 李今山:《缅怀与探索:纪念艾思奇文选(1981—2008)》,中共中央党校出版社,2010年,第175页。

② 高士其:《热心科普创作的哲学家》,载《一个哲学家的道路——回忆艾思奇同志》,云南人民出版社,1985年,第46页。

也就为中国革命做出了卓越的贡献。"①

当时同在《读书生活》一起与艾思奇并肩战斗的著名出版家黄洛峰，在《大众哲学》上投入的辛勤劳动和"破禁畅销"的智慧也是不能忘记的。他为《大众哲学》的封面题字和朴素大方的装帧设计，也给广大读者留下了极为深刻的印象。

《大众哲学》的广泛传播和产生的巨大影响，引起了国民党当局的恐慌。一个负责审查图书的国民党官员曾无可奈何地表示，这本书弄得那些青年"神魂颠倒"，搞得他们"坐卧不安"，毫无办法！

艾思奇的夫人王丹一回忆：

> 曾任蒋介石高级幕僚的马璧教授1981年年底回到大陆，1982年曾专程来过我家。他熟悉艾思奇的著作，并多次向有关部门表示一定要见一见艾思奇的家属，通过校办公厅的介绍，初次见面他就说，他不止一次地读过《大众哲学》，这本书使人耳目一新。还说，蒋介石也读过，并多次在有台湾军政要员参加的会议上说："我们同共产党的较量，不仅是输在军事上，乃是人心上的失败。一本《大众哲学》搞垮了你们的思想战线！这样的东西，你们怎么就拿不出来！"马璧还说："蒋介石不仅自己看这本书，还要求部下也读。我看到蒋介石和蒋经国都曾把此书放在案头。"后来，我们对马璧先生进行了回访。那时，恰好《艾思奇文集》刚出版，就赠送他两本文集和《大众哲学》。赠书时，马璧先生当即提笔赋诗一首作为回赠："一卷书雄百万兵，攻心为上胜攻城。蒋军一败如山倒，哲学犹输仰令名。"并注："一九四九年蒋介石检讨战败原因，自认为非输于中共之军队，乃败于思

---

① 刘白羽：《序》载《一个哲学家的道路——回忆艾思奇同志》，云南人民出版社，1985年，第1页。

奇先生之《大众哲学》。"一九五七年时蒋经国尚提到《大众哲学》之威力。特写旧诗七言绝句一首书赠……我想蒋氏父子的评价不足为据,而是言过其实了。但是一本上世纪30年代的哲学入门之书能够影响至今,确是值得深思的。①

20世纪30年代,曾经有一支歌、一本书在全国进步青年中影响非常大,一支歌就是田汉作词、聂耳作曲的《义勇军进行曲》;一本书就是艾思奇的《大众哲学》。许多进步青年正是读了这本书,受到马克思主义哲学的影响,走上了革命的道路。

贺敬之先生回忆说:

我第一次接触马克思主义方面的著作,即《大众哲学》。在我写的《放声歌唱》中,写到了我到延安之前那段经历的时候,从中提到了《大众哲学》。

诗中是这样写的:

……

在传递着、传递着我们的"火炬"——

啊,我的《新华日报》,

我的《大众哲学》,

我的《解放》周刊,

我的《活跃的肤施(延安)》! ……

——"决定吧!"

——"我们决定了!!"

---

① 李今山:《缅怀与探索:纪念艾思奇文选(1981—2008)》,中共中央党校出版社,2010年,第180—181页。

我们到"那边"去！——

到我们的延安去！……①

李铁映在纪念《大众哲学》出版66周年学术研讨会上说：

我本人时至今日仍能清晰地回味最初阅读它时，在心灵深处所迸发出的那种愉悦和激动……《大众哲学》的成功，雄辩地说明：哲学，特别是马克思主义哲学，是能够对社会变革，对人民大众的生活产生重大影响的。哲学，是普遍之至道，是人类文明的一道亮丽的彩虹。②

在抗美援朝最艰苦的日子里，艾思奇收到了一位名叫刘伦的志愿军战士写来的信。信中写道，他的教导员祁家声在战火中曾经向他们介绍《大众哲学》，说这可是一本好书，你们也一定要读；并一直把它当作宝贝一样带在身上，直到牺牲在朝鲜战场。刘伦提到的这件事，使艾思奇深受感动，立即用毛笔认真地给刘伦写了回信，深情地写道："为祖国向你们致敬！"③刘伦后来也成为一名大学教员，战斗在理论战线上。

艾思奇的夫人王丹一说：

在我的记忆中，他与山东掖县一位普通农民的交往也给我印象很深。他叫刘国庆，思奇在世的时候跟他也有书信来往，思奇去世

---

①李今山：《缅怀与探索：纪念艾思奇文选（1981—2008）》，中共中央党校出版社，2010年，第124页。

②同上书，第113页。

③刘伦：《艾思奇同志和读者心连心》，载《一个哲学家的道路——回忆艾思奇同志》，云南人民出版社，1985年，第260页。

后他还给我们写过信。那是在1930年代的上海，当时刘国庆是一个13岁的山东少年，会武术，跟他叔父去上海谋生。当他看到公园门口立着"华人与狗不得入内"的牌子很生气，拔起牌子来扔了。印度巡捕不由分说上来就打，要把他抓起来送巡捕房。这时有两个年轻人站出来仗义执言，理直气壮地斥责巡捕，替少年说话。巡捕见这两个戴眼镜、西装革履的年轻人气度不凡，说话在理，怕事情闹大，就把这个少年放了。两人把少年带到一家书店，对他说：洋人欺负中国人咱们不怕，跟他们斗是对的，但也不能蛮干，蛮干是要吃亏的。你要趁年纪轻，读点书，多学点本事，将来有大用。他后来才知道这两个人一个是艾思奇，一个是李公朴。这是刘国庆给我们讲当初如何认识艾思奇的故事。后来，刘国庆回到了山东，克服了许多困难，学了文化，读了不少书，成了一名乡村教师。思奇去世时，他送了挽联。"文化大革命"的时候，还专门来看过我们，言谈中流露出对思奇深深的怀念。记得有一年冬天，天气很冷，他带来一包山东的花生，我送了他一顶艾思奇的帽子作纪念。那时他有四十多岁了，依然性格耿直、豪爽，十分好学。他说，艾思奇的话影响了他一辈子。①

《大众哲学》这本书改变了千千万万人的命运，艾思奇先生的其他哲学书也改变了笔者的命运。

当年笔者在河北省唐山市第十八中学上高中时，在同学家里发现了他父亲的一个特殊奖品——艾思奇主编的《辩证唯物主义和历史唯物主义》，随即如饥似渴地翻阅起来。他见我对这本书爱不释手，就很大气地

---

① 李今山：《缅怀与探索：纪念艾思奇文选（1981—2008）》，中共中央党校出版社，2010年，第177—178页。

对我说:"这本书送给你吧!"

从此,这本书就成了我唯一的课外"宝贝书",记得那年的夏天,天气格外地闷热,或许是因为这本书的内容太精彩了,我顾不上这些"干扰",天天闷在房间里读这本"宝贝书"。

五十多年后的今天,我打开这本纸页已经泛黄的"宝贝书",在第一章"绪论"的结尾依然可以看到艾思奇先生深入浅出的话语:"只有用理论联系实际的方法来学习马克思主义哲学,努力学习怎样把马克思主义观点用到实际中去,才能真正掌握马克思主义哲学。"

直到现在,笔者对艾思奇先生在这本书中阐述的"现象是生动的,丰富的;本质是稳定的,深刻的"的精彩论断依然记忆犹新。由此可见,这本"宝贝书"留给我的印象有多么深刻。

应该说,笔者正是读了这本"宝贝书",才得以初步了解马克思主义的基本原理,才开始真正走进了哲学的大门——下决心刻苦读书,做一个勇于追求真理的人,做一个对社会有用的人。

五十多年来,艾思奇先生的这本"宝贝书"伴随我度过了难忘的军旅生涯;伴随我"战斗"在新闻战线;如今又伴随我徜徉在书山学海。

在我收藏的数万册书籍之中,这本"宝贝书"是我最珍贵的——是这本书使我树立了堂堂正正做人的坚定信仰! 是这本书使我掌握了人生斗争的强大精神武器! 是这本书改变了我一生命运的轨迹!

1979年3月,生活·读书·新知三联书店出版了艾思奇最后修订的《大众哲学》,笔者立即到新华书店购买了一本,并和那本"宝贝书"一样珍藏起来,认真阅读。笔者深深地感到,虽然《大众哲学》已经出版了将近九十年了,但是这本书闪烁的哲学思想智慧魅力依然如初!

马汉儒先生在其主编的《哲学大众化第一人——艾思奇哲学思想研究》的一书中满怀深情地写道:"艾思奇同志从走进社会的第一天,就选择了用马克思主义哲学批判旧世界、开创新世界的道路,并且实现了'学者、战士、真诚的人'三者的完美结合。他一生淡泊名利,克己奉公,老老实实地做人、做事、做学问。"

　　"一生淡泊名利,克己奉公,老老实实地做人、做事、做学问。"是的,艾思奇先生用光辉的一生实践告诉今天的我们:什么样的人才是一个道德境界高尚的人! 什么样的灵魂才是一颗晶莹剔透卓越的灵魂!

第3章 通俗化的"科学小品"

1935年春的上海,一个春光明媚的日子,在《读书生活》编辑部里,艾思奇正在聚精会神地聆听李公朴用响亮的声音朗诵一篇科学小品:

> 衣食住行是人生的四件大事,一件都不能缺少。不但人类如此,就是其他生物也何曾能缺少一件,不过没有人类这样讲究罢了。
>
> 细菌是极微小的生物,是生物中的小宝宝。这位小宝宝穿的是什么? 吃的是什么? 住在哪里? 怎样行动?
>
> 我们倒要见识一下。

李公朴念到这里,停了下来,连连说:"这开头开得好,开得好! 引人入胜,通俗活泼。"

"你且慢发表评论,再念下去,念下去!"艾思奇催促李公朴道。

于是,李公朴又念了起来:"我们起初以为细菌实行裸体运动,一丝不挂,后来一经详细地观察,才晓得他们个个都穿着一层薄薄的衣服,科学的名词叫作荚膜,这种衣服是蜡制的,要把它染成紫色或红色才看得清楚……"

李公朴念罢，翘起了大拇指，哈哈大笑道："淋漓尽致，淋漓尽致，把细菌的衣食住行写得活灵活现。"

艾思奇的脸上，也浮现了笑容，说了一句："这才是真正的大众科学！"

接着，艾思奇又把这篇科学小品念了一遍，一边念，一边又在个别地方提出修改意见。

就这样，在1935年5月25日出版的第二期《读书生活》"科学小品"专栏上，一篇名为《细菌的衣食住行》科普文章发表了，这篇科学小品的作者就是高士其。

这是高士其的科学小品处女作。

首战告捷，这篇科普文章深受读者和朋友们的好评。高士其的第一篇科学小品就这样在《读书生活》杂志开始打响了。

他过去发表科学译作的名字都署高仕錤，从这篇科学小品开始，他将高仕錤改为高士其。很多朋友都感到不解，问他为什么要改名。高士其意味深长地回答："去掉'人'旁不做官，去掉'金'旁不要钱！"[1]

从此，"高士其"这个名字开始出现在中国科普界。

第一篇科学小品的发表，意味着高士其走上了新的创作道路；第一次改名为"高士其"意味着高士其思想上一次新的飞跃。

《细菌的衣食住行》虽然赢得了一片赞扬之声，但高士其并不十分满意。他觉得，这篇科学小品只是谈了"小魔王"，并没有触及"大魔王"。他决心继续写作，把科学小品作为投枪、匕首，刺向"大魔王"，刺向日本侵略者，刺向实行"不抵抗主义"的国民党反动派。

他忍受着早年留学美国因为科学实验遭受病毒侵害落下的眼球不住地向上翻的残障，在不断地思索："小魔王"——病菌，与日本侵略者一样，它总是钻进人体，发动大规模的侵略战争。可是，在人体中，却有不怕死

---

[1]叶永烈：《中国的霍金——高士其传》，安徽教育出版社，2013年，第78—80页。

的军队——白细胞①,英勇地与"小魔王"搏斗、厮杀,直至全部消灭全部入侵之敌。白细胞是不知道什么叫作"不抵抗主义"的! 白细胞是多么可敬的"抗敌英雄"!

想到此处,高士其的思想豁然开朗。他不顾几天来的劳累,用颤抖的手握笔,在洁白的稿纸上又写出了第二篇科学小品《我们的抗敌英雄》。

高士其写道:

> 白血球,这就是我们所敬慕的英雄。这群小英雄们是不知道什么叫作无抵抗主义的,他们遇到敌人来侵,总是挺身站在最前线的……一碰到陌生的物体就要攻击,包围,并吞,不稍存畏缩退却之念,真是可敬。
>
> 白血球尤恨细菌,细菌这凶狠的东西一旦侵入人体的内部组织,白血球不论远近就立刻动员前来围剿……白血球闻警,立刻下了紧急动员令,直趋前线,与犯境的细菌死战。同时,在骨髓里,加紧训练新兵,在短时间内,白血球的军队顿增了好几倍。②

这篇科学小品写好后,李公朴和艾思奇都交口称赞。

李公朴连连说道:"妙,妙,你把国民党反动派骂得狗血喷头了!"

艾思奇笑着说:"你把鲁迅的杂文笔法用到了科学小品中去了!"③

从《细菌的衣食住行》开始,高士其尝试用活泼的语言、拟人的手法构建一个生动有趣的细菌世界,塑造一个活灵活现的细菌形象。用传统文化的底蕴赋予科学人文精神,以层层铺垫的叙述方式娓娓讲述深奥的科学知识,这种文学和科学毫无违和感的融合,使科学传播能被更广泛的人

①旧称白血球。
②叶永烈:《中国的霍金——高士其传》,安徽教育出版社,2013年,第82页。
③同上书,第83页。

群接受,一经面世就受到了欢迎,尤其是青少年的欢迎。

高士其的第二篇科学小品《我们的抗敌英雄》,讲述了从最原始的单细胞动物抗敌到人体白细胞杀菌等种种不同生命形态面对入侵时的本能反应,用形象的语言强烈地传递了国家有难、匹夫有责的斗争精神,巧妙利用了科学的形式表达了对"不抵抗主义"的愤慨,号召民众团结起来、奋起反抗侵略者。果然,这篇科学小品一发表,在读者中立即引起了强烈的反响。读者越读越感到亲切,越读越对"我们的抗敌英雄"——中国共产党领导下的人民军队产生了无限的敬意。

《读书生活》1935年第二卷第四期《虎烈拉》

两篇取材于细菌病毒的科学小品创作成功,使高士其看到了细菌病毒对人类健康的莫大危害,他没有忘记姐姐就是被"小魔王"——虎烈拉

(霍乱)夺去了年轻的生命,他在《读书生活》1935年第二卷第四期发表的第三篇科学小品就是《虎烈拉》。

在形象生动地叙述了虎烈拉(霍乱)以"巧妙"的手段通过各种食物侵入人体使人发病后,高士其十分幽默地写道:

> 虎烈拉不是共产党,是帝国主义者。怎样见得? 中国的共产党还是我们自己中国人。虎烈拉不是中国的土产,他的祖国是印度,中国不过是它的殖民地,或半殖民地。虎烈拉在印度有悠久的历史,印度有一条大河,简直可以称它作粪河,几千年以来印度人的粪都是倒在那里面,虎烈拉就在那里诞生。它在印度横行了好几世纪,在一八一七至一八二三年之间,才开始侵略亚洲其余的国家,它对中国也是在此时侵入的。它在黑暗里并吞了世界共凡六次,杀人无算。

在这篇科学小品的末尾,高士其用犀利的笔法,再次讥讽了国民党反动派的"不抵抗主义":

> 虎烈拉……在显微镜下现出它的原形。原来这虎烈拉是一粒弯腰曲背的细菌,头上还有一根鞭毛像清朝时代的辫子一般。看它这样娇小柔弱的东西偏会杀害比它大了几十万倍的人,真是大的东西反被小的东西欺负。国家也是如此。我们愧做了人,尤其是愧做了中国人。

从《虎烈拉》这篇科学小品开始,高士其完成了马克思主义与科学、文学的全面融合,并在此后的创作中游刃有余地将马克思主义与科学、文学相融合,为科学大众化、文学大众化做出了开创性、奠基性的贡献,为大众提供了好吃又好消化的"科学食粮",为科学小品文即科普创作树立了标杆。

1936年4月,高士其的第一本科学小品集《我们的抗敌英雄》(与别人合著),由读书生活出版社出版。这样,艾思奇和高士其,两位文章署名最后一个字都带相同语音的青年作者,一个高举"大众哲学"的旗帜,一个高举"大众科学"的旗帜,你一篇,我一篇,把一篇篇新作发表在《读书生活》杂志上,使这份刊物的"哲学讲话"和"科学小品"专栏成为读者最关注、社会影响最大的专栏,两位青年作者也从此名震中国社科界和科普界,后来成为举世公认的一代巨擘式人物。

科学小品这一文体最早出现在1929年。在柔石编辑的《语丝》第五卷杂志中首次刊登了周建人撰写的《从重伤风出卖里看人生》和《谋生存是颇不容易的工作》等系列科学小品。

1934年9月,在左联和鲁迅先生的支持下,陈望道先生创办了《太白》杂志,特设"科学小品"专栏,倡导科学小品的创作,借以推动科学大众化和大众语运动。

为此,《太白》聚拢并形成了以周建人、顾均正、贾祖璋、刘薰宇、艾思奇等为代表的中国第一代科普作者群体,展现了当时一批知识分子科学想象的变化和集体追求,他们共同促进了科学小品的大热,科学小品这种日常化、趣味化、通俗化的科学教育书写方式逐渐被世人认可,成为科学教育大众化的鲜明典范。

柳湜先生在《太白》创刊号发表的《论科学小品文》中明确阐述了科学小品的创作宗旨。他认为大众需要取得一些自然科学与社会科学的知识……可是,他们对于系统的知识不是不需要,而是无力吸取。这就像一个苦力需要烟草,但财力只能使他零支地购买,他没有整盒整条的购买力。于是,烟纸店就有开盒零卖的供给。现在也与这相似,大众在现状下接受科学的赐予只能是一点一滴的,他们自然也只能适应这种需要,不然科学大众化就会变为完全无意义的空谈。

在这种指导思想下,周建人、顾均正、贾祖璋、刘薰宇、艾思奇等从不同方面入手,开始了科学小品的创作实践。

高士其的科学小品汲取借鉴了以上科学小品作家的成功经验,以其深厚的文学素养,系统的科学知识,坚实的专业基础,富有想象力的构思和深刻的寓意与哲理,将思想性、科学性与艺术性完美结合、浑然一体,真正实现了马克思主义和科学传播的完美结合,将小品文从茶余饭后的休闲"点心"变为宣传马克思主义思想的有力武器。

著名学者陈晓红认为:

> 在此之前,从日记中可以看出高士其的思想其实是游移的,他的信仰不知道该寄托于何处,比如,在1934年7月4日的日记中,他说:"终日孤坐室中流汗而已。午后抄《般若波罗蜜多心经》。"1935年8月15日的日记中又写道:"晨课:读《圣经》一节,诵《金刚经》一遍,掺八段锦一次,静坐10分钟,写作1000字。午课:诵心经10遍,午寝,阅书,收集和整理,散步。晚课:读《圣经》一节,诵《金刚经》一遍,掺八段锦一次。洗浴,祈祷。"这样读经、诵经的记录贯穿在他1935年的日记中,但1936年之后的日记中再未出现过诵经、读经的记录。高士其的思想渐渐坚定。艾思奇已于1935年10月秘密加入中国共产党,1936年1月,他著的《哲学讲话》出版,连续两版都售罄。高士其受到他们的鼓舞和影响,在思想上与中国共产党的距离越来越近。"[1]

高士其的人生道路其实充满了崎岖坎坷。

---

[1]陈晓红:《把科学交给人民——高士其学术成长研究》,中国科学技术出版社,2021年,第92—93页。

1925年,高士其从清华大学毕业后赴美深造,在美国威斯康星大学攻读化学。正当他准备在化学领域继续攀登时,传来祖国瘟疫蔓延的消息,他的姐姐不幸死于流行性疾病。高士其认为当前最重要的是把祖国人民从疾病的死亡线上拯救出来,于是决心转向细菌学这一冷门。

1927年暑假后,高士其成为芝加哥大学医学研究院的研究生,读医学博士的功课。第二年,他被芝加哥大学聘为细菌学系试验助理。起初,高士其研究的课题是"食物毒细菌",为了研究食物毒细菌究竟是怎样危害人体的,他吞食了一种名为"B·Aer-trycke"的病菌菌液。老师和同学都被他那为科学献身的精神所感动。

第二年暑假后,高士其回到研究院,又开始研究起脑炎病毒。一天,他在实验室不小心弄破装有脑炎病毒的瓶子,病毒通过他的左耳耳膜进入小脑,破坏了小脑的中枢运动神经。他赶紧到校医院检查。一位神经科大夫经过诊断,确认他得了脑炎,劝他马上停学,回国休养。但他依然带病坚持学习,并加入了美国化学学会、美国公共卫生学会。

1930年,他在经常性的眼球失控、脖颈僵直、手足颤抖等常人不能忍受的疼痛中,以惊人的毅力读完了医学博士课程。这年夏天,高士其乘坐轮船回国。

归国后,他受聘于南京中央医院,担任检查科主任。在工作岗位上,高士其成天与毒菌打交道,在知道毒菌怎样危害人的生命的同时,也看到了现实生活中那些贪官污吏像毒菌一样侵袭劳动人民的肌体,毒害人们的灵魂。愤世嫉俗的高士其与黑暗势力进行了坚决斗争。最后,他在与院长的一次冲突中,被迫离职。

失业后,他决心进行细菌学的研究。没有条件,没有助手,没有实验室,但他依然要战斗。他想,把自己知道的科学知识、细菌知识告诉给人民群众,宣传科学,不也是很重要的工作吗?就这样,他用颤抖的、快要瘫痪的手紧握着笔,在旧中国这块荒芜的土地上"耕耘"起来。

他找到李公朴,诉说了自己的境遇。李公朴对高士其说:"当前荆榛遍地,豺狼当道,好人受欺,恶人得势,这就是社会的现状。你只懂得科学研究,不懂得社会道路的曲折坎坷啊!"①

李公朴留他住在家里,协助筹备"全球通讯社"。在这段时间李公朴给高士其介绍了包括陶行知在内的许多文化界朋友。从此,高士其和李公朴成了莫逆之交。

高士其和李公朴的友谊开始于美国的一次旅行。1929年,高士其在西雅图遇见了李公朴,他们同住在一家出租的房子里,高士其住在外面的房间,李公朴住在里面的一个房间。他们一见如故,彻夜长谈。谈及对李公朴的印象,高士其说他是个活泼、诚恳、有信仰的人。

高士其回忆道,李公朴曾背诵鲁迅的诗,意思是从医不如从文,拿起笔来为宣传革命思想而努力。因此,高士其在工作之余,也译些诗文发表。在这期间,高士其翻译发表了华兹华士的诗歌《战士的心》和《世界卫生事业的趋势》等一批文章,开始了笔耕之路。

1932年夏天,李公朴介绍高士其到上海担任其外甥女的家庭教师。当时陶行知在上海组织发起"科学下嫁"活动,办有自然学园,组织编写科普读物,向民众宣传科学知识。经李公朴的推荐,陶行知遂邀请高士其编写《儿童科学丛书》,从此,他和儿童科普文学结下了不解之缘。

1935年春天,高士其从医院治疗出来住在李公朴家里,并且受到他全家人热情的照顾。

这时,由于国民党政府坚持推行妥协退让政策,日本侵略军不仅鲸吞了我国的东北,而且又派兵进攻华北,严重的民族危机激起了全国抗日救亡运动的高涨。李公朴向高士其沉痛地说明了当时的形势,指出:"在腐

---

①陈晓红:《把科学交给人民——高士其学术成长研究》,中国科学技术出版社,2021年,第85页。

败政治的统治下,爱国有罪,卖国有赏,是非颠倒,暗无天日。我们每前进一步,都要经过艰苦的斗争。"①

与李公朴的谈话,给了高士其极大的鼓舞,他决心克服病魔,拿起笔来战斗,用科学小品这把匕首,刺向日本侵略者,刺向不抵抗的国民党反动派。不久,高士其完成了第一篇科学小品文《细菌的衣食住行》,经李公朴和艾思奇帮助修改,发表在《读书生活》半月刊第二卷第二期上。接着,高士其又写了《我们的抗敌英雄》《虎列拉》等科学小品。②

高士其与艾思奇在上海相识时,前者是30岁,后者是24岁。

高士其曾提到艾思奇为我国早期的科普文学创作和繁荣所做的重要贡献。20世纪30年代,鉴于我国广大人民群众科学文化知识水平的落后状况,艾思奇就曾撰文主张"自然科学的大众化"。他认为板起面孔来谈自然科学,一定会使中国的大众退避三舍,就等于让摩登女郎走到最偏僻的乡下,一般人总是看不惯,因此要写作一篇科学小品。随后,艾思奇又接连不断地创作了十多篇思想性和战斗性极强的科学小品文,发表在《太白》杂志和《读书生活》杂志上,并且翻译了中篇科幻小说《火星》,在《通俗文化》杂志上连载。

在20世纪30年代,高士其和艾思奇还根据中国当时的艰难时局和社会、群众的需要,探讨了科学与哲学的大量问题。艾思奇的哲学思想启发了高士其的科普创作,高士其以科学知识丰富了艾思奇的哲学思想。高士其的第一篇科学小品集《我们的抗敌英雄》,就是在艾思奇的倡议下编成的。高士其的一篇科学小品《肚子痛的哲学》,也正是按照艾思奇所阐述的辩证法原理写成的。

高士其回忆艾思奇时说:

①周天度、孙彩霞:《李公朴传》,群言出版社,2002年,第24页。
②同上书,第24—25页。

我和他最早一次见面,还是一九三四年在上海,在读书生活书店里。我们很谈得来,好像一见如故的朋友,每一次见面他都鼓励我多创作科学小品。

我的第一本科学小品集《我们的抗敌英雄》的出版,就是在他的指导下合编而成的。

后来,我从李公朴先生家里移居到读书生活出版社的楼上,我住在后楼,他住在前楼,我们见面的机会多了,我们之间的友谊有了进一步发展。

我觉得他为人老成持重,沉默寡言,和蔼可亲,平易近人,思想敏锐,行动坚决。我非常钦佩他的编辑才能和写作能力。

我很欣赏他的《哲学讲话》,这本书对辩证唯物主义的哲学,作了通俗的解释和阐述,在当时影响是不小的。我有一篇科学小品叫作《肚子疼的哲学》,就是按照他的辩证法原理写成的。那时候,我每期都为《读书生活》半月刊写一篇科学小品。

一九三七年,我同他一起参加了上海著作人协会,并且还与他同往万国殡仪馆瞻仰鲁迅先生的遗容。他还陪同我去通俗文化出版社,安排出版我的第四本科学小品集《细菌的大菜馆》。

抗战爆发以后,我们都先后去到延安。

这是我们一生前进道路上的里程碑,是我们一生中最大的转折点。①

由此可以看出,李公朴和艾思奇对高士其的影响是巨大的。

---

① 高士其:《热心科普创作的哲学家》,载《一个哲学家的道路——回忆艾思奇同志》,云南人民出版社,1981年,第46—47页。

从1935年到1937年,高士其用颤抖的手写下了《我们的抗敌英雄》《抗战与防疫》《细菌与人》,以及长篇连载《菌儿自传》等近百篇科学作品,并汇编成册,广为流传。

高士其在进行科普创作的同时,也积极参加各种抗日救亡运动。当时,中国共产党领导的延安吸引着千千万万的有志之士。听说艾思奇要去延安,高士其也决心和他一起到延安去。他表示,就是我一天爬几丈路,也得爬到延安去!

1937年8月,在地下党的帮助下,高士其拖着半瘫痪的身子,热情满怀、义无反顾地踏上了奔向延安的旅途。经过3个多月的跋涉,历尽千辛万苦,他终于到了延安。

毛泽东主席来到他住的窑洞里看望他,亲切地勉励他"要坚持正确的政治方向和艰苦奋斗的工作作风"。

陈云在和他交谈后,欣慰地称赞高士其是"延安第一个红色科学家"。

在延安,生活异常艰苦,缺乏医疗条件。高士其忍受着病痛,积极进行革命斗争,热心团结和教育周围的爱国青年,启发和坚定他们的革命决心。1939年4月,高士其的健康状况日益恶化,接近于全身瘫痪。毛泽东提议他去香港治病。4月12日,高士其恋恋不舍地告别了延安。

在香港治病期间,高士其拖着病体继续写作。这一时期,他写下了《天地进行曲》等诗篇,发表了大量声讨反动派罪行的战斗檄文,成为将科学与诗歌有机地结合在一起的中国科学诗创作的开山人。

高士其出生在一个书香世家,自幼受诗歌的熏陶,再加上赴美留学,专攻科学,尤其是对化学和细菌学的深入研究,使他具备了作为一名科普作家的两个条件——懂科学,懂文学。

1949年5月,高士其乘船来到已经解放了的天津。在途中他写道:"我回到老家去了,我要开始新的战斗,为建设新中国而战斗,为人民的健康而战斗。"①

同年秋天,高士其来到北京参加第一届全国政协大会,并到天安门参加了开国大典。

此时,高士其已接近于全身瘫痪,组织把他安置在北京医院,要他在那里长期养病。高士其为自己不能为党工作而夜不能寐,他请求党组织"不要把我当成病号看待,我还能为祖国出力,给我分配工作越快越好!"②

周恩来同意了他的要求,安排他担任文化部科学普及局顾问。有了工作后,高士其病残的躯体里奔流着一股生命的激流,除了大量的日常工作外,他还坚持搞创作。从 1949 年到 1964 年,他发表了 800 多篇文章和诗歌,出版了近 20 本科普书籍。③

高士其在总结科普工作和科普创作经验的基础上形成了"把科学交给人民"的科普思想,他认为,科学是人民的科学,要使科学为人民服务就不仅需要提高还需要普及,科普创作应该通过和社会建设、马克思主义哲学以及文艺相结合达到通俗化的目的。

随后,他创作了《生命的起源》这篇近万字的科普文章,通过对生命起源相关知识的详细介绍,系统阐述了唯物主义历史观。这篇理论文章奠定了高士其马克思主义科学文艺思想的基石。

1974 年底,周恩来总理在病中亲自主持筹备第四届全国人民代表大会的工作。他看完科技界的人大代表候选人名单后,皱起了眉头,问道:"怎么没有高士其? 高士其现在情况怎么样?"在历届人代会上,周总理都见到了高士其,然而这一次为什么在人大代表候选名单上没有高士其呢?有人解释道,科学家代表名额已经够多的了!"高士其代表科普!"周总理

---

① 冯晓蔚:《中华民族英雄——高士其》,人民网—中国共产党新闻网,2016 年 2 月 24 日,http://dangshi.people.com.cn/n1/2016/0224/c85037-28146745.html#:~:text=。
② 同上。
③ 同上。

回答说。①

在周总理的提名下,高士其当选为第四届全国人民代表大会代表。消息传到高士其耳里,他感动得热泪盈眶。这时,全国科协重新把老秘书高仰之调来,协助高士其工作。

1978年全国科学大会后,高士其热烈欢呼:科学的春天来到了,科普的春天来到了!

同年5月底,在上海召开的全国科普工作座谈会上,高士其作了《让科普的鲜花盛开》精彩发言,这个发言稿六易其稿,耗费了他整整一个月的时间,他在发言中指出:"什么叫科学普及?呵!用生命的火焰去点燃人们思想的灯,共同照耀人类探索自然,改造自然的伟大途径……"

在这次会议上,高士其被代表们推选为全国科普创作协会的名誉会长。

这时全国掀起了一股前所未有的学习科学的热潮。高士其夜以继日地进行创作。紧张的工作使他全身原本僵硬的肌肉更加僵硬,喉部的肌肉也呈现出了一种僵化的状态,食管与气管盖子的开合相互失调,吃饭时气管的盖子往往会打开,大量的饭菜没有进入食管,而是通过气管进入了肺部,造成严重的吸入性肺炎,因此,他大病一场,经过3个多月的抢救和治疗才转危为安。

这场疾病剥夺了高士其唯一的工作方式——口述。对此,高士其感到十分痛苦,但他不甘心向厄运屈服。

早在1939年高士其就丧失了写字的能力,在停笔40年后,他决心拿起笔来,锻炼写字。他用僵化变形的手夹着笔,一笔笔地写着,刚开始一天只能写几十个字,慢慢增加到一百多字、二三百字,最后达到每天写一千多个字的水平。他常常从早上9点写到夜里11点。因为控制不住疾病

---

① 叶永烈:《中国的霍金——高士其传》,安徽教育出版社,2013年,第251页。

所带来的颤抖,经常在笔记本上留下数道划痕。

面对苦难和折磨,高士其却十分乐观。他说的话别人听不懂,他自己说得也十分费劲,他就笑称自己的话是"高语"。他写的字别人看不清,自己看了也发笑,他就戏称自己的字是"天书"。

高士其的病一直在恶化,但是他的工作节奏却在加快。他主要的病症是全身肌肉越来越僵化,造成气管与食管的盖子开合功能失调,从而影响正常进食。

高士其非常清楚病情发展的最终结果,他曾经对秘书说过,如果哪一天他吃不下饭了,那就是生命行将结束的时候。而这一天,正在一天天向他逼近。

1983年,北京医院的大夫们做出了禁止高士其进食而改用鼻饲的决定。鼻饲以后,高士其加快了工作节奏,他常常一边进行鼻饲,一边题词、作文、写回忆录,好像食物是灌到一个与他完全不相干的身体里去了一样。

高士其非常珍惜他的工作权利和有限的生命,当需要挂点滴治疗时,他总是要求挂在左手,尽管左手的静脉扎得已经不能再扎了,但他还是不愿意伸出右手。他认为右手是要工作的,谁也不能剥夺他工作的权利。他左手打着点滴,右手还在颤抖着写字。

高士其的这种顽强拼搏精神,感动了大夫和护士,也感动了病友们,人们从高士其的病房走过时,总是看到他在沙发上坐着写啊写啊……时任全国总工会主席的倪志福目睹了此情此景,忍不住走进病房劝他注意休息。高士其却用笔在纸上写道:"写作就是我最好的休息。"

1984年12月,他亲笔写下了自己的座右铭:"我能做的是有限的,我想做的是无穷的。从有生之年到一息尚存,我当尽力使有限向无穷延伸。"[1]

---

[1]尹传红:《高士其:不屈的"科普战士"》,《知识就是力量》2016年1月刊。

1985年1月，北京医院进行南楼拆毁的定向爆破，大量尘埃通过门窗涌进房间，造成高士其严重的吸入性肺炎。此后的10天10夜，他高烧不退，只好用冰毯进行表面肢体降温，接着，肠胃道大出血、癫痫性抽搐。一天夜晚，他又因堵痰进行了气管切开手术。手术虽成功了，但整整3个月，高士其都处于昏迷状态。

3个月后的一天，高士其突然醒过来，看到家人都在他身边忙碌，竟放声大哭，他受的苦实在太多了。

1988年12月16日夜间，值班护士在给高士其翻身时，压住了输氧管口，造成输氧管破裂，高士其陷入病危状态。经两天两夜的抢救无效，12月19日凌晨，高士其与世长辞。

高士其从1928年在美国芝加哥大学做实验时瓶子破裂发出了"啪"的一声响，导致终身残疾，到1988年在北京医院因氧气管破裂发出了"啪"的一声响，导致其结束一生，这中间隔了60年。

60年来，高士其经历了多少痛苦、多少磨难，但他生命的激流始终为祖国事业不息地奔泻着。恰如他的《生命进行曲》一诗中所说："生命啊，你是一部写不完的史诗！"

1950年2月18日，高士其创作了长篇科学诗《我们的土壤妈妈》。这首诗在马克思主义与科学、文学的融合方面比以前创作的科学诗更加成熟。同样是写"土壤"的科普作品，这首诗与1935年创作的《地球的繁荣和土壤的劳动者》风格完全不同。整首诗充满欢乐，暖意融融，饱含了他对新中国的深情赞美，与之前充满战斗张力的作品风格形成鲜明的对比。1954年，《我们的土壤妈妈》获得"全国少年儿童文艺创作评奖活动"一等奖。

1959年9月，高士其的《科学诗》一书正式出版，收入1946年以来创作的科学诗歌42篇。

收入这本诗集的第一首诗是《我的原子也在爆炸》①。

  ……

  我虽然不能起来，

  我虽然被

  损害人类健康的魔鬼

  囚禁在椅子上；

  但是哟，

  魔鬼们禁止不住我们声浪的交响。

  我的电子也在激荡，

  我的原子也在爆炸，

  我们的电子都在激荡，

  我们的原子都在爆炸。

  收入这本《科学诗》的最后一首是《火箭颂》②,后几句以拟人手法写道：

  ……

  问到你什么时候回地球去？

  你说还要在太阳的身边逗留，

  按着预定的轨道，

  伴着群星在太空遨游。

  你要向他们学习，

---

①高士其:《科学诗》,作家出版社,1961年,第2页。

②同上书,第175页。

永劳不逸的榜样，

你是全地球的光荣，

你是全宇宙的理想。

高士其在《科学诗》的"序言"中坦承：

写作"科学诗"，有一个崇高的目的，那就是为了建设社会主义，为了实现共产主义的伟大理想而奋斗。它不是为了写诗而写诗，也不是单纯地为了介绍科学知识而写作；它要激发少年读者们爱祖国、爱人民、爱劳动的感情，培养他们树立起唯物主义世界观，鼓舞他们向科学进军，引导他们去攀登科学顶峰，使他们能更好地为社会主义建设服务，这就是写作"科学诗"的基本思想和社会意义。[1]

著名学者郑易里和青心在《科学家、诗人、战士》[2]一文中说：

战士们对敌斗争的武器是枪炮，这时高士其同志手中紧紧掌握住的唯一武器便是革命诗。他坚强而多智，镇定而果断；他全身瘫痪地生活在战乱的艰苦年代里，但他却在重重困难中奋战自如。这一时期他写作有"电子""黑暗与光明""给流血的朋友""长期的忍耐""悼四烈士"和"天的进行曲"等诗篇。在"天的进行曲"里，他用人民的语言、丰富的想象和诗的形式，简洁而辩证地刻画出了宇宙、天体、地球、原子……大自然的衍变和发展。他采用一篇长诗来表现"自然辩证法"，表现大自然的必然规律。反动势力的猖獗是暂时的，革命

①高士其：《科学诗》，作家出版社，1961年，序言第1—2页。

②郑易里、青心：《科学家、诗人、战士》，载高士其：《科学诗》，作家出版社，1961年，第184页。

形势的发展前进是必然的、永恒的。

大诗人臧克家称赞说：

> 高士其同志的科学诗是美丽的，动人的。他把科学领域中形形
> 色色的东西，什么镭呵、钍呵、电呵、光呵，都赋予生动的形象，使一些
> 看不到的事物有了具体形体，使一些无声无嗅的东西有了声音和气
> 味。他不但使它们形象化，而且使它们性格化了。使它们既严格地
> 合乎科学要求，又栩栩如生，饶有趣味。他的科学诗，不是干燥地以
> 诗的形式图解科学，而是以充满诗意的想象和动人的比喻，引人入
> 胜。所以，他的作品，既是科学，又是诗。①

高士其先生特别关心孩子们的科学普及工作。1958年5月，他在《科
学普及工作》杂志撰写的《让孩子们在科学的阳光照耀下成长——为庆祝
六一国际儿童节而作》这篇文章中写道：

> 六一国际儿童节来到了。这是孩子们快乐的节日。
> 在这个快乐的节日里，我们科普工作者能给孩子们做些什么事
> 情呢？
> 对于这问题，一个很自然的回答就是：积极开展少年儿童科普工
> 作。这是全国孩子们的希望，也是全国父母们的希望。
> 在我们社会主义国家里，科普工作占着头等重要的位置。
> 在人民的日常生活里，衣、食、住、行无论哪一件都离不开科学。
> 生产建设需要依靠科学来发展；工作和学习也需要科学来指导。

---

①李宗浩主编：《高士其及其作品选介》，河北人民出版社，1982年，第6页。

大人需要科学,小孩子也一样。

……为了祖国的未来,为了社会主义、共产主义的前途,我们就应该把科学知识尽快地传播给孩子们。①

高士其在孜孜不倦进行科普创作的同时,还积极鼓励扶持年轻人进行科普创作,叶永烈、李宗浩等著名科普作家都在他的影响和扶持下走上了科普创作的道路。

叶永烈先生早在北京大学读书时就采访过高士其先生。他十分动情地回忆:

1962年4月20日,我曾走访高士其同志,请他介绍他的创作经历以及对一些科普创作问题的看法。他详细地逐一回答了我的问题,谈了一个下午。

……

在告别时,他一再说:"有空,来我这儿玩玩,谈谈。"

我坐上公共汽车,在车上翻看《怎样编写自然科学通俗著作》这本书。在书中,发现写着许多歪歪扭扭的铅笔字,这显然是高士其同志的手迹——他一边看书,看到不妥当的地方,就一一亲自作了修改。

这时,高士其同志的形象,又浮现在我的眼前:这是一个多么不平凡的老人! 他那种顽强不屈和疾病作斗争的意志,他全心全意为少年儿童、为广大读者不倦地创作的精神,他对下一代的关怀,深深地激励着我,鞭策着我。像他这样全身瘫痪,还在坚持科普创作,我们这些年轻力壮的人,怎么不该加倍地努力啊! 我想,一定要系统地

---

① 高士其:《让孩子们在科学的阳光照耀下成长——为庆祝六一国际儿童节而作》,《科学普及工作》1958年第6期。

收集他的作品,研究他的作品,作为创作上学习的蓝本。①

20 年后回忆这次采访时,他依然十分感慨,当时,他只是个二十岁刚出头的大学生,高士其同志如此详细回复了他事先在信中提出的一系列问题,从中也可以看出高士其对青年一代的关心和鼓励。

叶永烈更深刻地感受到高士其"对青年一代的关心和鼓励"的伟大情怀,是他撰写《高士其爷爷》这本书以后。他在这本书的"后记"中写道:

> 高士其同志那传奇式的革命一生,很早就吸引着我,想把他那对党的忠心,惊人的毅力,顽强的斗志,勤奋、认真的治学精神写出来。可是,当我听到他"嗯嗯、喔喔"那困难的喉音,看到他繁忙的工作,又有点犹豫起来,怕很难有机会请他自述往事。加上担心自己文笔拙劣,怕写不好高士其光辉的一生。在高士其同志的热忱鼓励下,在少年儿童出版社的积极帮助下,我才鼓起了勇气,试写这本《高士其爷爷》。
>
> ……
>
> 在本书初稿写好之后,高士其同志正在北京医院住院治疗。他在病房里花了一个多月的时间,审阅了初稿全文。这对于一个瘫痪了的老人,是一件多么艰难的工作,何况他又正在病中。然而,他却非常仔细地看了好几遍,认认真真地进行修改,订正了不少不准确的地方,甚至连错别字、标点符号也帮助作了修改……为了批阅本书初稿,他经常工作到深夜。有几次,医院里晚上放映电影,他都不去看,仍在那里审稿,请他的爱人或儿子把意见改在初稿上。由于高士其同志口述较困难,本书大部分材料是靠采访他的亲友得来的,而别人的记忆往往会与高士其本人的经历有所出入,本书初稿经高士其亲

---

①李宗浩主编:《高士其及其作品选介》,河北人民出版社,1982 年,第 34、40 页。

自审定之后,使史料的准确性有了可靠的保证。①

叶永烈先生在《高士其爷爷》的结尾发出这样的感叹之言:"在培养一代又一代的新人中,高士其付出了毕生的心血!高士其啊,你是祖国的骄子!高士其啊,你以你战斗的一生,谱就了一曲'高士其之歌'……"②

李宗浩先生是《高士其及其作品选介》一书的主编,也是高士其先生扶持培养起来的著名科普作家之一。

他在《高士其及其作品选介》"后记"中写道:

> 二十八年前,在故乡春蚕丰收的季节,我第一次读到高士其同志的名作《菌儿自传》。
>
> 如果说,一个人在童提、少年时代读一本好书对他终生产生重大影响的话,那末,高士其同志的这本《菌儿自传》对我就是这样一本著作。它启蒙了我的思想,在我面前敞开了一条科学、文学的道路。我一直认为,对于正处在长身体、长知识的青少年来讲,尤其在十三四岁这样一个富于想象、最易塑造的年龄,如果有一本足以激动着他们的好书,就等于交了一个正派、聪明、智慧的朋友,一个足以称得上"良师益友"的"人",对奠定一生做人的基础,道德、情操、爱好、才能将发生不可估量的影响。③

经过与高士其先生多年的交往、求教,一个想法开始在李宗浩的心里萌生:一定要为自己仰慕和崇敬的这位人生导师撰写一本书。

经过十几年的精心积累,1982年2月,李宗浩主编的《高士其及其作

---

① 叶永烈:《高士其爷爷》,少年儿童出版社,1979年,第315—316页。
② 同上书,第314页。
③ 李宗浩主编:《高士其及其作品选介》,河北人民出版社,1982年,第613页。

品选介》由河北人民出版社正式出版。

著名儿童文学作家严文井在"序言"中说：

　　《高士其及其作品选介》会对有志于科普创作的新作者有所帮助的。他们不仅会从写作上得到借鉴和启发，更重要的是会从高士其同志的工作精神和斗争精神上受到鼓舞，坚持正确的方向，为中国的现在和未来服务。①

李宗浩先生经过三十多年的酝酿准备，为恩师高士其先生又撰写出版了一本文学传记《永远的高士其》。

李宗浩先生在《高士其及其作品选介》"后记"中写道：

　　这是一位很有才华并具有坚强毅力的人，这是一位精通科学、具有艺术素养的人，这是一位极有理智、具有丰富感情的人。病魔可以用毒力把一个血气方刚、富有抱负的人囚禁在椅子上，但却无法禁止顽强人身上毅力的高歌、意志的呐喊！高士其同志精神的电子在激荡，精神的原子在爆炸。②

李宗浩先生在《科普时报》发表的《身残志坚的科普旗手——追忆红色科学家高士其》③长文中充满深情地写道：

　　在中国现代科学史上，有一颗闪烁着特殊光芒的明星。他就是

---

① 李宗浩主编：《高士其及其作品选介》，河北人民出版社，1982年，第4页。
② 同上书，第614页。
③ 李宗浩：《身残志坚的科普旗手——追忆红色科学家高士其》，《科普时报》2021年5月14日。

高士其。半个多世纪以来,他创作出了大量的优秀科普读物,与法国的儒勒·凡尔纳、苏联的伊林①和美国的阿西莫夫一样,为人类普及科学知识做出了巨大的贡献。但他的身体状况和传奇式的经历却又与众不同,他一生向往光明,追求真理,热爱人民,对党忠贞,谱写了一曲身残志坚、生命不息、战斗不止的光辉篇章。

李宗浩先生接着追忆:

我和高士其老师于1956年春相识。当时我还是一个刚入团不久且年纪不到20岁的医学生,我到其住所北京东城区干面胡同去拜访他,彼此一见如故。其实20世纪50年代初,在故乡太湖之滨春茧丰收的季节,我第一次读他的名作《菌儿自传》时就"认识"了他,那时我只有十二三岁。此后,我从报刊介绍他的文章中进一步了解了他。但当我与高士其见面的瞬间,我惊呆了!

他的健康状况、瘫痪程度,远比文章介绍和我的想象严重得多。他讲的话,我一句也听不懂;他在别人的帮助下,与我握手(实际上是我握着他无法伸开手指的手);在我们不到一个小时的交谈中,他的眼睛被下垂的眼睑覆盖了好几次,经过按摩才睁开眼睛,继续谈话。

他在生活起居难以自理,在常人写作的基本条件几乎完全不具备的情况下,创作出了很多优美的科学文艺作品,而且以饱满的热情关心着祖国的命运和青少年的健康成长,积极参加各种社会活动和公益事业。

瞬间,我由见面前一个年轻人对名人崇拜的心态,油然生发出一种敬仰、尊重之情,他是我的导师!而他对我也似有一种特别亲切的

---

①伊林出生于乌克兰,其代表作品是《十万个为什么》。

情感。我们彼此间的年龄、身份、地位等差距迅速地消除了。从此，我们成了忘年之交。

当我迷离困惑之时，高老总是坚信隆冬过去就是春天。

……1973年，他在《化石》杂志上发表了著名的诗篇《生命进行曲》，这使得我们极为兴奋，在严寒中感到春天即将来到。

他写道："……生命啊！你是一幅画不完的图案，从蛋白质的形成，一直画到人的出现；生命啊！你是一部写不完的史诗，从远古时代写起，一直写到现在。"这充满理想和希望的诗篇，哪像是出于一个年迈瘫痪多病老人的笔下？

1976年10月，粉碎"四人帮"后，他以对"四化"建设抑制不住的热情忘我工作，把失去的时间夺回来。经过了无数次的调研，我们两人一起写了一封信给邓小平、方毅同志，提出了关于提高全民族科学文化水平和科技人员从事科普事业等方面的建议……我们在信中说道："在实现'四化'的伟大历史进程中，要有大批的优秀人才和充足的后备力量，必须要精心地培育我们的儿童。'十年树木，百年树人'。儿童教育是基础教育，它往往决定了一代人的思想情操、学识才华……"

1988年12月19日，他离开了我们。在追悼会上，作为他的学生，我们敬献的花圈是"士其老师，永垂不朽，继承你的遗志，把科学交给人民，你的学生李宗浩、叶永烈、毛福平敬挽"。

李宗浩先生接着写道：

高士其虽然已经离开了我们，但他的爱国爱党、矢志科学的精神是永恒的。无论是一个国家、一个民族、一个时代、一个社会，需要鼓励人们进取向上的精神，奋发图强的精神，抑恶扬善的精神……不论物质生活条件艰难困苦还是优越充裕，我们都需要精神。为此，我将前几年写的一首纪念高士其的诗,作为本文的结尾,献给读者。

……

蓦然回首地球给你83年的风雨岁月。

你没有一丝哀愁半缕惆怅无悔无憾地走了,

你的人生最充实,壮丽得如九天上的宫阙,

高士其,你永远走在阳光里,

我们则在阳光下,因你精神的滋养而欢欣、喜悦。

1988年,高士其先生去世,中共中央组织部追认他为"中华民族英雄"。

1999年,一颗由中国人发现的小行星被命名为"高士其星"。

2005年11月1日,是高士其先生100周年诞辰纪念日。《人民日报》在发表的文章《今天我们为什么要追忆高士其》中写道:

我们追忆高士其,为他惊人的毅力而震撼……我们追忆高士其,为他高超的笔法所打动。使科学知识脱下庄重的礼服,为广大读者所喜闻乐见……他的作品立意深远而文辞浅显,小学生都可以读懂;大量拟人化的比喻、口语化的叙述,开科普创作之一代新风;《菌儿自传》《我们的土壤妈妈》等名篇佳作,成为世界科普文库中的经典。

是的,高士其先生一生战胜了难以想象的身体障碍,以顽强拼搏的精神艰苦创作了五百多万字"世界科普文库中的经典"。这些极其宝贵的精神财富永远滋润哺育着我们。浩瀚宇宙星空中最亮的那颗星就是中国的"高士其星","高士其星"在宇宙星空的不停运转中熠熠生辉,昭示着人类在用一种最永恒的纪念方式铭记着我们中华民族的骄子——高士其先生……

第4章 街头化的"时事小品"

胡绳先生回忆说：

  我和柳湜同志相识是在一九三六年。但是在认识他以前,我已经读过他写的不少文章了。一九三四年冬,他和艾思奇同志编辑的《读书生活》杂志创刊。那时我在北平,是个大学一年级学生。这个当时在出版界中以一种完全新的风格出现的杂志吸引了大量青年读者。它的经常撰稿人,如果我的记忆不错的话,有汉夫(写国际问题)、征农(写文艺评论)、吴敏(写经济问题)、高士其(写科学小品),还有曹伯韩、廖庶谦、陈楚云等。两位编者写的文章最多,艾思奇主要写哲学方面的文章,柳湜写的方面较广,时尚、社会动态、青年生活都是他文章的题材。

  ……

  柳湜同志一生写了很多文章,在抗战初期,在延安期间,在建国后,他都有很多著作。但我想,他的著作生涯最光彩的一段还是在抗战以前的几年间……

  ……

　　柳湜是在当时有成效地从事马克思主义宣传工作的最活跃的作者之一。[①]

　　应该说柳湜先生"著作生涯最光彩的一段","最活跃"的时期,就是他编辑《读书生活》杂志的这段时间,就在他在《读书生活》杂志"时事小品""社会相"等专栏发表的大量文章之中。当年在延安的中央领导点名要买的柳湜先生的著作《街头讲话》,就是他在《读书生活》"时事小品"专栏撰写的系列"讲话"的集锦。

　　《银子搬场》是柳湜先生发表在《读书生活》1934年创刊号"时事小品"专栏的一篇文章,也是他发表在《读书生活》第一篇文章。

　　这篇文章以上海金融家秦先生一家本来要去郊外度周末,但因为银行临时通知向国外搬运转移白银而耽搁休假的故事,揭露了当时中国的财政命脉被外国列强一手操控的真实现状。

　　在《银子搬场》这篇"时事小品"中:

　　　　秦先生的老母亲说:"罗先生,我活了快七十了,从没有听到过白银黑银问题,要闹得秦先生连一晚乘凉的福气都没有了。到底是什么一回事呢?"

　　　　芳小姐抢着答道:"祖母!父亲说就是银子搬场,去年美国抬高了白银价格,中国的银子就往外搬,但半年间,上海一埠现银搬出还不过三千万元,今年七月间就变得更凶了,一个月间现银搬出就是两千三百万元,这个月过去的二十天里,搬出是五千七百万元,比去年七个月的总数还要大,今年搬出的说是达一万一千万元了。这些银

----

①胡绳:《写在〈柳湜文集〉的后面》,载《柳湜文集》,生活·读书·新知三联书店,1987年,第882、885、886页。

子,据说都是搬到纽约同伦敦去的。"

"阿弥陀佛,中国真要穷了。"秦老太太叹了一口气继续说,"……你说中国如何不穷,以前我们的银子搬场不过由山上这个洞搬到山上那个洞。并没有搬出过县,现在却往外国搬了。罗先生,上海这样大的地方,银行里到底存着多少银子呢? 不会给搬完吗?"

《读书生活》1934年创刊号《银子搬场》

最后,柳湜以"罗先生"名义针对这次银子搬场问题提出了个人意见,在原则上是主张直接干涉政策的。但也不反对间接干涉政策,就是说,如果把这间接干涉作为直接干涉的手段,也原无不可。

我们要造成一个干涉政策的坚固的基础。这里,我觉得第一,要使财政的来源不再依赖这几个口岸,要消灭财政与国民经济间的矛盾;第二,要使全国的金融中心不一定在上海,尤其要握在自己手里;第三,要有一个应付任何事变的货币制度。这是关系全国民经济的改造的问题,不是在苟安政策下可以侥幸达到的。

柳湜先生直接指出:

白银问题虽然重要但还不过是世界战争的一种准备。更大的来日大难还在眼前啊!我们现在以课税的政策暂时即令可以使白银流出和缓,但问题决没有解决。目前中心问题是看我们如何应付战争,否则一切只能听人宰割,岂独自己当了银子的奴隶,我们大家穷死,就是自己的生命财产也会被敌人的飞机大炮毒瓦斯毁灭啊!

柳湜先生发表这篇文章的时间是1934年11月10日,两年半之后七七事变爆发,由此可见他的政治预见能力之准确。

《痴子赞》是柳湜先生在《读书生活》1935年第一卷第八期"社会相"专栏发表的一篇时事短论。

这篇短论写道:

我在《回春之曲》之中看到一个痴子,又使我想到其他许多痴子,他们都要比自己高明,所以想来赞美他们几句。

《回春之曲》是上海舞台协会最近公演中的一个剧本。这出戏演得怎样,这里不是要来评剧,恕不来啰唆,我要赞美的是这剧中主角是一个痴子。痴子原是一个记忆力甚强的少年人。因为参加"一·二八"的战争,受了敌人过高度炮弹轰炸的震动,忽然将过去一切记忆统统丧失尽了,竟连自己的爱人也不能认识,完全变成了白痴。但他的脑子中,也还留有一种记忆,就是战场的杀敌。所以他在每隔五分钟必要高喊一句"杀呀! 前进呀!"的口号。

　　……

　　有人说《回春之曲》中的痴子是在做戏,他喊的口号是在白痴中喊出的,他醒了后,他自己也会认为再喊"杀呀! 前进呀!"是不合套儿的,所以他醒了以后那戏就不能再做了。

　　是的,他醒了以后,那口号是再不能在卧室中,会客室中喊了的。但继续喊这口号就不可能了吗? 并不! 不过,那不是在神经错乱中喊出而是在头脑清醒中喊出。不是在卧室会客室内,而是在鲜血上战野上,不仅是口里喊,而且是在手上有枪,装着子弹,上着枪刺,对着敌人的胸膛,真的在"杀"呀,"前进"呀!

　　不过,这种由清醒中喊出的口号,送到汉奸的耳内又何尝不认为是痴子呢? 不信,请问赵欣伯之流去。

　　我在《回春之曲》中,看到神经错乱中的痴子,使我幻出东北的冰天雪地上,染着千千万万痴子的血,有一队队在与民族敌人作战,真的喊着"杀呀! 前进呀!"的口号。那就是义勇军。

　　他们给与我们的是什么呢? 恐怕要超过讥刺以上吧! 所以,我不能不赞美痴子,做痴子赞。

柳湜先生发表这篇短论的时间是1935年2月25日,正值一·二八事变三周年之际。短短几百字就把一位可敬可爱的一·二八事变中的少年英雄形象,以及在白山黑水间与日寇浴血奋战的义勇军战士刻画得栩栩如生,今天读来,依然令人热血沸腾,激愤不已。

通俗化是《读书生活》办刊的宗旨，在1935年第三卷第一期杂志上，柳湜先生代表《读书生活》编辑部撰写了一篇题目为《如何通俗化——编者、作者、读者合作》的长篇讨论文章。

文章的开头写道：

我们常常接到读者的来信，或朋友们的批评，说《读书生活》里的文章，还写得不好懂，不够通俗。他们说："没有进过学校的人，虽然认识几个字，还不能读。"

"刚读完千字课，或读完小学的人还不能读。"

"甚至进过中学，像我的太太那样的人，也还不能读。"

完了，有这样多个"不能读"，"不能读"，那能读的人自然还是几个文化程度较高的人了。不用说，这与我们原来打算要做到的还差得太远！

"不要怕！我们更要努力做得通俗。"我们编辑部同人互相鼓励说。

我们向作家要求说：

"请你们要再写得好懂些。你们什么地方还写得太欧化，不好懂，请你们再改改。"

他们也着实出卖气力在求"通俗"，他们说，"我写这篇文章比替别的杂志写稿子多花费一倍功夫，可是通俗仍通俗不来，通俗到底有什么标准呢？"

我们没有将标准给他们，更不能逼迫他们，不然有几栏就会没有法子印出东西来。

我们只有在自己担任的稿子上下功夫，结果仍然是听得到处"不能读"的声音。

这并不使我们灰心。我们预先就想得到的。这更不是通俗化碰了壁,这不过是做得不够。

我们平下心来,研究怎样可以减少一些"不能读"的声音,在暂时并不妄想这种声音完全消灭。

我们发觉,我们这一年的努力,所收的效果很小,是因为我们太孤独了,从事通俗写作的人还不多,社会对于它还冷视,对于我们的习作没有批评,我们自己方面也太散漫,各人弄各人的,没有聚在一起讨论过,批评过,这样个人主义的干法,哪里会有成功!我们看出今后补救的方法,首先要赶快把同意通俗化的作家找在一起来,认真的作有计划的讨论,不客气的批评,这是第一点。

第二,我们发觉写东西的人,还需要与读东西的人合作。我们要不使人读不懂,先要明白他们读不懂的根源在哪里,不懂的是一些什么地方,然后我们来怎样磨炼自己手里这支笔,用它去说服他们。

编者,作者,读者,要实行合作。

文章接着写道:

通俗化应不应该来做,已经共认不成问题了。生活逼起大家要求生活的知识,知识来源之一是读物。现在凡在生活中挣扎的到处都发现要求知识,要求自己起来说话。现在印出的书,刊物,却不能满足人望,而中国四方块字这种语言工具又不能适合大众自己发表意见。这种社会要求,就变为语言改革运动(拉丁化运动),现在再来一个通俗化运动是适合客观的需要,有何足怪呢!

大家称善。

柳湜先生这篇关于通俗化的讨论文章涉及十二个问题,他说:

已有的经验还是浅薄的。但浅薄是高深的阶梯,我们并不希望停止在以上的认识及技术的限度。

如何充实与展开呢?

这是大家的事,笔者,作者,读者要大家合作。

好在现在已有更实践的人,在那里分解,审阅今日已有的习作了。我们盼望他们赶快有一个报告出来,提出具体的讨论。

我们希望所有同情通俗化的作者,读者,大家都发表一些意见,尤其对于《读书生活》请下最最严肃的批判。我们要求上进,要求"不能读","不能读"的声音减退。但我们知道,这不是我们几个人所能做得成功的。

我们愿意接受一切的指教。

努力争取把《读书生活》办通俗化的目标,一直萦绕在柳湜先生的心头。

1936年夏天,柳湜陪同邹韬奋赴香港主编《生活日报》的星期增刊。当他路过广州以及在香港街头漫步时,看到书店、小摊上摆着《生活日报》《读书生活》等进步报刊,看到不少人当街立读和争相购买的情景,喜悦之情油然而生。作为这些报刊的一位编辑人,还有什么比受到广大人民群众的欢迎更加令人欣慰和深受鼓舞呢?于是,他立即把沿途所见和自己关于进一步通俗化的思考写成了一篇通讯《太狭隘了》,发表在1936年第四卷第四期《读书生活》上。

这篇通讯写道:

"《读书生活》的销场,在香港九龙还不能算大,如果按照它的内容说,是不应该这样的。"一位朋友这样对我说。"为什么不能大呢?"我追问他。他的答复除开推销的方法还不够好,定价太贵以外,还有一段很值得我们注意的话，就是它的内容还太狭隘，还没有做到一切自学的人都感到兴味。因为读《读书生活》的人，目前还是限于比较已有自觉的青年，没有自觉，还在转变中的人还不能接近它。

……

《读书生活》应该做到更是大众的，在编辑的方面当前我要要求它改变作风。无论在理论的与记述的方面，都应该放阔大一些。要公开来讨论各种生活，各种更平凡，更一般的问题。我们要认清我们的对象，实实在在过着什么生活，在什么因袭的传统与陈见下，不要将他们抽象化观念化了。我觉得我们要放弃我们是在教育某一阶层的这种观念，我们要切合当前国难教育，民族统一战线下的很广大的国难教育，我们是在教育一切的人。《读书生活》应变为各种社会层的人都要读的东西，它能走进工厂、商店、农村甚至闺房、富第，它应该是已自觉的人的朋友，更是未自觉的人的导师。不要仅是博得少数人的欢声，而使多数人见而生惧，或漠不关心。它应该放弃后母的心肠，平等地对待一切孩子，我们在当前民族的统一战线下，我们不能让哪一个孩子落伍，哪一个阶层的分子站在民族抗争以外，我们不能放弃一丝一毫的民族力量，这原则要用到教育上去，一切文化工作方面去。

如果以上的话是对的，那么，除开内容外，《读书生活》中就连用语选题，以及一切派头，最好能做到使最不怀好感，最异己的人（自然汉奸除外）也能看得入眼，觉得我们是在忠诚的从事国难教育，使一切胆小的人，觉得这不是一份危险刊物，一切沉于低级情调的人，觉得这里也有讨论到他们的问题，使各级学生都要争读它。争到这刊物上来发表自己的意见。

要这样，这刊物才算做到极实际，适合大众的要求，才能普遍到各角落里去，真的"深入民众"。同时也就避免了许多客观上的麻烦，误解,使这刊物的影响与销路同时因而扩大。

是的,这还是关于原则的话,要做到并不是很容易。但也并非完全不能办到。我这几天来,天天在想它,想上海的一切刊物,想我们过去所做过的一点点所谓文化工作,我满身都流着愧汗(香港的气候并还没有到要流汗的程度),一句话,做得都不很实际。我在反省之余,就不禁把要说的这样话胡乱的道出了。不知道对与不对,请你们判断。不过,我对于自己的这种感觉,是相当珍重的,我想,这次南游,即令一无所获,我能对自己以前的工作,有这一番自检,我也微笑了。

"我愿意永远是青年们的朋友",这是柳湜先生在《读书生活》1936年第五卷第一期发表的文章《怎样锻炼我们自己》中表达的一个心愿:

朋友们,我万分同情大家的"倾诉",并谢谢平的大胆,向我吐出当前青年心坎中的忧郁。我现在要要求一切在苦闷中的友人,大家说出自己要说的话来!我们不必顾忌什么,心里想到什么,感觉什么就向你的伴侣,良友诉说吧!我们的阵营是严肃的,但我们战友间应是热情的,无所顾忌的,在自己的父母,爱人前不便说出的话,在这里应该都可以直吐了,我们要建立这样的一种精神纽带,我们才能打退消极病菌克服潜存的旧意识,恢复过去的疲劳,鼓起新的抗争的积极性呀!

我完全接受朋友们的建言,我要将大家已向我提出的问题,一个一个来和大家讨论。是的,在大家疲劳之余,我不想再和大家说什么大道理,因为大家在一般的了解上,已比我的程度更高了。我想,我现在要谈的到是更平凡。也许还是偏于个人生活和修养的小问题。集团总是由于个人所作成,个人的问题总是要直接间接影响集团的。

一个战士,除非他是身经百战的英雄,日常生活给予他的事业的影响总是很大的,就是一个英雄吧,他也仍有他的自我生活,日常生活呀!

我想,借着和你们几个人室内倾诉的私话,在这里公布出来,借以引起大家有话都说出来,我们生活在今日,在约莫相同的生活条件下,我们所谈到的,也许正是无数的人所爱听的话吧!

最后,我要向大家声明,我这里说的话,完全不是教训,因为教训是不能用在最好的朋友们倾谈中的,我不过欲就自己的认识,以一个好朋友的资格,在彼此关切中,来探讨这非常时期中我们个人所要取的生活态度和生活训练,我也欲于彼此交换经验中,吸取我向前迈进的生命力。那么,我们今后就无所顾忌地来畅怀痛谈吧!但是,首先我们要有热情,要有平那样天真,直率的心,甚至那无邪,圣洁的眼泪!不管一切敌视我们的眼睛吧!

其实,读者在《读书生活》半月刊上,经常可以读到柳湜先生散发着浓郁人间烟火气的精彩文章和对青年人提出的入耳入心的警世隽语。这些精彩文章和警世隽语全部收入了《柳湜文集》之中,即使我们今天读来,依然使人感到耳目一新,对人生颇有启迪意义。笔者愿摘选生活·读书·新知三联书店1987年12月出版的《柳湜文集》中的精彩片段,以飨读者:

我常常看见好多青年,他们对于世界的大体的轮廓容易抽象的把握,但不能具体地看见这个世界……(第15页)

我们宁可以把这短小的一生做些开荆斩棘的开路工作,让后代人有好路走,我们不应看了荆棘就害怕得自杀,让荆棘存在,毒蛇猛兽猖狂。(第49页)

自然,我们不是环境论者,一切都委诸环境不好,把人看成了完全被动的东西,但我们不能像方女士那般在空中说话,忘记了自己

是生在地下,生在今日的中国社会,是中国今日的社会的产物。(第60页)

……克服这危机与困难,是我们努力改变这不利于我们的现实,而成为利于我们的条件,不是完全无希望的绝望。因为改变环境,造成时势到底还是人类。(第60页)

……我们应该认识自己的力量的所在,是在大多数国民身上,只有他们才是民族的主力。(第109页)

生产的东西固然可以养活社会,但个人却把它抱在怀中,死不肯放,弄得忙的忙过死,穷的穷过死,闲的闲得发愁,阔的阔得死人。把人类的感情弄得更糟了,彼此红脸对白脸,把历史涂得伤心惨目……(第311页)

……大多数的人,都是实实在在生活的,挺起身子在尝着甜酸苦辣,不是装给别人看。(第331页)

只有在实践中,才能认识新道德的基础。自然,它的生长是战斗出来的,它在实践中引导万人在他代表的理想方面前进。(第413页)

新的习惯风俗是从今日大众生活方面生长出来的。大众在生产中发现了彼此间共同的利害,生出了患难相助、生死与共的兄弟情睦,在进行对老板的抗争中,使大众在组织中团结起来。(第453页)

艺术也和其他一切知识一样,有特权人家的,也有民间的,有对于大众确是一服毒药,也有正是壮健自己精神的粮食。(第455页)

所谓艺术就不过把人类的感情,加了一种整理,表现在一种适当的形式中,或用音调,或用文字,或用线条颜色,或用运动,于是就有所谓音乐、文学、绘画、戏剧和跳舞。是的,艺术它负了沟通人类彼此的感情,把一种人类彼此的感情社会化,它就做了这种感情社会化的工具。(第458—459页)

同时我们自然要把真正大众的艺术,贡献给大家。但我们不能不管大众的生活习惯,他们的接受性,生硬的介绍一些他们消化不了的东西,所以我们介绍的卫生的粮食,并不一定用刀用叉,中国旧式的碗筷也可以应用的啊!(第476页)

在"五四"运动以后,中国知识界曾经有过一回人生观的战论,他们胡乱的嚼了一回舌头,把人生离开实践的社会,架空的混战了一次,就是今日恐怕还是有人抽象的在追求人生的意义吧!(第490页)

大家都在生活奋斗中遇到了许多险阻的高山、荆棘,才会唤起要生活,就得先取得开凿险阻的高山铲除沿途荆棘的工具。(第552页)

实践是最残酷的,只要把握住了它的人,才能驾驭他,改变现实。(第623页)

真能懂古文的人,并不甘于模仿一家之言,而是自己创造自己的文体,一个真的实践的理论者、言论家、作者,他的嘴上并不常常流出标语、口号,也无暇光去说原则的话。(第647页)

今日的写文章就是用笔说话,是说给现在的人听的,不比太史公写《史记》,是为的传之将来,也不比我幼小时学古文,为的是"交卷"。(第647页)

我们不能忘记,在自己生活的圈子外,还有广大的人群,可以作为自己的良友的广大人群存在……(第655页)

在实践过程中,他是把握住了实践,推动实践前进的,他不会说出超过实践允许的话,不会光发空头支票,不会专门卖弄美丽堂皇的辞句,不会排斥同路人,阻止大家也走向前,甚或争夺前进的道路……(第656页)

一种思想变为思潮,那是因为这思想实际地反映了群众的要求,而确实代表了无数人们脑中的憧憬,说出无数人们要说而说不出的话,这些话,马上再反映到群众身上,而变为群众的广大的思潮,形成运动。(第689—690页)

中国文化运动内容的空虚,没有实际内容的结果。这也皆由我们过去根底的薄弱,我们的生活不充实,与现实隔离。(第712页)

至于所谓无意而实在与现实背离了的,我们却不能不加以注意,这些无意离开实践的人,大致对于当前的实践也还有一种朦胧之感的。(第740页)

……有许多大道理,不一定在书本中方可获得,在生产中辛勤的人,他们的了解有时要超过"读者破万卷"的人了……(第742页)

中国一切都在变动中,我们单知道在变动,是不够的,我们要了解这变动的每一姿态,在中心社会极不平衡的发展中,各个具体的现象,以及这变动的推移、变化。这就需要作者有极实践的生活经验……(第750页)

我们不能还带有一丝毫过去的、一切新旧名士的气氛,只有牢骚,回避实践,或只有理想,而不能把握住当前最实际的一环。(第817页)

……即在今日的活人中,我们平日最敬仰的人,也一定是他的生活态度至为感动我们的人,而不一定是学者、博士。(第849页)

人们从柳湜先生以上精彩深刻的言论中可以感觉到,他的著述最大特点是全心全意为人民大众着想,让社会科学融入现实生活,目的就是为人民大众的实践需要服务。用他自己的话说,就是传播一种每一个人都能接受的,为解放自己、解放民族而战斗的哲学。

为了达到这个目的,柳湜先生经常深入读者了解情况,同读者保持大量的通信联系,帮助读者写出读书的体会、生活的感受,引导读者从生活的需要出发读书,通过读书解答生活中的问题。

著名学者柳树滋认为,柳湜在这一时期撰写的通俗而又有价值的社会科学和哲学读物,从内容、形式和风格上都具有以下鲜明的特色。

一是善于将"理论与实践打成一片"。在《街头讲话》的"前记"中,柳湜先生明确指出:"在中国社会科学还未能变成街头的东西,是不能否认的!同时街头人一天天急切地要求着它,也同样的是一件事实。《街头讲话》就是想按照目前的街头人的需要,对于街头人应当知道的关于社会科学基础知识方面,作一点随随便便的讲话。"①

柳湜在1934年5月出版的第一本小册子《怎样自学社会科学》的"自序"中表示:"关于社会科学大众化,目下实在还差得甚远,作者今后甚愿在这方面更加努力,从事通俗编著。"②

为"街头人"写作,这是柳湜先生青年时代就立下的远大志向,后来的事实表明,他完全践行了毕生的追求理念。根据他在《读书生活》等刊物发表的文章辑录而成的《如何生活》《社会相》《街头讲话》等十本文集,一版再版,受到了人民大众的热烈欢迎,这就是柳湜先生"为街头人"写作的最好证明。

二是善于从"针鼻孔里去窥世界",善于小中见大。柳湜先生说过:"我是惯会从针鼻孔去窥世界的。"③也就是说,他善于从具体的小事情入手使群众真正接受马克思主义的真理。例如关于当时的金融危机,他就是借用上海金融家秦先生一家人议论"银子搬场"的话题进行了生动形象的描述,这样浅显易懂、生动活泼的故事,就是讲给不识字的老百姓,也会引起他们对于政治经济学的初步理解和强烈兴趣。

三是善于"正确地把握客观实践当前的一环"。为了使理论切实地发挥指导实践的作用,柳湜先生特别重视从理论与实践的结合上把握客观事物发展的"链条"和"环子",尤其是正确认识和紧紧"正确地把握客观实

---

① 柳树滋:《柳湜同志的生平、著作和思想——〈柳湜文集〉前言》,载《柳湜文集》,生活·读书·新知三联书店,1987年,第10页。

② 同上书,第9页。

③ 同上书,第12页。

践当前的一环"，即客观事物发展的现实因果关系和当前所应当做的事情。

在《如何生活》一书中，柳湜先生诚恳地指出一些人的"青年病""幼稚病"，说他们"对于理想的实行过于激情，但对于实践中的环子不能抓着"，他们"不是陷入悲观绝望的幻想，就是变魔术似的一味蛮干，结果碰伤在一个个大钉子上"。①

柳树滋先生认为，只有循着这个环环相扣的链条，才能把握柳湜每一篇文章的真谛，才能理解柳湜的文章何以有那样鲜明的时代感和强烈的战斗气息，何以能够推动实践并且真的推动了实践。

四是具有"松树的坚定性和柳树的灵活性"。柳湜先生在和人谈话中，常常把他所喜爱的两种美德——坚定和灵活，比之于松树和柳树，表示要像松树一样坚定，永远保持革命的气节；要像柳树一样灵活，在任何环境下都能生长。这两种美德既体现在他的人格中，也体现在他的作品中。我们可以看到，在他所有的文章中无不洋溢着对共产主义必胜的信念，对抗战必胜的信念；同时我们又看到，他十分注意获取这种胜利所需要的灵活机动的策略、方法和步骤。

五是大力提倡"科学小品文"。柳湜先生的文章不仅在事实上和立论上力求科学性，能经得起实践的考验，而且还写了许多文章介绍"赛先生"，强调学习近现代科学知识的重要性。为了使科学知识尽可能为文化水平低下的群众所接受，他同陈望道、艾思奇、夏征农等人一起，大力倡导"科学小品文"。他在《太白》杂志发表的《论科学小品文》是我国第一篇专门论述这种问题的文章。我国著名的科普作家高士其就是看到了这篇文章，深受启发，从而走上了专业科普作家的道路。

---

① 柳树滋：《柳湜同志的生平、著作和思想——〈柳湜文集〉前言》，载《柳湜文集》，生活·读书·新知三联书店，1987年，第13页。

六是努力推进理论的"中国化""大众化"和"形象化"。柳湜先生说，要把真正大众的艺术，贡献给大家，但不能不管大众的生活习惯以及他们的接受性，生硬地介绍一些他们消化不了的东西。例如介绍卫生的粮食，并不一定用刀用叉，中国旧式的碗筷也可以应用。

柳湜在积极推进理论"中国化""大众化"和"形象化"实践中最突出的一点，是十分重视文字表达的趣味性，努力探求在"旧的形式中抓住观众的所在是在哪里"。他甚至主张："我们要研究一切低级趣味的艺术，分析它们构成的要素，批判地去吸取可以利用的部分，去诱导群众。当然，这种趣味性不是迎合低级趣味，而是注意用艺术的手腕、生活的情调去调和枯燥艰涩的知识。"①

是的，富有生动幽默的趣味性，这是柳湜文章留给广大读者的深刻印象。

这种深刻印象，我们可以从柳湜先生当年撰写的《记最后一夜——回忆陶行知先生》②这篇散文中略见一斑。

文章写道：

六点一刻我到了"胜利"这家原来卖饭票的小饭馆，现在生意是显得冷落，这正是晚餐的时候，下面客座，大半还是空着，上得二楼更使我吃惊，一个客人也没有。原来陶先生就坐那张餐厅的大桌上写诗，似乎还未终稿，我悄悄地没有惊动他，远远地坐在一张旧沙发上，打开晚报来看，茶房以为我是来吃饭的，殷勤送上茶来，并问我吃什么，这一下，把陶先生惊动了，回过头来，见了我，马上站起："嘻嘻！好了！好了！"随手把诗稿并一篇短文交给我看，是一篇救灾反内战

①柳树滋：《柳湜同志的生平、著作和思想——〈柳湜文集〉前言》，载《柳湜文集》，生活·读书·新知三联书店，1987年，第17页。

②柳湜：《记最后一夜——回忆陶行知先生》，转引自《重庆陶研文史》2006年第3期。

诗并跋文,明天一家报上就要登出的。

"想不到你又要远离这里,是真的么?"他一边引我到他卧室,一边说。

陶行知先生请柳湜先生讲述一下陕甘宁边区的教育状况。

他的家人都听得入神,陶先生只是在微笑,挥着蒲扇。其中,我偶然也停下来,征求陶先生的意见,起先,他总是催我说下去,不断的在点头,忽然他把我的话截断了。

"我告诉你,到农村去的方法,我是学得谁的。你说的到农村去有三关,我都经验过,其中第二关,就是和农民生活习惯打成一片,我是学张謇的。"大家都是第一次听到陶先生这番话,不免惊奇,我道:"你是指张南通!"

"哼!就是他,他曾告诉我,要替农民做事,第一就得和农民打成一片,不然,农民就怕你,什么真心话也不同你说,他建设南通的初期,自己就常在农民家中来来去去,吃农民一样的东西,说一样的话,农民并不怕他,他也的确懂得农民的生活不少,自然,他是一个大地主、大资本家、大官,他不过有些模仿彼得大帝,不能像你们那样彻底,但他对我的生活,影响不浅,我搞生活教育,他就是我第一个先生。"接着他又说:

"我的生活教育的思想,大半都是从资产阶级、大地主,以及老百姓中的启发而来的,自然,我的思想,不是抄他们的,他们有的只启发我想到某一面,有的我把它反过来,就变成了真理,有的是不能想出的,是要群众动手才能看到,动手最重要!"他大挥蒲扇站起来了,举着双手一笑道:"这个东西创造出一切。"

"要向一切人学习,向敌人学习。"他继续说。这又使我记起他在不几日前，与一个青年集会中，他在我说话后讲的一段话来："到上海后，我住的地方，常有特务来吃饭，他们并不认识我，有时他们还把我当作茶房，讲话毫无顾忌，我听了他们谈话，很有兴趣，有些话，也可引起我的思想，也可以学到许多东西，这些东西都是活的知识。"这一番话也给我深刻的印象。

对于"群众自愿和需要出发办事"这一原则，他有最生动的意见，他曾经对我说过："你们这句话归纳得很好，你们会提口号，也会总结经验。"这晚，他生动的告诉我，他这一个多月来怎样"按自愿需要，可能办事"的，他特别加重"自愿需要，可能"六字的语气，引得我们都大笑。

以下陶先生滔滔说着："你记得，四月底在重庆，我来上海的计划是办育才大学、社会大学，恢复晓庄和工学团等，并且都有计划，我不是还在常委会报告过么？到了上海一看，计划中有的'可能'很少，也有许多新的'可能'，'需要'比想象中'大'（语气加重），怎么办呢？"

……

"晓庄研究所由此地社员恢复了。"

"生活教育社社员，已新增千，到今年底可增到千。"

"生活教育的方法已在很多学校实行，或正在送进各学校中去。现在不是要新办学校，是送先生去，送办法去。"

"嘻嘻！这样并不需要我花多少钱。我这一个多月并未闲着，现在请你来下结论，这也可算按群众自愿需要可能办事吗？"

"嘻嘻！这是穷办法。但穷不是没有办法，最怕穷而想不出办法。中国普及教育就只能这样办法，不然，除开你们那里，都会落空。"

我笑道："你这番话倒是执行我们那个原则最典型的范例。"

"在你们那里怕会受奖吧！"

大家都笑了。

陶先生却变得更严肃起来,话题又扯到《民主教育》内容……"对生活教育,我不反对有人作理论研究,发挥它,但决不应看作完成的东西,我一生只想多做些事,现在要做的事又太多了,我不仅没有时间写一本书,就是连短文章,也没有时间多写,所以除演讲外,就作诗。说话不要准备,做诗则更经济,至于对学术采取一种严肃的态度,那是更应该的,我常说,还是多做些事,如果不幸你死得早,只要你真的有些思想,会有后人替你理出来,那些事,让痴子去搞罢了。"(陶先生这句话,是强调实践,完全没有看不起理论工作的意思)。

因为时间已不早了,陶先生把话转到我身上来。

"回去也好,还是搞教育吧!把它搞通,你那里有条件可以造就一些真正的人才"。他不知不觉地显出了一点惜别之情,问我如果回去,打算如何走法?我告诉他,那完全不能定,我个人是想到苏北经过山东等地再回去,跑他半年,沿途可以多看一些东西。

"现在怕不能让你这样悠闲,不过,好吧!如果能这样跑倒很好,那么,你到各地都可以碰到生活教育社的人,就把这两三个月来,你所知道我的一切告诉他们吧!连今晚上所谈的,都很重要,我不写信了。今天解放区内,你们有的是工作条件,并且现在的工作已超过我们过去的经验了。我看,最重要的就是你说的,不搞教条,我一生就是反对教条,因此,什么地方都能工作,随时都找工作的机会,要有根据地(指教育园地),重视创造根据地,扩大根据地。"

出到店门,他怕我一个人走环龙路太冷清,一定要我向东走霞飞路转回寓所。这一切犹如昨日事,人事变化如此莫测,而这一夜竟成了我和先生最后的一别,这是怎能想到的事。

这就是柳湜先生1946年发表在于延安《解放日报》上的一篇回忆陶行知先生的散文。

柳湜先生是一位传奇式人物。

据《柳湜文集》和《长沙县文史资料》介绍,1903年,柳湜出生在湖南长沙县东乡白马嘴的一个贫寒家庭,在他很小的时候,父亲就去世了,全家靠母亲和姐姐给人做针线活为生。柳湜深知母亲与姐姐的艰辛与不易,发奋读书,于1916年考入长沙县立师范。在徐特立、朱剑凡等名师熏陶下,柳湜广泛阅读进步书刊与报纸,革命思想逐渐在心中萌发。

五四运动的爆发唤起了柳湜更大的求知欲。他渴望了解一切新鲜事物。在长沙师范毕业前两年中,他阅读当时进步书刊比正课所占时间还多。他还受到本家兄弟柳直荀和进步同学曹伯韩、廖庶谦的影响。他们都是很早接近革命组织的人,引导他读了许多有关社会问题和社会主义的书。1921年以后,湖南有了党的活动,开设了新文化书店,创办了湖南自修大学,这些活动引导他开始接触有关中国革命的实际问题。经曹伯韩、廖庶谦的介绍,他在师范毕业后一年和自修大学有了联系,认识了许多参加共产党、青年团的同志,其中包括中国共产党早期活动家李维汉同志。

1924年,柳湜半工半读赴北京学习了两年多。他在北京大学自由听课,以做家庭教师,替人抄写文稿、讲义,并以短时期在平正院当书记生等方式维持生活。他就这样听完了中国文学系几门主要课程,也听了西洋文学一些课程,通过英文阅读了许多俄国文学大师的名著。

1927年5月21日马日事变发生后,柳湜目睹革命志士惨遭屠戮,悲愤难忍。他冒着危险,一边收敛死难者的遗骨,一边为营救入狱的朋友奔波。

1928年初,在革命处于低潮之时,他经吴本德、沈绍藩介绍,加入了中国共产党。同年3月,由于长沙的党组织相继被破坏,吴本德、沈绍藩等都离开长沙赴沪,柳湜随后也赴上海,后被安排到中共安徽省委秘书处工作。同年 8 月,因叛徒告密,他被捕入狱长达 6 年,始终坚贞不屈,严守党的秘密。在狱中,柳湜组织难友学习,坚持自学《资本论》和日文。后来他回忆这一段生活,还觉得过得很不错。因为他早已没有家庭,没有任何顾虑,狱中又过的集体生活,学习也很紧张,从学习兴趣方面来说,他从爱好文学转向爱好社会科学,思想是健康的,胸襟是开朗的。

1934 年 4 月,经亲友援救获释的柳湜再次前往上海,并在左联所属的社联恢复了党的关系。按照党组织的安排,他去李公朴先生领导的《申报》流通图书馆担任读书指导部主任,并先后主持《申报》"社会科学"专栏和"读书问答"专栏的编辑工作。"读书问答"专栏的第一篇文章就是他署名"柳湜"发表的。从此他写文章就一直使用这个名字,人们也就很少称呼他的原名了。据柳湜先生的前妻徐鸿女士讲,柳湜先生有一个姑妈叫"柳湜",她年轻时思想进步,倾向革命,对柳湜影响很大,但不幸被肺结核夺去了年轻的生命。为了永远纪念这位姑妈,他即以"湜"的名字做了自己的名字。

当时,日本已经发动了侵华战争,并将魔爪伸向了华北地区,抗日救亡成为时代的主题,柳湜积极投身到抗日救亡运动中去,与李公朴、艾思奇等创办了《读书生活》半月刊,与文化界进步人士沈钧儒、李公朴、史良等广泛交往,积极开展抗日民族统一战线工作。

1936 年夏秋,柳湜离开上海去香港,参加邹韬奋在香港主办的《生活日报》编辑工作,主编《星期增刊》,并为该报的"前进"专栏撰稿。

1937 年,柳湜奉党的指示到武汉创办《全民周刊》,他任主编,胡绳、林默涵参与编辑。汉口撤退后,《全民周刊》和邹韬奋主办的《抗战三日刊》合并为《全民抗战》三日刊,邹、柳同任主编。这个刊物在抗日宣传鼓动工作中发挥了重要作用。

总的来说,1934 年到 1940 年,柳湜先后在上海、香港、汉口、重庆等地度过了七年的编辑生涯,撰写了《怎样自学社会科学》《街头讲话》《社会相》《如何生活》《救亡的基本知识》等十多种小册子,加之其他文章,共有一百多万字,得到许多进步青年、劳苦大众的热烈欢迎,也受到文化界知名人士的高度赞扬。

柳湜先生在从事紧张编辑写作的同时,还肩负着开展抗日救亡统一战线工作。在一二·九运动以前,上海曾有各种以抗日救国为中心活动的聚餐会、编辑人员会等组织,柳湜受党的派遣,经常和沈钧儒、李公朴、史良、杜重远等进步人士保持联系,并协助他们开展工作。1935年上海文化界救国会成立,柳湜作为发起人之一,参与了该会的上层领导工作和七七事变以前的各种活动,其中最重要的活动有声援一二·九运动,抗议七君子被捕,去山西、山东前线劳军等。在重庆,柳湜先生任生活书店总编辑的同时,作为救国会的创始人之一,任救国会中央执行委员兼文化部负责人,和沈钧儒、邹韬奋、李公朴、史良等一起,为实现中国共产党的"坚持抗战,反对投降;坚持团结,反对分裂;坚持进步,反对倒退"的方针而斗争,在进步的文化界享有相当的声誉,在广大进步青年中有相当的影响。

1941年,柳湜先生到延安后,工作重心从宣传领域转移到了教育领域,受党组织的安排,担任陕甘宁边区政府委员与教育厅厅长等职务。他遵照党中央制定的文化教育方针,从革命根据地的实际情况出发,积极推进陕甘宁边区的文化教育事业。

中华人民共和国成立后,柳湜先后担任北京市教育局局长、教育部视导司司长、《人民教育》总编辑、教育部副部长等职务。

1968年,柳湜受到迫害,于4月22日含冤而逝。

1979年6月14日,党中央在八宝山灵堂为柳湜召开了隆重的追悼会。悼词中写道:"四十多年来,柳湜同志在党中央和毛主席的领导下,为中国人民的解放事业,为社会主义事业特别是无产阶级文化事业教育事

业,做出显著的贡献,为共产主义奋斗不懈,献出一生。"①长沙师范学校老校长姜国仁先生敬送了这样一副挽联:

> 忠党四十年,身受暗箭鸣枪,奇祸深冤,久令故人伤彻骨;
> 离家三千里,耳闻平反昭雪,丰功伟绩,长留后代作遗型。②

1987年12月,生活·读书·新知三联书店出版了60万字的《柳湜文集》,这是柳湜先生留给后人的一笔弥足珍贵的精神财富。

---

①柳树滋:《柳湜同志的生平、著作和思想——〈柳湜文集〉前言》,载《柳湜文集》,生活·读书·新知三联书店,1987年,第24页。
②中国人民政治协商会议长沙县委员会文史资料委员会:《长沙县文史资料》第五辑,内部印刷资料,1987年,第94页。

第5章 吸引人的"读书方法"

"读书方法"是《读书生活》最受广大读者喜爱的专栏之一。这个专栏重点介绍各界知名人士读书的经验和体会,鲁迅先生的《随便翻翻》就是在《读书生活》第一卷第二期首发的。

鲁迅先生一生与书为伴,身为著作家、翻译家、编辑家,他深知书籍在人类社会进步中的巨大作用。前面讲过,李公朴先生曾经在携带《读书生活》创刊号到内山书店拜访鲁迅先生时向他约稿,鲁迅先生愉快地答应为《读书生活》撰写文章。

据夏征农先生回忆:"鲁迅给《读书生活》写文章,给《文学》《太白》《译文》写文章,《译文》是他自己办的,他经常写文章。《太白》他讲每期一篇。《读书生活》开始创办时,我写了一封信给他,他马上写了一篇稿子来。"鲁迅先生写的这篇稿子就是《随便翻翻》。①

《随便翻翻》的开头写道:

①生活·读书·新知三联书店文献史料集编委会编:《生活·读书·新知三联书店文献史料集(下)》,生活·读书·新知三联书店,2004年,第1241页。

我想讲一点我的当作消闲的读书——随便翻翻。但如果弄得不好，会受害也说不定的。

我最初去读书的地方是私塾，第一本读的是《鉴略》，桌上除了这一本书和习字的描红格，对字（这是做诗的准备）的课本之外，不许有别的书。但后来竟也慢慢的认识字了，一认识字，对于书就发生了兴趣，家里原有两三箱破烂书，于是翻来翻去，大目的是找图画看，后来也看看文字。这样就成了习惯，书在手头，不管它是什么，总要拿来翻一下，或者看一遍序目，或者读几页内容，到得现在，还是如此，不用心，不费力，往往在作文或看非看不可的书籍之后，觉得疲劳的时候，也拿这玩意来作消遣了，而且它也的确能够恢复疲劳。

倘要骗人，这方法很可以冒充博雅。现在有一些老实人，和我闲谈之后，常说我书是看得很多的，略谈一下，我也的确好像书看得很多，殊不知就为了常常随手翻翻的缘故，却并没有本本细看。还有一种很容易到手的秘本，是《四库书目提要》，倘还怕繁，那么，《简明目录》也可以，这可要细看，它能做成你好像看过许多书。不过我也曾用过正经工夫，如什么"国学"之类，请过先生指教，留心过学者所开的参考书目。结果都不满意。有些书目开得太多，要十来年才能看完，我还疑心他自己就没有看；只开几部的较好，可是这须看这位开书目的先生了，如果他是一位胡涂虫，那么，开出来的几部一定也是极顶胡涂书，不看还好，一看就胡涂。

我并不是说，天下没有指导后学看书的先生，有是有的，不过很难得。

这里只说我消闲的看书——有些正经人是反对的，以为这么一来，就"杂"！"杂"，现在又算是很坏的形容词。但我以为也有好处。譬如我们看一家的陈年账簿，每天写着"豆腐三文，青菜十文，鱼五十文，酱油一文"，就知先前这几个钱就可买一天的小菜，吃够一家；看一本旧历本,写着"不宜出行,不宜沐浴,不宜上梁",就知道先前是有这么多的禁忌。看见了宋人笔记里的"食菜事魔",明人笔记里的"十彪五虎",就知道"哦呵,原来'古已有之'。"但看完一部书,都是些那时的名人轶事,某将军每餐要吃三十八碗饭,某先生体重一百七十五斤半;或是奇闻怪事,某村雷劈蜈蚣精,某妇产生人面蛇,毫无益处的也有。这时可得自己有主意了,知道这是帮闲文士所做的书。凡帮闲,他能令人消闲消得最坏,他用的是最坏的方法。倘不小心,被他诱过去,那就坠入陷阱,后来满脑子是某将军的饭量,某先生的体重,蜈蚣精和人面蛇了。

讲扶乩的书,讲婊子的书,倘有机会遇见,不要皱起眉头,显示憎厌之状,也可以翻一翻;明知道和自己意见相反的书,已经过时的书,也用一样的办法。例如杨光先的《不得已》是清初的著作,但看起来,他的思想是活着的,现在意见和他相近的人们正多得很。这也有一点危险,也就是怕被它诱过去。治法是多翻,翻来翻去,一多翻,就有比较,比较是医治受骗的好方子。乡下人常常误认一种硫化铜为金矿,空口是和他说不明白的,或者他还会赶紧藏起来,疑心你要白骗他的宝贝。但如果遇到一点真的金矿,只要用手掂一掂轻重,他就死心塌地:明白了。

"随便翻翻"是用各种别的矿石来比的方法,很费事,没有用真的金矿来比得明白,简单。我看现在青年的常在问人该读什么书,就是要看一看真金,免得受硫化铜的欺骗。而且一识得真金,一面也就真的识得了硫化铜,一举两得了。

但这样的好东西,在中国现有的书里,却不容易得到。我回忆自己的得到一点知识,真是苦得可怜。幼小时候,我知道中国在"盘古氏开辟天地"之后,有三皇五帝,……宋朝,元朝,明朝,"我大清"。到二十岁,又听说"我们"的成吉思汗征服欧洲,是"我们"最阔气的时代。到二十五岁，才知道所谓这"我们"最阔气的时代，其实是蒙古人征服了中国，我们做了奴才。直到今年八月里，因为要查一点故事，翻了三部蒙古史，这才明白蒙古人的征服"斡罗思"，侵入匈奥，还在征服全中国之前，那时的成吉思还不是我们的汗，倒是俄人被奴的资格比我们老，应该他们说"我们的成吉思汗征服中国，是我们最阔气的时代"的。

我久不看现行的历史教科书了，不知道里面怎么说；但在报章杂志上，却有时还看见以成吉思汗自豪的文章。事情早已过去了，原没有什么大关系，但也许正有着大关系，而且无论如何，总是说些真实的好。所以我想，无论是学文学的，学科学的，他应该先看一部关于历史的简明而可靠的书。但如果他专讲天王星，或海王星，虾蟆的神经细胞，或只咏梅花，叫妹妹，不发关于社会的议论，那么，自然，不看也可以的。

我自己，是因为懂一点日本文，在用日译本《世界史教程》和新出的《中国社会史》应应急的，都比我历来所见的历史书类说得明确。前一种中国曾有译本，但只有一本，后五本不译了，译得怎样，因为没有见过，不知道。后一种中国倒先有译本，叫作《中国社会发展史》，不过据日译者说，是多错误，有删节，靠不住的。

我还在希望中国有这两部书。又希望不要一哄而来，一哄而散，要译，就译他完；也不要删节，要删节，就得声明，但最好还是译得小心，完全，替作者和读者想一想。

十一月二日①

笔者认为，鲁迅先生《随便翻翻》这篇文章中的一段话特别值得品味：

---

① 《鲁迅全集（第六卷）》，人民文学出版社，1981年，第136—139页。

《随便翻翻》是用各种别的矿石来比的方法,很费事,没有用真的金矿来比的明白,简单。我看现在青年的常在问人该读什么书,就是要看一看真金,免得受硫化铜的欺骗。而且一识得真金,一面也就真的识得了硫化铜,一举两得了。

林贤治先生说过,《随便翻翻》在读书方面,作者主张"杂"。多翻、比较,是医治受骗的好方子。是的,在鱼龙混杂的书籍海洋中,用心的读者认真阅读一下"大先生"的《随便翻翻》,反复揣摩"大先生"的读书体会,"多翻、比较",的确是一剂"医治受骗的好方子"。

后来,鲁迅先生将《随便翻翻》收入了《且介亭杂文集》中,并且特意注明:本篇文章最初发表于1934年11月上海《读书生活》半月刊第一卷第二期,署名公汗。他在这本杂文集的"序言"中写道:

这一本集子和《花边文学》,是我在去年一年中,在官民的明明暗暗,软软硬硬的围剿"杂文"的笔和刀下的结集,凡是写下来的,全在这里面。当然不敢说是诗史,其中有着时代的眉目,也绝不是英雄们的八宝箱,一朝打开,便见光辉灿烂。我只在深夜的街头摆着一个地摊,所有的无非几个小钉,几个瓦碟,但也希望,并且相信有些人会从中寻出合于他的用处的东西。①

鲁迅先生在《读书生活》1934年第一卷第二期就受邀撰写了介绍读书经验的文章,充分说明了他对《读书生活》这份进步刊物的大力支持。

他曾经说过,现在"杂志上也很难说话,现在惟《太白》《读书生活》,

---

① 《鲁迅全集(第六卷)》,人民文学出版社,1981年,第3—4页。

《新生》三种,尚可观,而被压迫也最甚。"①

《读书生活》1935年第二卷第六期推出了蔡元培、陶行知等文化名人读书经验专辑。李公朴先生特地为这个专辑撰写了"编前"语:

> 首先我们要向这一期撰稿人全体行一个最敬礼。因为这样的三伏天,还亏得许多平日无时间写文章的人,也出马。这里我们要特别谢谢蔡子民、吴蕴斋、潘文安、吴耀宗、陶行知、陈子展诸先生给我们许多宝贵的,平日不肯拿出来的读书经验。虽然,在文字的形式上,有的是用文言写的,但我想,这是完全无关系的,因为我们取法的是内容,偶然用一篇文言玩玩,读者当不会误解我们在提倡复古吧!"读书方法"这一期自信都不推板。关于一般的方法,陶行知、曹聚仁、柳湜三先生三篇东西都值得精谈,各有各的特色。庶谦先生的《怎样读写算》很有新的见解,艾思奇先生的《怎样读自然科学》是与当前提倡科工救国的态度和方法都是不同的,他站在自然科学与哲学统一的新的观点的。《怎样读社会科学》和《哲学》二篇,都是长篇,每期只登一节,希望读者以后继续读下去,一定包你不无所获,李长传先生的《怎样读地理》,这更用不着介绍,因为本来是专家,这篇文字是有独到处的。张仲实先生的《怎样读政治经济学》是一篇扼要的精微的文字,但因篇幅以及被删节的关系,不能尽所能言,但是读者倘能找到三卷十三期的《新中华》内沈志远先生的《现阶段中国经济的基本性质》与柳湜先生的《怎样研究中国经济》做参考,更发能证明张先生的指示是非常正确的。其他关于文学的几篇都是出于名家的手笔,篇篇有它的特点。

---

① 周维强:《太白之风——陈望道传》,浙江人民出版社,2006年,第153页。

李公朴先生说的没错，这些出于名家手笔的读书心得，的确是"篇篇有它的特点"。

蔡元培先生撰写的《我青年时代的读书生活》开头写道：

我五岁零一个月（旧法算是六岁）就进家塾读书，初读的是《百家姓》《千字文》《神童诗》等，后来就读《大学》《中庸》《论语》《孟子》等四书，最后读《诗经》《书经》《周易》《小戴礼记》《春秋左氏传》。当我读《礼记》（《小戴礼记》的省称）与《左传》（《春秋左氏传》之省称）的时候，我十三岁，已经学作八股文了。那时候我的业师，是一位老秀才王子庄先生。先生博览明清两朝的八股文，常常讲点八股文家的故事，尤佩服吕晚村先生，把曾静案也曾详细讲过。先生也常看宋明儒的书，讲点朱陆异同，最佩服的是刘蕺山先生，所以自号仰蕺山房。先生好碑帖，曾看《金石萃编》等书。有一日先生对一位朋友，念了"你半推半就，我又惊又爱"两句话，我们同学里面，有一位年纪大一点的，笑着说："先生念了西厢的淫词了。"先生自己虽随便看书，而对于我们未成秀才的学生，除经书外，却不许乱看书，有一日，我借得一本《三国志演义》，看了几页，先生看见了，说："看不得，陈寿《三国志》，你们现在尚不可看，况且演义里边所叙的事，真伪参半，不看为妙。"有一日，我借到一本《战国策》，先生也说看不得。先生的意思，我们学作小题文的时候，用字都要出于经书；若把《战国策》一类书中的词句用进去，一定不为考官所取。所以那时候我们读书专为考试起见，即如《礼记》里面关乎丧礼的各篇各节，都删去读，因为试官均有忌讳，决不出丧礼的题目；这样的读书，照现代眼光看起来，真有点可怪了。

我十六岁，考取了秀才，我从此不再到王先生处受业，而自由读书了。那时候，我还没有购书的财力，幸而我第六个叔父茗珊先生有点藏书:我可以随时借读。于是我除补读《仪礼》,《周礼》,《春秋公羊传》,《穀梁传》,《大戴礼记》等经外,凡关于考据或词章的书,随意检读,其中最得益的,为下列各书:

一、朱骏声氏《说文通训定声》,清儒治说文最勤,如桂馥氏《说文义证》、王筠氏《说文句读及释例》,均为《说文》本书而作;段玉裁氏《说文解字注》,已兼顾本书与解经两方面;只有朱氏,是专从解经方面尽力。朱氏以引申为转注,当然不合,但每一个字,都从本义,引申,假借三方面举出例证;又设为托名标识,与各类链语等词类,不但可以纠正唐李阳冰、宋王安石等只知会意不知谐声的错误,而且于许慎氏所采的阴阳家言如对于天干地支与数目的解说,悉加以合理的更正;而字的排列,以所从的声相联;字的分部,以古韵为准;于检阅最为方便。我所不很满意的,是他的某段为某,大半以臆见定之;我尝欲搜集经传中声近相通的例证,替他补充,未能成书,但我所得于此书的益处,已不少了。

二、章学诚氏《文史通义》,章先生这部书里面,对于搭空架子,抄旧话头的不清真的文弊,指摘很详。对于史法,主张先有极繁博的长编,而后可以有圆神的正史。又主张史籍中人地名等均应有详细的检目,以备参考;我在二十余岁时,曾约朋友数人,试编二十四史检目(未成书);后来兼长国史馆时,亦曾指定编辑员数人试编此种检目(亦未成书),都是受章先生影响的。

三、俞正燮氏《癸巳类稿》及《癸巳存稿》。俞先生此书,对于诂训,掌故,地理,天文,医学,术数,释典,方言,都有详博的考证。对于不近人情的记述,常用幽默的语调反对他们,读了觉得有趣得很。俞先生认一时代有一时代的见解与推想,不可以后人的见解与推想去追改他们,天算与声韵,此例最显,这就是现在胡适之顾颉刚诸先生的读史法。自《易经》时代以至于清儒朴学时代,都守着男尊女卑的成见，即偶有一二文人，稍稍为女子鸣不平，总也含有玩弄等的意味；俞先生作《女子称谓贵重》，《姬姨》，《娣姒义》，《妒非女人恶德论》，《女》，《释小补楚语笄内则总角义》，《女吊婿驳义》，《贞女说》，《亳州志木兰事书后》，《尼庵议》，《鲁二女》，《息夫人未言义》，《书旧五代史僭伪列传后》，《易安居士事辑》，《书旧唐书舆服志后》，《除乐户丐户籍及女乐考附古事》，《家妓官妓旧事》等篇，从各方面证明男女平等的理想。《贞女说》篇，谓："男儿以忠义自责则可耳，妇女贞烈，岂是男子荣耀也？"《家妓官妓旧事》篇，斥杨诚斋黥妓面，孟之经文妓鬖为"虐无告"，诚是"仁人之言"。我至今还觉得有表彰的必要。

我青年时代所喜读的书，虽不止这三部，但是这三部是我深受影响的，所以提出来说一说。[①]

蔡元培先生，字鹤卿、孑民，浙江绍兴人，伟大的思想家、教育家，清光绪年间进士，1892年补授翰林院庶吉士，参与发起成立中国教育会、光复会。1907年，他赴德国留学，接受进化论观点，同时创办主编《旅欧》杂志，主张教育救国，回国后任南京临时政府第一任教育总长。1917年，其任北京大学校长，倡导"思想自由，兼容并包"，1928年任交通大学校长、中央研究院院长，兼任中法大学、西湖艺术院等多所高等学校校长、院长。他毕生致力于为新文化、新思想传播开拓道路，被誉为"现代知识界的卓越前驱"。

美国学者、实验主义学派创始人约翰·杜威曾说，拿世界各国的大学校长来比较……以一个校长身份，而领导那所大学对一个民族、一个时代起到转折作用的，除蔡元培而外，恐怕找不出第二个。梁漱溟先生赞曰：

[①]蔡元培：《我青年时代的读书生活》，《读书生活》1935年第二卷第六期。

"蔡先生一生的成就不在学问,不在事功,而只在开出一种风气,酿成一大潮流,影响到全国,收果于后世。"①

陶行知先生是著名的平民教育家,他在《读书与写作》这篇文章中讲述了很多生动有趣的读书故事,其中的"小农人"这个章节写得非常有趣:

"你们办的儿童工学团有几个小先生?"

"九个。"

"有几个团员?"

"八十几位。"

"你们遇着的最大困难是什么?"

"我们做了小先生,全天都在团里工作,家里少了一个人,事做不了,饭不够吃,父亲埋怨哟。"

"你们父亲怨的很对。你们为什么丢掉饭碗工作来做小先生啊?"

"那么,怎么办呢?"

"你们素来在家里干什么?"

"跟父亲种田,……种菜,……种瓜,……守牛。……""好,种田的仍旧种田;种菜的仍旧种菜;守牛的仍旧守牛。抓住你的饭碗求学。抓住你的饭碗教人。每天学一点钟,教一点钟,试试看。"

"这样,家里的人就高兴了。不过儿童工学团的功课不是减少了吗?"

"那是当然的。如果不减少功课,这工学团就要变成一个吃人的学校,而不是一个自救救人的工学团了。""对! 我们九个人轮流来教。"

---

① 陈平原、夏晓虹:《触摸历史——五四人物与现代中国》,商务印书馆,2019年,第59页。

在这个方针指导之下,杭茂祥小先生来信说:"我在农场上种了西瓜,常常要捉虫浇水。我从'做'上'学'种西瓜的方法。现在正有很大的西瓜结着。我的试验成功,可以自己安慰自己啦。"

杭金洪小先生也来信说:"在九个小先生之中,分两班,一班可以上午教人,下午回家工作;另一班在下午教人,上午工作。小先生有饭吃了。"

这"有饭吃了"四个字是说得太容易了,但是抓住工作去求学教人是小农人上进的重要法门,那是无可怀疑了。①

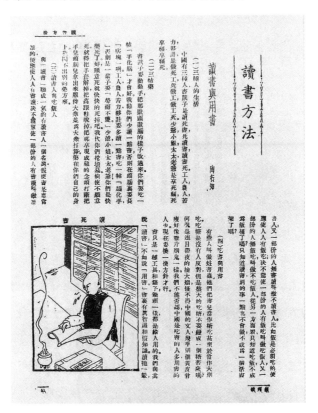

《读书生活》1934年创刊号《读书与用书》

---

①李公朴:《读书与写作》,生活·读书·新知三联书店,2012年,第9页。

陶行知先生还在《读书生活》1934年创刊号上发表了一篇题目为《读书与用书》的文章：

（一）三种人的生活

中国有三种人。书呆子是读死书，死读书，读书死。工人、农人、苦力、伙计是做死工，死做工，做工死。少爷、小姐、太太、老爷是享死福，死享福，享福死。

（二）三帖药

书呆子要动动手，把那呆头呆脑的样子改过来。你们要吃一帖"手化脑"才会好。我劝你们少读一点书，否则在脑里要长"痞块"咧。工人、农人、苦力、伙计要多读一点书，吃一帖"脑化手"否则是一辈子要"劳而不获"。少爷、小姐、太太、老爷！你们是快乐死了。好，愿意死就快快地死掉吧。我代你们挖坟墓。倘使不愿意死，就得把手套解掉，把高跟鞋脱掉，把那享现成福的念头打断把手儿头脑儿拿出来服侍大众并为大众打算。药在你们自己的身上。我开不出别的药方来。

（三）读书人与吃饭人

与"读书"连成一气的有读书人一个名词。假使书是应当读的，便应使人人有书读；决不能单使一部分的人有书读叫做读书人，又一部分的人无书读叫做不读书人。比如饭是必须吃的，便应使人人有饭吃；决不能使一部分的人有饭吃叫做吃饭人，又一部分的人无饭吃叫做不吃饭人。从另一面看，只知道吃饭，不成为饭桶了吗？只知道读书，别的事一点也不会做，不成为一个活书架子吗？

（四）吃书与用书

有些人叫做蛀书虫。他们把书儿当作糖吃甚至于当作大烟吃。吃糖是没有人反对，但是整天的吃糖，不要变成一个糖菩萨吗？何况是连日带夜的抽大烟,怪不得中国的文人,几乎个个黄皮骨瘦好像鸦片烟鬼一样。我们不能否认,中国是吃书的人多,用书的人少。现在要换一换方针才行。

书只是一种工具,和锯子,锄头一样,都是给人用的。我们与其说"读书",不如说"用书"。书里有真知识和假知识。读它一辈,不能分辨它的真假;可是用它一下,书的本来面目便显了出来,真的便用得出去,假的便用不出去。

农人要用书,工人要用书,商人要用书,兵士要用书,医生要用书,画家要用书,教师要用书,唱歌的要用书,做戏的要用书,三百六十行,行行要用书。行行都成了用书的人,真知识才愈益普及,愈易发现了。书是三百六十行之公物,不是读书人所能据为私有的。等到三百六十行都是用书人,读书的专利便完全打破,读书人除非改行,便不能混饭吃了。好,我们把我们所要用的书找出来用吧。

"用书如用刀,

不快就要磨。

呆磨不切菜,

怎能见婆婆。"

（五）书不可尽信

孟子说:"尽信书则不如无书。"在书里没有上过大当的人决不能说出这一句话来。连字典有时也不可以太相信。第五十一期的《论语》的《半月要闻》内有这样一条:

据二卷十二期《图书评论》载:《王云五大辞典》将汤玉麟之承德归入察哈尔,张家口"收回"入河北,瀛台移入"故宫太液池",雨花台移入南京"城内",大明湖移出"历城县西北"。

我叫小孩子们查一查《王云五大辞典》,究竟是不是这样。小孩们的报告是《王云五大辞典》真的弄错了。只有一条不能断定。南京有内城、外城。雨花台是在内城之外,但是否在外城之内,因家中无志书,回答不出。总之,书不可尽信,连字典都不可尽信。

陶行知先生在这篇读书心得中还讲述了戴东原和王冕读书的故事,并且发出感慨之言:"现在学校教育是对穷孩子封锁。有钱、有闲、有面子才有书念。我们穷人就不要求学吗?不,社会就是我们的大学。关在门外的穷孩子,我们踏着王冕的脚迹来攀上知识的高塔吧。"

曹聚仁先生在《劝世人莫读古书文》这篇文章中写道:

朋友们,

我一生一世,别的没有什么吃亏;吃亏自幼读了几句古书,永远在脑壳里作怪,我要进一步,死鬼就拖我退后十步,不稂不莠这样没出息,想起来好不痛心!诸位要当心隔壁胡子伯伯想害人,他自己吃了古书亏,像我一样没出息,还日思夜想,想找几位做他的替死鬼呢!诸位总听过河水鬼讨替的故事吧,胡子伯伯嘴里说得甜蜜蜜,年轻朋友,人人要当心!

第一,要劝列位莫要读《五经》。《尚书》五十九篇,其中一半是假的,还有一半是从前帝王的告示,宣言,通电,不读不看有什么要紧?《易经》是一本求签簿,上上下下吉凶晦吝,和我们半点也没有关系,为什么怕鬼念心经?《礼经》说来更可笑,今文家把仪礼当宝贝,古文家把《周礼》当圣经,经学大师自己还没弄分明。还有那部《春秋》最可笑,一本破烂流水账,孔老夫子做梦也没看见过,孟老夫子硬派他定褒贬诛乱臣。可笑那康有为拿《公羊传》来变戏法,章太炎把《左传》祭起定妖魔,一场混战闹不清。本来还有一部《诗经》载民歌,男男女女说私情;只因为"大序小序"把邪呀正呀说了一大套,再加郑笺朱传,把一部好书越闹越胡涂,看注不如看白文。朋友呀!我们年纪都很轻,不读五经不要紧!

第二,要劝列位莫要读《四书》。《四书》自从南宋流行起,那一套明心见性的把戏,够你一生一世打斛斗了。宋人的道理,都从《佛经》那边偷过来,穿上一件儒家衣衫像煞一位新圣人;抓住狐狸尾巴看一看,还是那么一个老妖精。《大学》《中庸》本来只是《礼记》里面两篇短文章,宋人自程子以后,你一定本,我一定本,都说是圣人本意;孔子不复生,只好由他们胡闹了。清朝乾隆年间,有一位孩童问得好:"程子生在一千年以后,怎么知道孔子之道曾子述之呢?"问得那老师哑口无言。那孩子便是后来的戴东原,他一生读书真细心。宋人要把《大学》《中庸》当作方法论,列位不玩哲学的把戏,读它做什么呢?《论语》味道本来比较好,可是列位还年轻,三十四十去读不算迟。列位如若不信我的话,孔圣人说:"水哉水哉!"究竟何取于水呢?《孟子》,那更不必读,大学专科研究政治学社会学,再把《墨子》,《荀子》,《韩非》对照着读,才有眉目门路呢!朋友呀!我们年纪都很轻,不读《四书》不要紧!

第三,要劝列位莫要读古文。古人作文,大半为死人。韩退之受金誊墓不必说,一部《古文辞类纂》,碑,志,铭,赞,传,状,诔……满纸鬼气阴森森。古代文人大半都是书痴子,咬文嚼字花样固然多,人情世故民生经济全不懂;翰林学士赶人问四川近海不近海,堂堂御史,说缅甸、安南在日本之北,南北联合打日本;唐宋八大家文章,这样笑话,多得很多得很!你看韩退之《送孟东野序》,多少冬烘先生摇头摆尾哼个不休。我请问,上面说"凡物不得其平则鸣",下面"天将和其声而使鸣国家之盛",这一段作何交待?这样前后矛盾的文章,至少该打十下重手心;居然千人万人都朗诵,你看旧文人看文章有没有眼睛!朋友呀!我们年纪都很轻,不读古文不要紧!

第四,要劝列位莫读正史。正史都是帝皇相斫书,一家一族的兴亡,干我们什么鸟事!要知道本朝天子总是圣明比尧舜,史官瞒这瞒那骗后人。还有权臣可用势力来压迫,颠倒黑白是常情。还有金钱可贿改。富贵子孙把祖宗罪过改换过,十件史事哪有一件真?而且不懂统计学,不懂社会学,不懂经济学,怎看得清社会变动的前因与后果?没有社会科学做根基,读正史正如在大海上没有指南针,怎能辨清方向呢!朋友呀!我们年纪都很轻,不读正史不要紧!

第五,要劝列位莫要看古书。诸子百家的书,错简错字脱句脱节,不知有多少;要等专门学者整理个五十年百年,才有头绪可得,要等地下的古物出来,才有正确的意义可讲;等我们的孙子出世,恰好是时候。后世千千万万的文集,正如一千种一万种杂志,砂里淘金,未始没有一二处好的,也得等待图书馆专员把那些子目做起索引来,才有线索可寻;我们目前饭都吃不饱,活都活不成,哪有闲工夫想这些烂东西!朋友呀!我们要爱惜我们自己的精神,不看古书不要紧!

第六,要劝列位莫要尊古人。古人的世界好比螺蛳壳;泰山虽高,怎及得喜马拉雅山?渤海虽广,怎及得太平洋?古人的眼光好比菜油灯,"声是无常",我们居然映电影(有声电影),雷公菩萨,我们请他运东西。古人的知识好比刘姥姥,释迦牟尼看不见电子世界,孔老夫子想不到太阳以外还有大恒星。从来说"子能跨灶","青出于蓝","学生好过先生"。我们若相信事事不如古人,一代不如一代,你想想:胎生变卵生,爬行变两栖,一代代退化下去,全人类都变成阿米巴,请问孔老夫子坐在大成殿上吃起冷猪肉来有什么趣味?朋友们,我们要相信我们自己的能力,不尊古人不要紧!

最后,要请列位听分明:古书好比鸦片烟,吃了鸦片,一半像鬼半像人;古书好比花柳病,惹了细菌,子子孙孙毒满身;我们活人要走活人路,何苦替死鬼僵尸劳精神!列位呀!我这样苦心劝世说真话,若是胡子伯伯还要横着面孔来生气,唉!那才是"勿识好人心,狗咬吕洞宾!"①

曹聚仁先生生于1900年,卒于1972年,是我国现代著名作家、学者、记者和杰出的爱国文化人士。

曹聚仁先生传奇的一生,有时声誉鹊起,有时沉沦坎坷,也曾深入枪林弹雨。曹聚仁先生的弟子、中国人民大学著名教授方汉奇曾为自己的业师作过如此的评价:他在近代文坛和报坛上,是一个带有传奇色彩的人物。他的一生经历复杂,很不寻常,当过教授,当过记者,当过作家,当过各类报刊的自由撰稿人。和近代文坛上左中右的各方面人士,包括周氏兄弟(鲁迅等),都有过密切来往。对曹聚仁的一生和他的一些作品、活动,历来众说纷纭,毁誉参半。周总理在曹聚仁逝世后,称赞他为"爱国人士",为曹聚仁盖棺定论。

章乃器先生生于1897年3月,原名章埏,浙江青田人,1913年就读于浙江省立甲种商业学校。他早年从事银行业,任浙江实业银行副总经理,还是光华大学教授;1935年,参与发起组织上海各界救国会,次年5月,全国各界救国联合会成立,任领导人;1936年11月,被国民党政府逮捕,是著名的救国会"七君子"之一;1949年后,历任政务院政务委员、粮食部部长、民建中央副主任委员、全国工商联副主任委员,参与制定粮食统购统销政策,首创粮票制度,基本解决六亿人口的吃饭问题。他著有《中国货币金融问题》《论中国经济的改革》《激流集》等。人们誉之为爱国志士,坦荡君子。

章乃器先生为《读书生活》撰写的《给失学的人们》开头的话非常鼓舞人心:

---

①曹聚仁:《劝世人莫读古书文》,《读书生活》1935年第一卷第七期。

亲爱的朋友们，我希望你们前进！

说到前进，有许多人以为我要摆出"成功人"的架子，希望你们"往上爬"，做一个"出人头地"的人物。

但是不然，我现在根本不希望你们去做"自私自利"成功人，在一个社会里产生少数的成功人，那个社会就有出路吗？在中国，大大小小的成功人也不算少，然而人民只是加速的贫穷化。就在一般人所"艳称"的英美和日本，成功人辈出，然而社会也都在悲惨的恐慌中间，多数人都在饥饿和半饥饿中间。成功人能使社会得着出路吗？

个人主义的时代过去了。"个人的成功就是社会的幸福"，那是过去时代的话。在目下，个人的成功往往反只是社会的灾祸。只有在社会的出路中间找求个人的出路，只有在为社会而奋斗的过程当中希望个人的成功，那种出路和成功才有历史的地位。就是，现时代的所谓成功，不能拿自己所得的荣誉和幸福来测量，而要拿社会所受到的利益来测量；个人的成功不能代表社会的幸福，而要以社会的幸福表示个人的成功。

所以，我不希望你们去做自私自利的一般人所谓的成功人，而去做为社会谋出路，为人群谋幸福的成功人。希望你们不要再梦想自己的高楼大厦，美妾娇妻和锦绣粱肉，而要去设法使大家有事做，大家有饭吃。"一将功成万骨枯"，固然是要不得；在别人的汗血中间酝酿出来的自己的功业，在贫穷的大众面前夸耀自己的威风，良心上固然觉得过不去，为前途设想也恐怕不久长。

然而，许多青年们却就因为想到这种种，觉得"努力"是没有意义，因此便颓丧下去，消沉下去，堕落下去。这又是一种很不正确的自暴自弃的人生观。

我想，有一点我是可以大胆的贡献给你们的：你们尽放心在读书的一条路上前进。可是,读书也依然不能忘记了上述的前提。

"书中自有万种禄,书中自有颜如至"这种为"黄金与美人"而读书的时代必然是过去了。

"一卷在握,怡然自得",学成之后,更可以"啸傲山河";这种"为读书而读书",为"享乐而读书"的时代也过去了。

现时代的读书,是要明白自己在历史上和社会上的地位;要认识自己的时代和社会;是要以社会一分子的资格,去探求走到新时代的一条路。

倘使我们读历史,而不过去参悟汉高祖怎样去对付他的下属和他的敌人,以作我们自己立身处世中应付环境取得成功的标本,那就是个人主义的读书。我们必须研究人类社会是如何的演变,各国革命是如何的完成和各种民族是如何的取得解放,因此,我们可以了解目下的大众,要如何的争取他们的出路,然后我们读历史的动机才是现代的。"举一反三",读书的意义就可以明白了。

亲爱的朋友们,你们前进,在前面新时代的原野中间建立起来你们的基础,而不要想在脚底的沙滩上面筑造起来你们的高塔! 你们就在读书中间开始你们的途程!"①

---

①章乃器:《给失学的人们》,《读书生活》1934年第一卷第二期。

第6章 接地气的"读书问答"

为广大读者解答由于看不到民族出路和个人的前途而产生的愤懑、苦恼、彷徨、恐惧等现实生活问题，应该说，《读书生活》的"读者问答"专栏发挥了"人生指导员"的积极作用。

柳湜和艾思奇、夏征农等人在这个专栏撰写了许多脍炙人口的"答读者问"，他们从工人失业、学生失学、封建家庭悲剧、婚姻悲剧等具体社会问题入手，引导青年从个人的苦难而体验阶级的、民族的苦难；从自己的悲惨命运而洞察其社会根源；从求个人解放升华到争阶级的、民族的解放，从而一步一步地树立起革命的世界观和人生观。用柳湜的话说就是，针对大家正感到的是什么，就给他们什么，通过告诉他们迫切要知道的东西，而达到说明我们正确的国策。李公朴赞扬柳湜，说他的文章是在说他要说的话，所以明白易解，不带任何方巾味，读起来平淡自然……与实践融成了一片，只见热情奔放。"读书问答"专栏就是以这种感人肺腑的真情实感，为千百万在死亡线上挣扎的青年指明了前进的方向。

《怎样养成判断力——答王锦心君》是《读书生活》1934年创刊号"读书问答"专栏推出的开篇文章。

《读书生活》1934年创刊号《怎样养成判断力——答王锦心君》

文章写道：

　　关于怎样养成判断力的问题,来问的人实在不止王君一个。看过一本书后,不能辨别书中的内容是否正确,只觉得,里面所说的好像都有理,再看别一本书也是如此;这实在是许多读者的通病,也是他们自己觉得很难解决的问题。

　　在以前的读书问答里,我们做过一篇《怎样才不做书呆子》,我们认为要不做书呆子,则读书时候就不可犯两种毛病,第一不要死读,第二不要乱读,看书后能融会,就不是死读,看书有计划,就不是乱读,但这两点之中,最要紧的仍是第一点,如果融会的能力不充分,那即使计划多么好,得益仍是非常微小,譬如吃东西:菜肴无论怎样可口,里面的滋养料无论怎样丰富,如果胃的消化力根本衰弱,吃下去对于身体仍是没有什么益处。要想使吃下去的东西发挥充分的滋养力,第一件要紧的事就是要使胃肠强健,要想在读书中得到真正的益处,首先就要注意融会的能力,要怎样才能够有融会的能力呢?答案不外就是,要有判断力,要能辨别书中的正确与错误。

这篇文章接着提到了提升判断力的三条建议:

第一,读书时,自己心目中先要有标准,有目的,我们读书,决不可单单因为人家说某本书好,自己就随便拿来读读,究竟为什么好?为什么要读那本书,自己一点也不明白。自己既然不明白这些,读起来当然就与自己漠不相关,读时泛泛地滑过,读后很容易地就忘记。这样读书,就读破万卷,自己也一无所得。所以,我们读书,最好先立定一个问题,不论是生活方面或其他方面的问题,读书时候,要注意着找这问题的解答。或者,当我们一本书到手时,在未读之先,就要想想这本书内会包含着一些什么问题,不管我们所想的正确不正确,总之,预先自己总要对于那本书定出一些问题来,预先有一个标准,读的时候才不会书是书,自己是自己一点也没有关系。这样,也才会有兴趣,才会对于书有真正的关心。兴趣和关心是融会的先决条件,这也好像吃饭,心里不高兴,消化力是不会旺盛的。

第二,对于书的内容要随时都有自己的判断。读者也许要问,判断力还没有养成之前,自己怎么能判断呢?这不是很困难么?

其实我们要知道，凡是一个人，多少总能够有一些判断力的，不过，没有训练过的人，即有判断力，也是很弱，也是很不正确，但不管弱也好，错误也好，它总算是判断。看惯了古文，来看白话文，觉得很俗，这可以说是一种判断。失了业找不到事情做，自己说是命运关系这也是判断，这些都是不正确的判断。但是，正确的判断，都是由不正确的判断，继续改善而成。如果因为怕自己的判断不正确，就不肯下判断，结果就没有东西可以改善，因此也就没有能达到正确判断的一天。所以，读书的时候，要时时刻刻运用自己思想，时时刻刻用自己所想到的去与书中所说的对照，时时刻刻要想法和书上的话辩难，不可因为听人家说是一本好书，便一字一句奉命惟谨地都要接受。除非觉得自己的判断真的被书中的理由驳倒了，决不可囫囵吞枣地将书中的一切都吞下。有许多人读了很多书，而判断力仍一点没有。这并不是他生来没有判断力，而是因为他不肯运用判断力，不肯磨炼它，矫正它，换一句话说，他们是中了"读书不求甚解"的毒。读的时候自己一点也不加思索，只空想着判断力总有一天会到来，其实，自己若不去探求，是什么也等不来的。"守株待兔"的旧话，想来读者都知道的。

第三，前面说要定标准，要随时运用判断，那么，怎样定标准，怎样判断呢？提到这一个问题，我们就不能不注意自己的现实生活了。因为我们的思想，是不能超出现实生活之外的，要定立读书的标准，要运用判断，都非在现实生活里找材料和例证不可。没有发育成人的儿童，你要叫他对于恋爱婚姻的事下判断，是不可能的事。同样，整天忙碌于生活的店员学徒，要叫他们去想火星上的事情，也是提不起兴趣来的。读书的时候，应该时时刻刻把书上面的东西联系生活中的事件上。好在我们生活周围的事件，也是非常丰富的，由里面去寻找一些我们所要解答的问题，并且常常试着自己加以解答，然后用来和书上所解答的互相印证,看书上的是否比我们自己解答得更深刻,更正确,例如现在的世界恐慌,有的经济学书上说有恢复的希望(如美国的景气预言家fisoher),有的认为这第三期恐慌非到爆发成战争不可。然而是否有恢复的希望呢,我们生活周围的一切事实和消息就是最好的证人。能够看明白生活周围的事实,那么这两种经济学家的论调孰是孰非,是很容易判断的。

有些人主张读书要注重"灵性",好像灵感一来,什么事都马上可以判断的样子。其实这是"上等人"骗我们的话。不经过磨炼,判断力决不会养成。没有正确的判断力,"灵性"也无从发生。把读书与生活实践联系起来,才是读书的正道。

作者在这篇短短的读书问答中四次提到了读书必须与生活"融会"贯通的重要性,反复强调一个人读书如果做到了与现实生活"融会"贯通,就一定能够提升自己的判断力。

柳湜先生在《读书生活》1935年第一卷第十一期的"读书问答"专栏撰写的《不能跟阮玲玉走——答叶小秋女士》,是一篇在当时引起很大社会反响的文章。

文章的第一部分写道:

自杀服毒的消息,每天报纸上都有,并不算什么稀奇,因为大家看惯了,即令是如何悲惨动人的悲剧,也变得平淡了,在一般看报的人的眼里,大致不过浮现着一层青烟似的感喟吧!然而,这类新闻对于与那些悲剧中的主人处境相似的人,却有些两样,他们特别注意看这些记载,甚或暗暗的在替这些不幸者在流泪,无疑的,这些灰色消息是有许多不好的影响的。

作者指出,自杀服毒的消息"每天报纸上都有",这是一种人间悲剧,虽然令人同情,但是也认为"这些灰色消息是有许多不好的影响的"。

至若像这次阮玲玉的自杀,因为阮的名大,阮的职业与人不同,她与无数人平日在银幕上发生了一种关系了。自然,它要轰动一时,变为街谈巷议的材料。这半月来,上海的空气被这悲剧的成分所浸透,自然是不足为怪的。因此它的影响力自然也越大。

作者发现,在这"众口谈阮"的热烘烘的空气中:

也同时有一种另有伤心怀抱的人,异外的感觉对她亲切,在那里为阮玲玉流泪,自然这都是女子,她们真是为阮流泪吗?不!这很难分别,因为在自己的命运中也看出同样悲剧的可能性,她们哭了。

作者披露了叶小秋女士给《读书生活》编辑部的来信:

先生!我还亲自听见几个生活像阮玲玉的姊妹们说,"她有了那样的地位,也还只能一死了之,她舍得死我们还能活,还要活吗?"

这是如何有力的暗示啊!我敢相信今日怀抱着自杀之念,尚无自杀决心的人,一定还多而又多,她们想活,但实践是太残酷,让她们生存的机会是如何少啊!这一严重的暗示,谁能敢担保不会引起许多无路可走的弱者继阮后尘呢……我于是想到贵刊了,以指导如何生活为任务的《读书生活》大概对于这一问题不会作为一个优伶的死的私事而小视吧!我迫切要求你们对于这次自杀案正确而又严肃的检讨与批判,对于生者有具体的指示。

文章的第二部分写道：

> 我们把叶女士给我们的一封三千余字的长信摘要略如上面的了。我们非常珍重叶女士的意见。阮玲玉的死，本刊虽然也只略略的写过一篇短文，载在"社会相"内，但并不是把她作为一个优伶的死的小事看待的，我们在那篇文章中，完全是作为一个现代中国妇女问题提出，不过，只仅作为一个警号而提出罢了，对于阮的这桩公案，当时没有去详细检讨它。

在列举出到底是"谁杀了阮玲玉"的八项答案，对导致阮玲玉自杀的家庭和社会背景做了详细的探讨后，作者指出：

> 我们知道，自杀决不是一种简单的行为，阮玲玉的死，明明是由许多复杂的因素综合起来，在她的意识上起了质的变化，形成突变时才发生的，所以以上各项都成为她死的因素之一，但单独某一项都不会使她吃安眠药……我们爱护阮女士，同情阮女士，同时我们亦应找出她自己应负的严重的错误的这一面。
>
> 同一样客观的环境下，不是还有千千万万的女子在生么？在血的、泪的生活中抗争么？
>
> 只有检查出了她死的客观原因，我们才知道我们应向什么方面去努力。现代中国的妇女问题，到底是一个什么问题，它应如何去运动呢？
>
> 只有检查出她的主观的原因，她的严重的错误出来，才是对千千万万与阮玲玉同一生活内容的姊妹们当前的一副清醒剂，使她们在同情之泪中，觉悟过来，从这一次刺激中，先救出自己。
>
> 为了尊重阮玲玉，我们应把她的死作为一幕有价值的悲剧。它

嘲笑、讽刺社会了,我们大家应负起奋斗、改造社会的责任;它唤醒了无数的姊妹们,我们姊妹们就得大家走上用血与力去争妇女解放的胜利的道路。

否则,阮玲玉之死,一定要生出消极的作用来,叶女士的担心,决不能说是神经过敏。这是可能的,因为生在今日这般阴险艰辛的社会里的姊妹们,无路可走的是太多了,谁能保护她们在无可如何认识不足中误步阮女士的后尘呢?

文章的第三部分写道:

以上对于阮玲玉的自杀,大略的检讨与批评过了。我们对于自杀是极端反对的,我们同时也不满舆论界持什么"为了生活的严肃,为了自己对人生的正视,觉得自杀反比许多人的苟且偷生是更加勇敢"这类消极道德的说教,这种死的清高,在现时代是不值钱了的。

姊妹们! 再不要柔懦的不肯打开眼睛啊! 在闺房中做的春梦,在学校、电影、运动、商店等等领域做的皇后梦,大学教授,达官、贵人,买办的太太梦,以及一切享乐虚荣的幻梦,与目前社会实践是相违不止十万八千里的。这种幻梦的结果,阮玲玉代你们说明了,有人对阮玲玉一生的幸福估计说:"做了两个买办的太太以后,她真的得到的幸福是死后睡了一口玻璃棺材。"这话虽然说得过于刻毒,但你也不能指出他的错误呀!

至于如何奋斗呢? 这问题太大了,不是几句话可以说尽的,本刊对于这类实际生活问题,常常都有讨论,我希望读本文的读者,尤其是女读者,多多的加以注意。现在在这里可以指出的是一个人无论到了什么田地,我们应该把着"死是可以的,但不能由自己动手杀自己"。有了一口气总要干一番。社会无论如何险恶,我们一面要冷静的对它观察,认清为什么会有这样险恶的原因,如何铲除这一个原因;不是对它害怕,退让,或屈服。新女性要赶快丢掉传统下来一切过于看重贞操的观念,及性的方面许多封建的意识,赶快吸取新的科学知识,尤其是教你认识社会的社会科学知识,自己不要以为是女子,什么事都不能做;你要大胆起来,什么事都同男子一路去干,负起你在这一时代你应做的事。

是的! 更坚定你的新意识,不要从战场上败下来,一面是吸取新知识,一面是在生活中去磨炼。不要怕碰钉子,不要太怕钉子,钉子太多,自然是社会不好,所以我们要改造它,我们更应看得很平常,一个一个去打掉。我们宁可把这短小的一生做些开荆斩棘的开路工作,让后代人有好路走,我们不应看了荆棘就害怕得自杀,让荆棘存在,毒蛇猛兽猖狂。

著名学者冯淼在《文学评论》2019年第四期《〈读书生活〉与三十年代上海城市革命文化的发展》一文中指出:

20世纪30年代,国共分裂后,中国共产党人和左翼知识分子如艾思奇、柳湜和夏征农等,在城市的识字劳工中展开了一系列文化活动。这些活动得以在国民党统治下的大城市如上海等地开展起来,其重要原因在于此时聚集在城市的革命知识分子关注劳工青年的精神世界,能将其日常生活和个人情感转化为革命教育和文化的资源。

1935年3月8日国际妇女节,演员阮玲玉在上海自杀。一时成为媒体话题。阮出自一个典型的小市民家庭。自小丧父,阮母开始在姓张的富人家当佣人。多年以后,张家儿子张达民提出娶阮玲玉为妻,但因为阮出身卑微,张家不赞成。阮后与富商唐季珊生活,遭到唐的虐待。许多读者把阮的卑微出身与她恋爱受挫的经历建立联系。一位名为叶小秋的女性读者就阮之死写了一封长信给柳湜。信中要求《读书生活》对这一事件发表看法,并就爱情这个问题给予同样为阮落泪伤神的女性朋友提供建议。

在给叶的回信中,柳提出阮死的"主观原因"和"客观原因",但强调"主观原因"是根本。他认为商品化了的中国"社会"确实使得阮难以得到纯洁的爱情,自由恋爱难以实现。然而,他不同意把阮的死完全归咎于"社会"。"社会"仅仅是阮死亡的"客观原因"。阮主观上没有"认识"到她的爱情生活受挫的社会根源,却选择自杀了结一切,这意味着阮不仅成了商品化"社会"的受害者,也成了商品化社会的被动"支持者"。他注意到,当被商业利益驱动的媒体不断侵犯阮的隐私,阮开始十分在意媒体;她关心媒体所谓的"贞操和贞节"的话题,甚至害怕抛头露面,没有勇气出庭当面指证唐季珊。在柳看来,自杀是阮为了保护"私生活"、逃脱"社会"的最后挣扎。可悲的是,她的死再次成为了商业媒体的卖点,她的挣扎又一次失败了。

为此,柳湜在这篇"答读者问"的文章中呼吁中国女性"不能跟阮玲玉走",阮玲玉不应是中国女性的典范。

柳并没有动员读者报复"社会"。他强调读者首先要"认识"自己的生活和所处的时代,期待读者能够认真思考自己的生活,并在思考基础上做出如何生活的决定。①

---

① 冯淼:《〈读书生活〉与三十年代上海城市革命文化的发展》,《文学评论》2019年第4期。

《读书生活》1935年第二卷第十二期的"读书问答"专栏是回答读者郑汉醒和盛孟枝的提问《贫穷的征服》。

这篇文章的第一部分写道：

　　大概是因为大家都在穷苦中吧！所以一听到有人去谈到救穷的办法，总没有人不张着耳朵听的，因此吴景超先生在九月八日《星期论文》上写的那篇题作《贫穷的征服》的大文，就特别引人注意了。

　　吴先生写那篇文章的动机，据他说是因为近日各报章菲薄欧美各国的"富者愈富，贫者愈贫"说的虚妄，并找出一个统计数字，证明欧美固然是"富者愈富，而贫者却也渐富""使贫穷与大多数的人民，脱离了关系。"他举出三种事实，第一，贫穷的数量的减少；第二，根据统计，工业革命后，实际工资总是表示上涨的趋势；第三，生活程度的提高。

　　他们其所以能征服贫穷，据他说："第一，因为他们能利用科学的智识，去改良生产的技术，因而每个人的生产力都提高了许多；第二，因为他们实行社会立法，保障工人的生活；第三，因为他们工人有组织；第四，因为他们的家庭简单因而负担比较轻松。"

　　结论是："假如我们也想征服贫穷，这四点便是我们马上可以下手改良的。"

　　郑盛两君都对于吴先生的话起了怀疑，我们的贫穷果真能用吴先生开的方子去征服吗？

这篇文章的第二部分直接回答：

　　这是不能的。吴先生的高论，在《星期论文》中，或许还算是新鲜的玩意儿吧！实则在国际间，这不过是企业家的雇佣学者最腐烂不过的,过时的牙慧了。吴先生还想用工业革命不久,资本主义的壮年时代人类征服封建的贫穷那一时的现象,作为证据来否认今日"富者愈富,贫者愈贫"的事实,以辩护今日社会财富的两极化,那是非常的不智的。

我们承认,在人类进到资本主义的初期,资本家自然是天天长胖那是容易看出的,但是无产的劳动者虽然连最后一小块土地,或一套小生产工具都被剥夺了,可是工业劳动者的生活,一般的说,在绝对数的方面也是较以前提高的。这大概就是吴先生所说实际工资上涨,贫穷数量减少,生活程度提高的根据吧!这一点也正就是资本主义的进步性,我们要支持资产阶级民主的革命的意义也就在这里。因为它虽然是剥削制度,但比起封建制度来,它还是一种进步的制度,人类生存斗争到这时确跃进了一步,它添增了人类生存向上的许多前提,就人类社会史的过程说,它确是一个进步的阶段。

但,这里千万要注意,历史决不就停止在这里。

人类贫穷的征服,只是在这过程上相对的尽了一点历史的任务,贫穷并没有真的征服,不,在相对意义上,社会贫富分裂的两极化,在资本主义一开始就现出了征兆,现在是一天天露骨的表现出来了,因为这是资本制度必然的因果性,是无法否认的。

贫穷的征服,从历史性上看来,那才有意义。

因此,吴先生所提出的四个方法,在资本主义的壮年,确会在欧美发生过作用,我们不能否认。"利用科学智识,改良生产技术"固然在资本家是为了生意竞争,个人发财的打算,但同时却也增加了社会财富,就是劳动者的生活,确也蒙惠不少。"社会立法""工人组织"这两项,我们也不能像盛郑两君那样完全否认它的意义,它对于改善劳动者的生活,确曾尽过,现在也还在尽相对的任务。不过这些"立法"或"组织",就我知道的,却并不是由国家善意给人民的,而是由劳动者血的抗争的胜利品。虽然如此,我们也并不过为重视这些,因为用这种手段征服贫穷,到底是有限度的,一超过限度,去作无限的奢望,那就会被这种言辞欺瞒了。至于吴先生提出的第四点,说"因为工人家庭简单,因而负担比较轻松",这点倒是倒果为因的话。现代劳动者的家庭,一天天被破坏,是事实。劳动者可说没有家庭了。这负担减轻,是因为无力负担的结果,妻子,儿童都不得不各自谋生去,这一点,在所谓"贫穷的征服"上,并没有积极的作用。

是的,在资本主义的壮年,这些方法在相对意义上,对于劳动者的贫穷"征服"虽然说得太过火了,却有着相对的减退,也是事实。但是,如果拿来作贫者愈贫的反攻,那就未免是腐烂之论了。

这篇文章的第三部分继续剖析说:

资本主义进到今日的阶段,它的本身的衰老,已使它失掉了昔日的进步性。在这衰老时代的经济恐慌与萧条,急激的使社会财富两极化。随着这矛盾的展开,全社会的各面无不是彼此顽强的对立的。这时科学的利用生产方法的提高为私有的生产关系不许可,社会立法这时失了平安时代那种所谓"民主"的精神,不要说新的立法不能进一步的保障工人生活,甚至连旧有的也不能兑现了。这并不是今日老板们心硬的问题。而是这衰老期间,产业的不景气下,买卖竞争的激烈,与失业的无法解决,这些事实,使立法变为不可能的约言了。

至于工人的组织虽然仍是,或者更变为向资本家抗争的工具,可是今日老板提倡的公司工会的劳动统制,使真正的工人组织,不能存在,或者逼得你向地下去。这样一来,合法存在的组织,事实上是变为官僚机关,探警训练所,对于贫穷的征服是完全无关系的。现在的劳动者恐怕只有连自己个人水准以上的生活负担都减低来勉强的度着动物生活,以"轻松"自己外,恐怕无法子赶出这穷鬼吧!

这是当前的铁的事实,每天打开各国的报纸都可找出统计数字来证明的。所以我说,吴先生到今还说出这样幼稚的话,是太不会投机的。

这篇文章的第四部分进一步分析说:

把这些老法子搬到中国来运用那就更是荒天下之大谈了。

是的,我们都是穷鬼,我们要想法子阔,但不能说梦话,不顾这法子的现实性的。

我们的国家穷,大家都穷。穷的原因在哪里呢?这一方面是生产落后,生产力不发展,生产的封建性还占支配的地位,中国社会发展的阶段还在低级,由这决定我们贫的性质是封建性的。

同时,中国是国际帝国主义的殖民地,是他们荣繁或存在的肥料与地基。中国旧的经济被破坏,中国新经济又被帝国主义所束缚,不能发展,中国的国富一天天被许多强盗劫掠去了,现在现出的是既破落,而又受新的无情的剥削。由这种关系决定我们穷的性质是殖民地性的。

这两种性质在说话中虽然可以这样划分。在事实上是结合一起,不能分开的。

明白了穷的性质,现在再来看吴先生提出的救穷方法吧!

第一,"利用科学的智识,去改良生产的技术",就退一步说,中国在目前的阶段,资本主义生产力的发展还有可能,但是这要先有独立自主的中国国民经济存在作前提。现在中国国民经济的生命是握在帝国主义的手里的,即令要做到这一点,也决不是"马上可以下手的",这要出一身大汗。如果吴先生说的改良生产技术不是指的整个国民经济，而是就某一些个人而言，那正是像郑盛两君所说，中国现在已有不少的新式工业，也利用过科学智识，为什么像中国的荣宗敬之类的事业还要破产，他的工厂还至于被抵押，被拍卖呢？更可况今日工厂的合理化的结果，明明是对于劳动者更高度的剥削，促成更大的失业与贫困呢！这且不谈它了。

第二，"实行社会立法，保障工人的生活"，我们虽认为目前仍不失为中国劳动者要求的序目之一，谢谢吴先生在这里提出。可是事实上也不免是一种不会兑现的空头支票，只有安慰缓和人的情绪的作用。它不能征服什么贫穷啊！甚至连和缓一点生活的贫困都不可能了。这不完全是属于人道的问题，社会立法是跟产业荣繁一道生长出来的，中国目前这样的产业不振，哪里能谈到有进步性的社会立法之产生呢？

第三，说到工人的组织，这一点在上面也提过了，这决不是中国工人会不会组织，而是现在客观上许可的限度。这客观许可的限度，也是由整个产业发展的形势决定的。这一项不过是一种生存的手段，不是说，有了它，贫穷就可以立时被征服呀！

第四，中国劳动者的家庭负担太重虽是事实，但如何使它轻松呢？欧美工人家庭简单，是配合着他们国家生产状况，是出于每个家庭的成员都走进工厂了，才发生飞鸟似的所谓"轻松"的生活的，中国今日要学他人，除开把老小让他们活活饿死外，他们能到哪里去！中国产业有收容中国目下工人的全部家属的能力吗？这种消极的方法，吴先生在中国也还不是"马上可以下手的"啊！

总之：吴先生的高论除开那题名是很惹人的注意外，其余的是完全无价值的，中国贫穷的征服是首先求得民族独立与解放，继之建立健全的国民经济，国民贫穷的征服才能树立基础。不过，在这根本的解决未实现前，劳动民众日常生活的改良，与贫穷继续不断的恶斗还是不能忽视,吴先生指出的四点中,二三两项,仍是值得注意的,也不应忽视。

人的一生,特别是青少年时期,无论处于任何社会环境,生活中总会遇到各种各样的生存挑战,也就是人们常说的所谓"逆境"。《读书生活》编辑部当年就接到了大学生读者谢开福的"告急"信,求解"怎样处逆境?"的人生难题。为此,《读书生活》1936年第三卷第九期的"读书问答"专栏刊登了《怎样处逆境? ——答谢开福君》的文章。

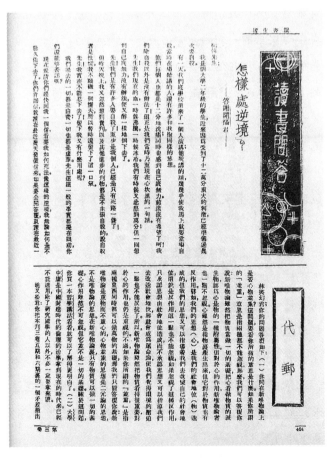

《读书生活》1936年第三卷第九期《怎样处逆境? ——答谢开福君》

谢开福的来信写道：

编辑先生：我是个大学二年级的学生，近来因为受到了十二万分重大的刺激，已经准备过几次要自杀。

有一次，我们的学校里来了一个人演讲；他所讲的话，几乎使我马上就要当场自杀。当时在场听讲的人，还有许多和我抱同样的感想。

他们每个人也都是十二分的沉痛，同时也感到自己底无力。前途没有希望了呵！我们除自杀以外是没有办法了！这正是我们当时乃至现在心坎里的一句话。

先生！我们现在的血，一时候沸腾，一时候冰冷。我们有时候又忿怒到万分；但一回想到自己底无力，没有办法，便又醉一样地倒下去了。

先生！我们是有许多人要自杀了！至少是我个人，已经是只有死路一条了！

但昨天晚上，我又忽然想到贵刊，以及其他进步的刊物，都是不主张自杀的，说自杀者是怯懦。我不愿做一个懦夫，所以暂时还留下了这一口气。

先生！我实在不能忍下去了！留下我有什么用处呢？

我们过去的一切，都是白费；一切也都是虚华。先生！这铁一般的事实都摆在眼前，你们还能够否认吗？

现在就请你们赶快回我一个信，看要我如何死法。像这样的逆境，我无论如何是不能久住下去了。你们肯回信，就请在最近几天发个信来。如果要公开答复，就请在最近一期上发表！请你们原谅我，我是等不得了呵！

接到这封"告急"信后,《读书生活》编辑部很快就做出答复说:

我们接到你底来信,心里也是十二分地难过。一时候,我们底情感,也几乎被你那种热烈的情感占住了。一时候,我们底热血,也沸腾起来了。

不过！谢君:我们单是一种热烈的感情,这有什么用处呢？我们不是故意要在你那种热烈的火焰上浇冷水;实在是,我们应该有进一步的必要。因此,不能不尽情地相告。

感情这件东西,它可以被用着去击破千军万马,杀敌致胜。然而,它一冷下来,也可以毁灭我们底自身。然而,人究竟是有感情的;尤其在当前国难严重的时候,它更容易一触即发,奔放到不可收拾。但是,谢君！你最好把它好好地把握住!

不过,感情这东西,又是最不容易把握住的;因此,我们最好还是把这种一时冲动式的感情,牵引到伟大的情操上去。

我们需要一种怎样的情操呢？我们要十分坚定底站在大众的一方,随时用冷静的头脑,配合着沉毅而热烈的伟大情操,自始至终地去谋大众底幸福。

我们如果没有热血,是不会起作用的;但是,如果单只有热血,也还是不够的。只有从深刻的认识上,再配上热烈的情操,那才是无敌的。

谢君想自杀,最主要的是因为感觉到"自己底无力"。是的,个人有什么力量呢？

力量是发生在群体上的,这大概是一件周知的事实了。然而从谢君底来信上看去,却是没有群体底力量了。这似乎正是谢君急于想要自杀底根本原因。

因此,我们认为:谢君目前底第一着,是应该和那些大家都想自杀的人更进一步地携手,在一种只看见死路的沉寂中,看出大家底活路来。

说"留下了这一口气"没有用吗?但是,自杀以后,便剩下的只有尸骨,那更是绝对地没有用了。

不过,不自杀也不见得一定有用。最要紧的还是在"留下了这一口气"以后怎样去做。一个自杀的人固然是个怯懦者;但一个活着的人不一定就算刚强。

刚强和怯懦底分别,并不在自杀和不自杀底分别上。主要的要看他活着时怎样做。

我们现在所处的是"逆境",这是不错的。然而我们应该知道:我们所处的逆境,并不是近日才开始的。我们只要看"救中国"这个口号,老早就有人提出,这就可见我们所处的老早就不是顺境了。

不过,我们目前所遭遇的是特别艰辛,几乎逼得我们不能够忍耐下去。然而,我们底眼前,却切不可单只看在眼前,以为眼前的受人欺负,就一切都不可为了。

我们要从历史上去看,看出将来的胜利,必然地要属于哪一方。然后,自己所做的事,就自始至终地在这方面做去。在做的半途中,自然是免不了常时做得不得劲;然而,你一定要看出,每做过一次事,总不见得全般是失败的。

据你的来信看,似乎你是在这次救国运动中受到了一种什么刺激。然而,却不曾说个明白;不知究竟是不是为了这件事,一定要自杀。

如果你是为了这些;那么,你最好趁这时把自己过去底认识清算一下,看你过去所做的是不是合乎历史底步调。如果是反历史的,那你便应该勇猛地改变过来;如果你所做的正是历史上应该要做的事,那么,你这一时候底小挫,并不见得就损害了你底全般。

我现在举个商业上的事做例:假如你做生意,亏了本。这时候,你不应该决然地说我以后再也不要做生意了。你应该把过去的账目好好地清算一下,看出亏本的真正原因,同时还要看出要怎样才可有赚钱的希望。在这种清算后,你必须继续做你底生意。

再举个画图画的事做例:假如你想把你底图画画好,那自然,它必须要经过一些时间,一些少不了的练习。在你底练习过程中,那又一定是画得不满意的时候多。然而,你应该知道,画虽然还不曾到家,却是一次比一次画得更好了。自然,有时候也许有一张特别画得坏,但是,你不应该把那一张特别坏的过于夸大了。你应该回溯你习画的历史,看出你进步的过程,以及将来的希望。

要这样,你才永远是乐观的,更不会想到要自杀。

不过!谢君!我说到这里,你或许会要误会,认为我也在劝你,把一点糖来哄你,要你"逆来顺受"。或者你更疑道:人家正在打我底右脸,你却劝我让左脸一道给他打。

如果你是这样想,那却是看错了。我们所认定的"退一步,乃是开始进两步"底办法。

再,你一切都应该从矛盾上去看。当你看见失败了的时候,同时一定要看出它底收获。"一切都是虚华白费"吗?这是你看错了的。在事实上,不单就你底来信上说,你那种十二万分忿怒的情绪,这就不是凭空可以得到的。

最后,我还对你进一点忠告吧:你既然是一个大学生,那家道至少是小康的。我们要知道:一种小康之家的生活,它是最能够使一个人底思想和行动,动摇不定的。来信上,你说道:"我们现在的血,一时候沸腾,一时候冰冷",这种现象,并不是偶然的。

我很希望你:不要放弃你底热血,同时也不要单凭你底热血。

最要紧的是:你要深刻地认识清楚,拿定主意,决定要把你那张不曾画完的图画画好。这是你底终身事业,也是你对于大众底贡献。

谢君!我是十二分诚恳地希望你!你不要把自己糟蹋!

《读书生活》编辑部收到了许许多多类似这样在生活逆境中挣扎,感到人生没有出路的青年读者来信,"读书问答"的编辑对每一封来信都予以个人回信或刊物公开答复的方式,采取动之以情、晓之以理的态度,为这些在生活中彷徨无助的青年人指明前进的人生道路。

第7章　来自现实的"生活记录"

著名学者叶文心在《上海繁华——经济伦理与近代城市》一书中说：

> 1930年代，一个新的作者群开始为上海的期刊与杂志供稿。他们中包括了店员、办公室职员、学徒、练习生、小学教师，等等。他们都没有上过大学，但他们从事的工作需要一定的文化水准。这些人向左翼的杂志投稿，讲述自己的境遇。大体上，这些作者写下的都是辛酸故事。面对这个时代的经济问题，他们忧心忡忡，一种不安恐惧的氛围笼罩着他们。[①]

叶文心先生在这里所指的左翼杂志就是《读书生活》，记录老百姓这些"辛酸故事"的就是这份刊物的"生活记录"专栏。

《读书生活》从创刊起，就很注意刊登读者自己写的东西。在"生活记录"专栏中执笔的热心读者有工人、农民、士兵、店员、学徒、编辑、教员、学

---

①叶文心：《上海繁华——经济伦理与近代城市》，王琴译，中国人民大学出版社，2023年，第151页。

生等社会中底层人员。他们所写的有失业的恐慌，有寻找职业的艰难，有为保住饭碗拼命工作的情景，有在恶劣条件下对读书求知识的渴望……因为这些普通人是在写自己的生活，所以细致入微、具体动人。这一幅幅现实生活的写照集中到一点，反映了社会的黑暗。有人认为"生活记录"只让人看见人们在那里诉苦，对此《读书生活》的编者答道：这是自然的，因为生活本来艰辛，我们没有办法一定要人家含着眼泪来笑，我们要的只是真实，不说谎、不装腔作调。

让我们也翻开《读书生活》的"生活记录"专栏，看看当时社会底层老百姓笔录自述的真实生活记录。

《读书生活》1935年第一卷第八期的"生活记录"专栏刊登了署名琴仙写的文章《我怎样尝到了女工的生活》。文章写道：

> 生活的巨轮不停地转着，饥饿寒冷可怕地逼近着穷人。从小死了父亲的我，在母亲的悲怀中长大了。父亲所遗的产业在我母亲自己不能管理中毁灭了。这时我已有十几岁，那时我们的生活已经无所依靠。我母亲就此不得不忍苦耐劳的进工厂去做工。我因母亲很爱，身体又弱，她怕机轮会夺去她的女儿，所以不愿叫我也进工厂。我是没有兄弟姊妹的，这样我们母女俩人就在这贫苦的生活里度去。
>
> 但是在去年的上半年，为着生活的逼迫，为了种种的原因，我也开始跨进工厂去学工了。这样我就也尝到了在工厂里劳动的真味了。
>
> 站在这巨大的机械旁边，整天的在它的暴吼中，脑子也要振空似的。这又是在热天的时候。尤其是在挨到做夜班的时候，朦胧的立在这可怕的巨兽边，睡魔跟随着我。可是你不能闭一闭眼的啊！假使你要闭一闭眼睛，一不留心，那巨兽就会吞没你的手或……甚至生命哩！在这夜深的朦胧中，它的声响(机械)也变成凄惨了，像对我表

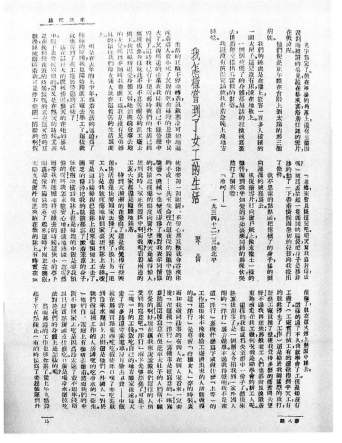

《读书生活》1935年第一卷第八期《我怎样尝到了女工的生活》

示同情似的。我抬起疲倦的眼皮向窗外望着,天是黑得怕人,想到此时人家正在酣睡中啊!而我呢?看看两边的工友,大家都还是瞌睡地站着。

待到天渐渐的在发白了,这是我觉得有些兴奋,快活着是快要回家去睡了。天亮了,换上另一班工人。于是我就疲倦地回到家里想到床上去睡。哎!可是这时候母亲已从床上起来也预备上工去了。困乏的精神,把我的饥饿都忘了!搬着笨重的身子,就软瘫地横到板床上。但是,母亲的中饭是要我预备的呀!叫我怎么能安心地,舒适地熟睡一会呢？然而等我在迷糊地将要睡去的时候,这狭小的亭子间里,却像蒸笼似的蒸了起来;这时下面正在烧饭,太阳又从窗外射进来晒在我的床上。有时实在疲倦极了,就在这火炉上热闷中睡去。

这样的过了不久,我就学会了工。但是却没有工做了(工厂实行减工,有的还做得到半天工,有的就此停止了工作),这是给予我个猛烈的攻打,新进工厂就撞了壁。使我觉得多么的痛苦同失望呀！不过我再想想;那般老工人们也都尚且挨饿着东跑西走再找工做,何况我是刚学会的新工人呢。

这样的我也成为失业群中一分子了。然后来终算找着事了,是一个朋友介绍我到一家外国人开的"洋行"里去做事。不过我得声明,我不是在这"洋行"里做什么写字或做什么"上等"的工作,这根本不像我给工厂挤出来的人所能做得的。这"洋行"是专卖"白种女人"穿的时装。里面和我做同样事的有四人。在别人家看来,一定要说:"在这种'洋行'里做事是很写意的。"唔！写意！然而这种写意在坐汽车大肚子的人们所不愿享受的啊！好,现在让我来说说像我们这样的人所受到的写意吧。"洋行"两字先够漂亮了！可是十二块一月的工钱,饭吃自己的,地方离家很远,每天走了许多路还要乘电车,每月除去车费——中饭就在那面买点东西吃吃,假使你口渴了要吃茶就到自来水龙头上去倒,这是他们(外国人)对于我们做这种工作的人所讲究的吃冷水的"卫生"。他们自己电炉上有咖啡茶炖着。然而我们的中饭不能回家去吃,是因为路太远了费不起车钱,所以只好买点馒头或什么吃。口着是喝冷水,这种吃法对于我们的身体上是怎样的呢？

然而那过的工作也够你累了。从上午九点钟起下午五点钟止,(有的时候为了要赶装运到外国去的货色,那就得延长时间呢),翻着许多五颜六色的什么"美葡绉","和合绉","双面绸","派力司","法双绉","璧绉","乔奇纱"……还有——终至我也叫不出名目来——做的衣装(有着阔大的花边的,都是西装呀),看裁缝做得有污点没有,损坏没有。衣服上绣的各种花样要把它印下来以备下次用。在遇着赶货色的日子要整天的站着,眼睛也不能向别处望一望的,手提着烘热的电熨斗,不停地在颜色华丽的衣装上,用力的来往推动着。在夏天,天气虽然那么闷热的时候,但是为了要防备窗外有煤烟随风飞来污了我们这华贵的衣服(要几十块钱一件呢,我们哪里赔得起呀!)是只好闭着窗而整天气窒着的呀! 每次自己经手的衣料都要自己签字的,要是装到了外国而被发现是污了的,或损坏的,那就要退装回来,那时你就得受到外国人的间接的严厉责备甚至有开除的危险——我们的中国头脑——

此外,我们还须要一种技能,什么技能呢? 要会装哑子,然而真的哑子他们又不要的啦!

我在这里是又尝到了另一种女工的生活了。可是现在我又脱离了这工作,要进工厂去学工了。

我们的生活是很快的转动着,今天有饭吃,停几天没有饭吃也说不定。这生活是这样不平的转动着,把我们的汗血转吸到另一种人身上去,他们一天一天的肥起来肚子也凸了出来。我们呢? 渐渐的渐渐的——没用了掉在地上,像补马路乱石似的,给滚路机很重地转来转去的,轧着,压着,终究给它压在泥土里了。

这是当时一位上海女工的生活记录,同时也是所有中国女工生活的一个缩影。

《读书生活》1935年第二卷第三期的"生活记录"专栏刊登了山东青年农民张金声的自述《一家子的要饭》。

他写道：

我是山东单县人，有祖父祖母，有三个叔父和我父母。我母又生了我们兄弟五个，还有一个姊，一个妹妹。我家穷的谈也不能谈了，连一亩地都没有。现在还有个穷家，从前连个穷家也没有。我常常听我祖父说："在母亲来的第二年，山东荒年，家里不能过活，要饭也摸不着门。我父亲要上山西逃荒，遂同我母亲和我三叔就起身了。我父亲和我三叔替换着挑着小锅和破被。"我那时还怀在妈妈的肚子里呢！我的父母和叔叔走到路上几乎饿死了。有一天，听说叔叔"大带子"都卖了，只卖二三百钱，买了几个馍吃。走到河边，不能过去，要坐着船过去，船家向父亲要钱。可怜我父亲腰里只有三四百钱，高低被船家要了二百去。我的父母和叔叔嘴都渴干了，肚子都饥饿了。咳！我的父母和叔受了风寒雪冷，走了半年多。才到了山西。我父母求了一间破车屋住。我父亲就贩卖砂锅，叔父给人家做苦工。我父亲卖砂锅，稍微能维持住生活。到山西没有几个月，就生了我。过了一月多，我母亲抱着我要饭。我长到四五岁的时候，天天就得拾柴。我天天夜里听着"荒""荒""荒"的声音，原来是拉煤的骡马车。过了五年多，山西又大旱一年，没有下雨。我父亲给我叔说："这里不能活了，我们回本乡吧！"临起身的那天，我母亲一夜没睡觉，蒸了几锅子馍；吃了十几天，馍也吃完了，只好要饭走；走了七八个月，可怜我未满七岁的孩子，天天得要走路，有时走着走着就睡着了。那时我小，我也不知父母和叔疲乏的怎样。我不但全身疲乏，又加上双腿酸得不能走。我只忍受着痛苦，一步一步的向前走，高的低来到老家了。我那天一睡，到明天都不能醒。咳！我们是到家了，又不见了我老爷奶奶和我四叔。后来听邻人说，才知上南乡逃荒。我们又找到了宿县任圩子寨，见了老爷奶奶，一家子人哭了一堆。听老爷说，他们也是要饭,几乎饿死。我们一家也算团圆了。我老爷同我父亲和我叔叔说,你们都来家了,依什么为生呢?我父亲又见了东家,求一份地种。我们一家子人虽说一年劳苦,也算能吃饱饭了。前年我的老爷叫我上学,我不愿意。我老爷说,我们几辈子没有念书的人,你也念两天书去去冤气吧!我上学了,我到学屋,人家叫我"小夸"。我现在是三年级的学生了。这就是我的真实生活。

类似山东农民张金声这样因为洪水、旱灾、战乱而流离失所、逃荒要饭,挣扎在生死线上的真实故事,在《读书生活》"生活记录"专栏上几乎比比皆是。读了这些令人心酸的凄惨故事,笔者想起了著名画家蒋兆和先生的名作《流民图》,全画卷以一片瓦砾为背景,刻画了一百多个深受战争灾难之苦的难民形象,描绘了战乱中劳苦大众流离失所的惨状,记录着日本侵略者给中华民族带来的深重灾难。可以说,《读书生活》"生活记录"专栏是一幅"文字版"的《流民图》,同样生动记录着、控诉着日本侵略者给中华民族带来的深重灾难。

《读书生活》1935年第二卷第七期的"生活记录"专栏首篇文章是高士其的《写在细菌学的第一课前面》。

文章开头写道:

《读书生活》的编者要我写一篇生活记录。我想一想,我过去生活,自己以为最值得写出来的,还是在美国芝加哥大学研究细菌学的那几年。但是若都把它记录出来,要成一部书。所以只拣出第一天。上"细菌学的第一课"时情景,一一追述比较得浅显而易见,使读者好像也站在课堂和实验室的门口,或踏着脚尖儿站在玻璃窗前面,望望里面,看看有什么好看,听听讲些什么,也不至于白费这一刻读的工夫罢了……

立克馆在芝加哥大学,是美国最老的细菌学府,是人类和恶菌斗争的一个总参谋机关。

一九二六年的夏天,那天我正在立克馆第七号教室,上细菌学的第一课,同班只有两个美国哥儿,两个美国小姐,一个卷发厚唇的美洲黑人,连我共六人。大家都怀着新奇的希望,怀着电影观众紧张的心理,心里痒痒地等候着铃声。铃声初罢,一位白金眼镜的人,穿着白色医生制服,踏着大学教授的步子进来了,手里还抱着一大包棉花。

"细菌学是一个新生的科学婴孩呀……二百五十年以前有一位吕文鹤先生,吕先生是荷兰人呀,他顶会造显微镜,他造的显微镜比别人都好呀……巴斯德先生看见一个法国小孩子被疯狗咬了,心里很难过……柯赫先生发现了结核杆菌,德国的民众都欢天喜地,全欧洲都庆贺他,全世界都感激他……现在日本有一位野口博士亲身到非洲去,得了黄热病,就拿自己的血来试验……我们立克馆的馆长,左当博士也是一个细菌学的巨头,没有他和他的同事的努力,巴拿马运河是建不成功的呀;没有他,芝加哥的水仍会吃人的呀"……他娓娓动人地说了一大篇。

"现在我要教你们做棉花塞。"他一边解开棉花一边换一个音调继续地说。"棉花塞虽是小技,用途很大,我们所以能寻出种种病原菌,它的功劳就不小。初学细菌学的人第一件要先学做棉花塞。原来棉花有两种:一种好比海绵,见了水就淋淋漓漓的湿做一团;一种好比油布沾一点水不至全湿。我们要用第二种。拿一些这不透水的棉花,摄做一丸,塞进玻璃管,玻璃瓶的嘴,三分留在外面,七分塞进里面,不松不紧,这样便可划成了内外两个世界,外界的细菌不得进去,内界的细菌不得出来。若把内界的细菌用热杀尽,内存的食品就永远不臭不坏。"说到这里,他将棉花分给我们六人各自练习。此时窗外的热气腾腾,窗内的热汗滴滴,我一面试做棉花塞,一面细味白衣教授的话。

我们每人都塞满了一篮的玻璃试管了。接着他就吩咐我们每人都去领一只显微镜,再到第十四号实验室里会齐。

我刚从仪器储藏室的小柜台口领到一件沉重的暗黄色木箱子,一手提嫌太重,两手提嫌太笨,后来还是两手分工轮流着提。回到立克馆,出了一身汗,进了第十四号实验室,看见同班人都穿了白色制服,坐在那长长的黑漆的实验桌前面,有的头在俯着看,有的手在不停地拭,每一位桌上都装有一个电灯和一个自来水龙头。我也穿了白衣,打开我的木箱子,取出一件黑色古董,恭恭敬敬地把它放在桌上。

在这时候,进来一个矮胖子,神气不似教授,模样不似学生,也穿着白色制服,手里捧着一个铁丝篮,篮里装满了有棉花塞的玻璃试管,跟着他的后面就是那位白衣教授。

我也不顾他们了,醉心的玩弄我的黑色古董。那黑色古董,远看有点像高射炮,近看以为是新式西洋镜。上面有一个圆形的抽筒可以升降;中间有一个方形的镜台可以前后摇摆左右转动;下面是一个铁蹄似的座脚;全身上下大大小小共有六七个镜头;看起来比西洋镜有趣得多了。忽然从我的左肩背后伸过来一只毛手,两指间夹着一个有棉花塞的试管,盛着半管的黄汁。

"请你抽出一点涂在玻璃片上,放在镜台上看吧。"这是白衣教授的声音。

于是我就照着他所指导的法子,一步一步地做去。

"这是像一串一串的黑珠呀!"我用了左眼,又用了右眼,一边看一边说。

"我看的这一种像葡萄呀!"一位鹰鼻子美国哥儿的声音。

"我所看的像钓鱼的竹竿。"黑人说。

"这有点像马铃薯呀!"那位黄金发的小姐说。

"我的上帝呀!这像什么呢?"我隔壁那位玳瑁眼镜的美国哥儿忽然立起来对我说:"密斯脱高,请你看看,这一种细菌东歪西斜不是很像中国字吗?"

"这倒像你们西洋人偶尔学写中国字所写成的样子哩,我们中国字是方方正正没有那么歪歪斜斜呀。"我看了一看就笑着说。

还有一位美国小姐没有作声,忽然啪嗒一声,她的玻璃片碎了。于是白衣教授就走近她的位子郑重地说:"我们用显微镜来观察细菌的时候,要先将那抽筒转到最下面至与玻璃片将接触为止,然后,在看的时候,慢慢地由低升高,切不可由高降低,牢记着这一点道理,玻璃片再不至于破碎,镜头也不至于损坏了。"

那位小姐点着头,红着脸,默默地收拾残碎的玻片。

看过了细菌,白衣教授又领了我们六人出了试验室,走不到几步,便闻见一阵烂肉的臭气,夹着一种厨房的气味。刚推进第十八号的一扇门,那位矮胖子又出现了,正坐在那大大长长粗粗的黑桌子旁边,左手里握着四支玻璃试管,右手的大二两指摄着长圆形的玻璃漏器下面的夹子,一摄一摄的,黄黄的肉汁,就从漏器中泻到那一支一支的试管里面。他的手术很快,很纯熟。满桌满架上排着的尽是玻璃管,玻璃瓶,玻璃缸,玻璃碟,或空或满,或污或洁,大大小小,形形色色,更有那一筒一筒的圆铁筒,一篮一篮的铁丝篮,一包一包的棉花,和其他零星的物件,相伴相杂。满房里充满了肉汁和血腥的气味。

"这一个大蒸锅里面煮的是牛肉汤",白衣教授指着另一张黑桌上一只大铜锅,锅底下面呼呼地烧着大煤气炉,"牛肉汤加上琼脂(琼脂是一种海草,煮化了会凝结成一块)就变成牛肉膏,再加上糖变成蜜饯牛肉膏,或加上羊血变成羊血牛肉膏,或加上甘油变成甘油牛肉膏,又甜又香又有肉味,此外还预备有牛奶,鸡蛋,牛心,羊脑,马铃薯,等等,这些都是上等补品。我们天天请客,请的是各处来的细菌,细菌吃得又胖又美,就可以供我们玩弄,供我们实验了……"

他没有说完,在他背后那个角落上,我又发现了一个新奇庞大长圆形横卧在铁架上的一个黄铁筒,仿佛像火车头一般,上面没有那突出的烟筒和汽笛,但有一个气压表,一个寒暑针一个放气管插在上面,筒口有圆圆的门盖,半开半闭,里面露出一只装满了玻璃试管的铁丝篮。后来他告诉我们这是"热压杀菌器",用高压力的蒸汽来杀尽细菌。

他推开后面那一扇门,让我们一个个踏进去。不得了,这里有动物的臭味腥味冲进鼻子里。一阵猫儿的尿气,一阵老鼠的屎味,一阵兔毛拌干草的气味,若不是还有一阵臭药水的味,鼻子就要不通气了。这里有更多更大的铁丝篮,整齐的分为两旁,一层一层一格一格的排着,每篮都有号数。篮中的动物看见我们走近,兔子就缩头缩耳地往后退却,猴儿就张着眼睛上下眺望,猫儿就伸出爪,小白老鼠东窜西窜,还有那些半像猪半像鼠的天竺鼠正吃萝卜不睬我们哩。

"这些动物都是人类的功臣。"那教授又扬着声音说了,"代我们病,代我们死,病菌生活的原理,都是用它们来查的啊。我们天天忙着,不是山羊抽血,就是豚鼠打针,不是老鼠毒杀,就是兔子病死,不是猫儿开刀,就是猴子灌药,手段虽未免过辣,成效却非常伟大,现代医学的进步不知牺牲了多少这些小畜生啊……"

他说完了,又引我们看了后面的羊场。一只大母羊三只小山羊见了我们来提起腿就跑。

出来。我们又参观了冰箱和暖室,他又指示我们每人的仪器柜和衣服柜,我们就把木箱子的古董锁在仪器柜里面,脱了白衣锁在衣服柜里面。此时一切的臭味腥味都被新奇的幻想所冲散了。

　　出了立克馆就是爱立思街,街上来来往往都是高鼻子的男女学生,唱着歌儿,呼着哈罗,说说笑笑,哈哈嘻嘻的,夹着书本,迈着大步走。我也杂在其间,心里在微微地笑,一步一步都欣然自得,像哥伦布发现了新大陆。

　　《读书生活》1935年第二卷第七期的"生活记录"专栏还刊登了一位青年读者王培元的来稿《候补的新闻记者》。

《读书生活》1935年第二卷第七期《候补的新闻记者》

他的稿子写道：

在上海"一·二八"的战争以前,我是过着学生的生活。那时,无忧无虑,真是我一生的黄金时代。

在战争中,我的家被炮火打坏了,从此我就脱离了学校的生活,变成失学了。

我是很侥幸的,因为,当战争停止以后,不久就考入某大通讯社做练习生。

关于工商业的练习生生活,常常有人说着,但是,对于通讯社练习生的生活,我想是不常见的,所以我把所经过的情形,写在后面："通讯社"三个字,一般人是不甚明白他的真实性质;其实"通讯社"就是传通消息的机关,和供给各报新闻的机关。我所服务的是官方所办很大的通讯社。

我一进去做,每月就有三块钱的零用,我每月用去一块钱,余二块钱拿回家去。

通讯社工作的时候,是和别的机关相反,愈到夜里,工作得愈紧张,我每天大约要做十多个钟点的工作。

起初,我的工作是练习抄写,我把外勤记者,所采访得来的新闻。用铁笔写在蜡纸上。这工作起初做,觉得很是吃力,因为铁笔写在蜡纸上,滑来滑去,不容易写得端正。并且,新闻是以快为主的,所以我们抄写稿子也要非常的迅速。因此,我常常紧把着笔很快的写。这样,几天以后,我的手指上就生茧了。

另外我有一件工作,就是黏报。我把各报上关于有参考用的新闻剪下来,再分门别类的黏在簿子上。这个工作,我很感觉有兴趣,因为一面黏报,一面可以看;因此,智识上也就增加得很快。

经过了一个多月,我就练习翻译电报。我这里所讲的翻译,并不是把英文来翻成中文,而是把电报号码,翻成中文,譬如电报号码"零零二二"。把他翻出来,就是"中"字。我对于这件事,也很感觉兴趣。因为,从一二三四十个数目字中,千变万化,成为一种特别的文字。我把这种号码,每天记十个字,半年以后,我就记得不少了。

时光像飞一样,迄今已有三年了。我在做练习生时,有的时候,跟着记者出去,实习采访新闻。

我这种练习生的生活,有几件事,是别种练习生所不能享受到的,就是:一,无论什么消息我们总是比别人先知道;二,我们能够知道社会上各种的黑幕。

当我刚进去的时候,主任先生曾对我说:"你倘若自己能够努力,将来也有做新闻记者的希望。"我想新闻记者是世上无冕的帝王呢!可是,我是毫无学问的人,哪里有做记者的资格呢!

不过,在事实上,我已经是一个陪伴的新闻记者了。但是,在失业群里的人数一天一天加多的时候,我大概也免不了迟早有失业的一天吧!

当年各行各业的广大学徒工、练习生想要读书是很不容易的,即使在书店里工作,想读书也同样是很不容易的。

《读书生活》1935年第三卷第二期的"生活记录"专栏刊登了来自书店的练习生阿盛写的《书店里的练习生》,就是他所亲身经历的读书难的切身感受。

文章写道:

一位同事的练习生对我说:"我们为什么不看书的理由是很简单的——因为经理禁止我们看书"。他说:"叫你们是来做生意的;读书那是该到学校里去。并且,你看书,人家看起来,那像个什么样子？——没有商家的规矩！"

他又继续告诉我："晚上想把书——摆在门市部的书——借去看，也不能够的；因为经理看到会冤枉你偷，况且主任也不会答应。"

实在这种冤枉是有的，前几天有个练习生开除的情形就和这相差不多。他犯着同我差不多的毛病，因为得不到环境的许可，有时就只好做出"不规矩"的事情来。

所谓"不规矩"的事情，就是晚上关店门的时候，他总要偷摸二三本刊物带到卧室里去看，到第二天早上又偷偷摸摸的放回去。本来这并没有给他们什么损害，可是被经理或他御用的眼线看到，就要滚蛋的。

这事情发生之后，我也曾有过一团小小的疑问，就是：当他开除了，别的练习生并不见得奇怪；而被开除的那人离别的时候，却私地里告诉我说："朋友，迟早一点，你也是要被开除的"。因为他只说这一句，经理就来了，他就赶忙负起行李向马路上跑去。以后我对于这件事每天都回旋在我的脑际，怀疑着：难道他还另外犯有不法的事情吗？

前天又有一个练习生被开除了，情形与前次那练习生相同，经我打听的结果，知道其中的蕴情。

原来练习生的工资是一年加二元的，做到满二年的练习生就要六元一月；当市面不景气的时候，经理是不肯拿出这笔钱的。不加他，对于面子上是有些难堪；因为书生们都是好谈道理的。

数月来的实践，我了解了：书店一样是一种卑污的商店。它虚负倡提文化的美名，而实际上干他那出卖灵魂的勾当。肉感淫书销路好，它就卖肉感淫书；有津贴就发行所谓民众利益的刊物。

老板是最狡黠的市侩，他的阴谋，欺骗，阿谀，没有眼光的人是识不破的。

在20世纪30年代,广大劳动者都在为生存而挣扎。读书,对于他们来说是一种内心期盼而又很不容易实现的近似"奢侈"的精神文化生活目标。

《读书生活》1936年第三卷第十二期的"生活记录"专栏刊登的《为了读书,却被开除了》这篇纪实文章的作者愚农先生,就是当时普通劳动者面临"读书难"状况的一个真实缩影。

文章写道:

在小学的时候就爱看书。但是在偏僻的山西乡村里能看到些什么?所有看到的不过是《施公案》《彭公案》《水浒》一类的东西。

进了高小以后,功课虽然很多,可是看书的兴趣也还不曾稍减。那时因为学校在交通比较便利一点的地方,所以就订了一份中华书局出版的《小朋友》周刊。每来一期,我都很细心的读过。

高小毕业以后,就考到本省首府太原的××中学。因为这学校的名誉那时还算不错,所以就考了进去。

那时候,因为图书馆有许多新文学的书,所以就渐渐看起新文学的书籍来。起初爱看的是丁玲、茅盾等的作品;后来就无论看见了什么新小说,新杂志都要看一下。随后,对于报纸也爱看起来。不过在起初的时候,只注重在文艺副刊上面,时事新闻反倒不大注意。

在一年以后,因为在眼睛里时常见到许多五花八门离奇莫测的国家时事,国际变动等的新闻;看罢以后,总是莫名其妙;因此渐渐的在脑子里起了许多的疑问:为什么时局要这么迅速的变动?为什么这时候是这个样子,忽然又变成那个样子?为什么要这样?为什么又要那样?那些都是由什么原因造成的?想来想去就引起我研究社会科学的心情。

因此,就在图书馆借了两本社会科学的名著。但是,看完以后,脑筋里糊里糊涂,一点影响也没有;有时反而有些头痛,觉得社会科学太干燥,没有小说文艺那样有意思;因此,我几乎灰了心。

幸亏后来和一位同学借到一本《怎样研究社会科学》。看完以后,才懂得了一点点研究社会科学的门路。从此以后,我就由浅近的社会科学书籍,进入到比较深一点的书籍。并且,兴趣也非常浓厚起来。

在这个时候,我对于文艺和社会科学,兴趣是同样的浓厚。为了个人的范围太窄狭,就和几位爱好文艺和社会科学的同学,共同组织了一个读书会,来共同研究,相互督促,去求进一步的探究。

但是,因为我们已经稍微有了一点比较尖锐的眼光,对于学校里欺哄学生的诡计,都能够看得一点出来;同时,我们又时时在同学面前揭破他们的黑幕,使他们不能够很顺手的欺骗同学。因此,我们就遭了他们的仇视,他们就暗地里派遣走狗来侦探我们读书会里的情形,并且,还监督我们的行动。

假期到了,我回到了家乡。在半个月之后,接到了学校里的通知书。上面写着:三科分数不及格,(本来我只有两科不及格)着令退学。

这一次,不仅是我被开除了,就是我们读书会里的许多同学都遭到了同样的命运。

为了读书,却被开除了。我应该从这种黑暗社会里,争取我们的光明。

当时中国人民的生活不仅承受着社会的黑暗压迫,而且开始遭受日本帝国主义铁蹄践踏的苦难。许多读者向《读书生活》"生活记录"专栏投稿,诉说沦为亡国奴后的苦难滋味。来自华北昌平县(今北京市昌平区)的农民李春福写的《一个亡国奴的农人通信》就是一例,刊登在《读书生活》1936年第四卷第九期。

这封通信采用中国传统章回小说的手法,分为五个章节,道出一个亡国奴的种种屈辱生活。

在第一章节"家住在昌平县,种地五亩"的小标题后面,作者写道:

我是河北省东边的人,属昌平县管辖下的九道涧里的乡下人。离南口只有几里。今年是三十二岁,家里有一位老母亲,一个媳妇和二个不上十岁的孩子。种着五亩山地的菜树园,在往年只要老天爷肯赏给我们吃,马马虎虎是可以不饿死的。哪知道这年头人心太坏,连我们的殷委员汝耕,打听日本东洋人捣鬼,想做皇帝,成立政府做起主席老爷后。我的税头儿加大,捐项儿多。京城去也有人说我们是亡国奴啦!

在第二章节"官兵保安队,绑票土匪"的小标题后面,作者这样诉说:

靠老佛爷去年赏给年成倒算不错。行钱也不差,我们那位同东洋人做朋友的殷狗奸臣(人都这样喊),眼看红了,要把本地原先的保安队改编一下,各个队里添上头十个东洋鬼子做上司,这倒也不管。哪知道这些坏狗东西,不干好的,尽教保安队绑人家票,明知道你只能拿出十块二十块,他妈的偏让你要上三四十块,无事都要想个主意同你扰乱!

在第三章节"逼迫上梁山,死里求生"的小标题后面,作者这样讲述:

我们辛辛苦苦从牙花上节省下来钱,去上税,缴捐,为的是想官家能看看土匪,哪想这一来,叫我们上哪里申冤呢?没有钱去赎票,小孩打死躺在山沟里,大人在家急得生病。赎回来吧!没准儿不到几天是会死去,再加上这年头小米杂面都卖到三十子一斤,还不是老秤,据说只有十三两,就这样,我们上下四方十几个村子,哪家不是一样,实在没法想啦! 我们十几个村子大家在一起商量一下,有钱出钱,有枪出枪,没有出人。话传到各人家去,不满一天,算枪到集有百多支,盒子炮也有十多个,还有洋枪土炮几十条,没有一个人不是兴高采烈愿意去劈一回。我们现在还能拿洋烟筒子做炸弹,快枪也得自己造。大家从来也没有像这样的合拢了心,要同日本人打个死活。

在第四章节"打了回胜仗,叫他设法"的小标题后面,作者这样写道:

不到三天工夫,日本小子就带了一百多保安队来了。大伙儿听了连放三声枪响,各人从家里都扛出枪来,向着保安队瞄准就打;他们起初好像不在眼拐样,一下被我们打死十几个。那日本小子就如孩子般跑掉了,那些狗奸贼也乱了,一个个都溜掉。这一仗我们夺了十七杆快枪,七百多颗子弹,二架盒子炮。直到现在有四个多月,都不见来催税收捐了。

在第五章节"胜利勿用骄,坚强团结"的小标题后面,作者充满信心地表示:

从这回我们得到很大的教训,认清我们自己是个有用的"人"。想升官就要同日本人通气,压迫中国老百姓。反抗日本是人民福音,可是长官们的饭碗要打碎的。想来哪个长官不愿意荣华富贵呢? 老百姓的痛苦,与他们又有何鸟干呢? 东洋人不会允许我们打胜了就完啦! 不久他们是会来更多的队伍呀! 我们还得小心防守才是。这许多有钱的财主愿意同我们到死吗? 也要考虑。我们要加强自己的团结,只有去联合不愿当亡国奴的各村人民,大家统统拉起手来,才能够胜利啊!

这篇生活记录虽然只有千把字,却值得读者深读品味:亡国奴的滋味不好受! 不可受! 不能受! 有骨气、有血性的中国人,只有团结起来,有钱出钱,有枪出枪,有人出人,拉起队伍和侵略者拼个你死我活,才是唯一的选择! 当然,中国人民大众团结抗战的最后的结局是——经过十四年血战,终于赢得了抗日战争的最后胜利。

中国人民抗日战争的伟大胜利证明了中国共产党领袖毛泽东的英明论断:"人民,只有人民,才是创造世界历史的动力"[①]。

著名学者叶文心认为:

(20世纪)30年代的左翼刊物当然是进步的,但与五四运动时的学生杂志有着明显不同。前者希望以文学为载体,呈现并代表那些受教育不多甚至没怎么受过教育的人。以《读书生活》为例,这个杂志刊登的不只是理论性的分析文章,同时也给店员、工厂管理者、办公室人员、小学教师和当铺学徒等留有相当的空间,让他们讲述自己的悲苦。这些人以作者而不仅仅是读者的身份出现在杂志中。他们把自己生活中的恐惧与沮丧呈现给公众。这种叙述没有什么丧失颜面的问题,因为他们会获得大众的理解与共鸣。[②]

---

① 毛泽东:《论联合政府》,载《毛泽东选集(第三卷)》,人民出版社,1991年,第1031页。
② 叶文心:《上海繁华——经济伦理与近代城市》,王琴译,中国人民大学出版社,2023年,第154页。

冯淼先生指出：

这些《生活纪录》①展现的是多元化的城市劳动群体，不仅仅包括传统的产业工人，也包括店员、学徒、报社校对员、小姐等。其次，这些记录不只专注工厂空间，工作是作为劳动者日常生活的一部分出现的。城市底层的焦虑、情感、生活的艰辛，是通过日常生活衬托出来的。相比"大革命"时的纪实文学和工人自述，《生活纪录》突显的是鲜活的个体以及他们丰富的日常和情感"。②

两位著名学者一个提到《读书生活》让劳苦大众"讲述自己的悲苦"，"把自己生活中的恐惧与沮丧呈现给公众"，一个提到《读书生活》"突显的是鲜活的个体以及他们丰富的日常和情感"。这充分说明《读书生活》面向劳苦大众，请劳苦大众动笔讲述自己的"生活记录"这种"接地气"的办刊方式，确实"会获得大众的理解与共鸣"。

---

①《生活记录》为1936年以《读书生活》"生活记录"专栏中的文章为基础出版的图书。

②冯淼：《〈读书生活〉与三十年代上海革命文化的发展》，《文学评论》2019年第4期。

第8章 人人写的"大众习作"

　　20世纪30年代,在东欧写实主义的影响和进步报刊的推动下,社会底层人们表达诉说生活感受的愿望日益强烈,面向普通读者的纪实文学日益繁荣。这一时期的上海涌现出了《中国的一日》《上海的一日》等影响颇大的纪实文学作品。《读书生活》适应这一时代潮流,为广大文学爱好者开设了"大众习作"专栏,一是着眼呈现"社会"的方方面面,刻画反映当时社会的情形,二是着眼培养扶持文学新人,推动新文化和抗日救亡运动。

　　1935年春天,《读书生活》杂志"大众习作"(原名"青年创作指导")专栏的编辑夏征农给著名作家茅盾寄去了十七篇文学作品,希望他能给出一些建议。这批文章的作者不是职业作家,多数是城市劳工。茅盾此时已发表长篇《子夜》,受到读者青睐,但他尚未见过夏征农,也并不熟悉这个杂志的作者群。他以"给我未会面朋友的信"为题,回复了夏征农一封信。

　　茅盾认为,《读书生活》"大众习作"专栏刊登的这些作品,除了题材广泛这一点值得称赞外,可以说都是失败的。他建议作者丰富生活经历、提高文学技巧。

　　夏征农并不认同茅盾的评析和建议,他认为城市劳工有着丰富的生活,提高文学技巧的建议也没有触及问题的本质。《读书生活》作为一个面向大众读者的杂志,作为一个通俗性刊物,"大众习作"作为一个面向大众生活的专栏,必须鼓励人民大众采用文字手段记录生活中正在发生的事情,以呈现社会的方方面面,这样才能使广大读者相信《读书生活》准确刻画了当时社会的现状,从而促使人民大众的进一步觉醒。

　　我们从"大众习作"专栏1934年创刊号发表的《青年文学者的座右铭》就可以了解"大众习作"专栏的指导思想非常明确;我们从"大众习作"

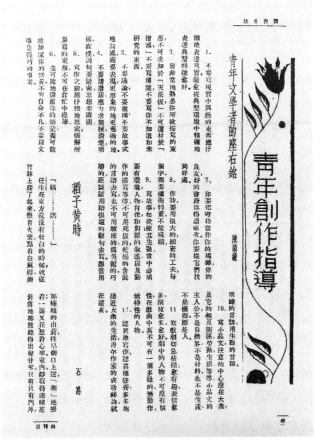

《读书生活》1934年创刊号《青年文学者的座右铭》

专栏刊登的作品中可以看到当时社会的方方面面,可以看到当时社会的真实现状。

陈颉录先生撰写的《青年文学者的座右铭》,实际是十二条文学写作"箴言"。

1.不要写现实中偶然的东西,应仔细地表达真实,能愈从典型环境中精确地表达典型特征愈好。

2.要非常地熟悉你所欲描写的东西,不可求知于"天花板",不可选材于"指头",不要写传闻,不要写你不知道和未研究的东西。

3.不要议论,不要推理,不要故事式地叙述,而要表现,更形象的更艺术的。

4.不要讲废话,应力求简练,清楚,明确,直朴,词句要紧密,思想要广阔。

5.写作之前,应仔细地思索,悟解所要写的东西,不可在仓忙中提笔。

6.尽可能地储蓄你的语汇,尽可能地加深你的修养,不要自命不凡,不要以文学是轻巧的事业。

7.你要把书籍当作你的导师,你的良友,好的书籍你得读两次。你要从它们找到好处。

8.作诗,要用很大的,细密的功夫。每个字,都要权衡轻重,不能麻糊。

9.写故事,如欲使其生动,当中必须要有环境,人物,肖像,和对话的叙述,以及动作的描写等等,不可用死板的,干燥的含混的言语去写,也不可用雕琢的,伪美丽的,巧辩的,距谈话用语很远的辞句去写。应当用明了的言语,用生动的言语。

10.写小品文,注意的中心应在大众,及它的相互关系,劳动,生活等等,小品文的主人公,不是自然界,不是材料,也不是生产,不是机器,而是人。

11.写戏剧切忌枯燥,愈有趣,表情愈多,演技愈多,愈好。剧中的人物不可没有个性,在戏曲中万不可有一个多余的,无动作,无特性的人物。

12.认真地写作,认真地修养,多多地接近大众的生活,青年作家的成功秘诀,就在这里。

应该说,陈颉录先生提出的《青年文学者的座右铭》,是一个非常接地气的文学写作指南,特别是他的最后一条建议:"认真地写作,认真地修养,多多地接近大众的生活,青年作家的成功秘诀,就在这里。"更为广大青年文学爱好者指明了创作的根本方向,当年的青年文学爱好者高士其和鲁藜等人正是在《读书生活》的"大众习作"专栏首发了处女作,从这份刊物开始起步,后来历练成为我国的著名作家、科普作家和著名诗人。从这个历史事实来看,《读书生活》的"大众习作"专栏实际上是一个培养文学新人的"红色摇篮"。

我们欣赏一下当年《读书生活》"大众习作"专栏的部分优秀作品。

《施粥厂前》是壮帅先生发表在《读书生活》1935年第一卷第九期的"大众习作"专栏上的一篇作品。

他写道:

厂门到这时还没有开。厂门外,早已聚集着那为饥饿而来就食的人群,他们各自投射着疲乏的眼光,那眼光像一条条的蛇,向着木栅门里出神地望着。

哭嚎,呻吟,诅咒的声音,嘈杂地嘶成一片,有力地冲进人们的耳鼓,使人们的耳鼓振得发聋。

饥饿的人愈集愈多,鸠形鹄面;男的女的;老的少的;各转着一对饥饿的眼珠子,灼灼地闪着饥饿的光芒。

一个中年妇人,头额上包着一块污破的黑布,手里抱着一个约莫二岁的孩子,坐在厂门旁边的地上哺乳,身旁还放了一只竹篮,篮里一个瓷钵头,两双筷子。

"乖,不要哭,就有的吃哪!"她安抚着一个对她站着的大孩子,他正在哭,泪涔涔地……

那孩子仍抽噎着,泪珠晶莹的眼光注视着她。

"乖,这里比不得老早在家里一样,要吃就吃。"她扬起头,又向他这样说,接着便用右手拍拍身旁的地,"来,坐到这里来,乖!"

孩子慢吞吞地走去坐下。这时,一个头发约莫三四寸长,颊骨棱棱地,眼珠子深凹进去,看起来活像个饿鬼样的男人走过来唠叨着:

"妈的,到这时还不开!"

"什时候了?"那中年妇人问。

"十点多钟了!"声音里隐含着愤激的情绪。

"是说九点钟开的哪!"

"是啊!到这时都还不开。"

"只有自己才靠得住,靠人家做好事,就是有诚心,总也……"靠在中年妇人左侧坐着的一个满面皱纹的老妇人,忽也插进来说。说完就仰着天叹气,似已待得怪耐不住了。

"是哪,我们原都是靠自己吃饭的,但是现在……"中年妇人说到这里,皱着眉头,噎住气,低下头又兀自叹了一声:"……唉!"

呜呜呜,一支汽车飞似的闪过来,在厂门口停住。

车里面爬出一个黑呢帽,黑呢马褂,绿花绸皮袍的中年人,披着一条白围巾,皮鞋咚咚咚地踏进厂里去了。

从人们传来的信息,知道这人是厂里的经理,他一来,大概不久就要开厂门的。

不知从啥时起，厂门口已站起两个武装的警士，腰里各插着一把木壳枪，威凛凛的眼光，向他们扫射着。

饥饿的人群开始汹涌起来，人山人海，无数的头，开始向木栅门洞里钻。

木栅门只嗡嗡地在作响，后面的人拼命向前面挤，向前面推；人堆里的人在互相撞击着；一片的呼喊；啼哭，喧嚣的声音，混杂在门外，在厂里，在人堆里急响着。

那中年妇人，老妇人，以及那饿鬼样的男子，都被挤在人丛中了。人是这么挤，这么多，一个个不敢歇住脚，往前面拼命钻。有的侧着身，有的顶着头，有的蹬起脚，都在不断地望前面，前面有得吃呵！但那门委实是太狭小了！

警士在门口大声地怒喝："不要挤！不要！"谁也不理他的话。人丛中，忽然起了一声孩子尖锐的惨叫……哎呀！……哎呀呵！

前面人仍是向前冲，后面却有人在喊了"不要踏伤孩子呵"！

人群是仍然继续向前猛撞着，人潮一起一伏地向里面滚进去……这时，只嗡嗡地一响，警士突然猛力把门关上来，接着里面就上锁，那警士开始大声喊："额满了，额满了，不能再进去了！"

门外还留着一大堆的人。他们有些一看见关上门便失措了，来就食的希望顿时幻灭掉，脑里似受了一下猛烈的打击，昏沉沉地；但有些沿着门站着的，仍在用手推着门，想挤进去。

人潮的鼎沸暂时静抑了一下，大家都知没希望了，诅咒唠叨的声音……

这时，那中年妇人从被挤出的人群中出现了，她一手提着竹篮，一手抱着那约莫二岁的孩子，头额上缠裹着的那块黑布已拿脱了，头发蓬乱着，脸色懊丧如土色样地踱出来，那大孩子跟在她后面嘤嘤地哭着,她也在哭……

"大众习作"专栏的编辑夏征农点评说:

> 这是一篇很值得推荐的速写。固然,作者对于人物的个别描写,是不曾注意到的;轮廓既是那样模糊,性格上也没有显示出一点独特,如果照一般的说法,实是有着非常大的缺陷。但这不能拿来指摘《施粥厂前》,因为《施粥厂前》的剧情是极紧张的,那里的人群,失掉了他们的个性,他们的个性已溶化在"要粥喝"这一大熔炉里。除了"等粥喝",他们就没有余闲想到别的了。作者抓住这一点,不是作者的取巧处。

夏征农先生对《施粥厂前》这篇微型小说言简意赅的精彩点评的确是画龙点睛之笔。

反映劳苦大众的现实生活是"大众习作"专栏的最明显的特色。《读书生活》1935年第一卷第六期的"大众习作"专栏刊登的《沈五爷的悲哀》就是一篇反映劳苦大众现实生活的作品。

作者旅鸿用这样的笔墨写道:

> "雪花飞六出……"
>
> 沈五爷在客厅里来回地踱着方步,一双手交在背后,有时拿起来掀了掀八字胡子,望着门外飘着一簇簇的雪花,心里不禁吟咏着。但吟咏了一会儿,旋又低着头似也想到别的心事,两只眼睛拖着呆笨的光在客厅里来回地转着,好像失落了什么似的。
>
> 来回地踱了几步,不自然地抬起头又朝门外看了几眼,脸色是显然没有往时那般神气。当他正在回过头朝回走,忽然由门外簇簇的

雪花里钻出个人来,沈五爷意识地回头一看,站在他面前的原来是新六,拍着身上的雪花气喘喘地说道:"今天庄上跑遍了,没有一个人不是叫苦……"

新六一面说,一面拍着身上的雪花。

"到底有没有呢? 到……"

沈五爷不耐烦的连声问着。

"有! 老爷不是说周老八要缴九石八斗净租吗? 走进门就见那个死闷的脸,说全个儿也没有收到九石八斗这个数目,说今年天旱,要请老爷看破些……"

"到底收到多少? 有没有呢? 我不是问那些!"

沈五爷这时不禁咆哮起来,截断了新六的话头。

"呵,周老八答应了今年纳一半,其余说是要请老爷宽待明年……"

"你! 应了没有?"

"没有! 我说不行,弄得老爷动气是没有好处的!"

"还有呢?"

"还有! 李三,他说今年一个都还不出,别的几个也都是一样。"

"那几个?"

"木狗,桃儿,邻生,三子……"

新六一个个点着,沈五爷的脸不禁往下一沉,一屁股落在柚木椅上,一手岔着嘴巴上的胡须,似在计划着什么似的……

这时,由客厅的旁门里伸出一个头来,"怔!"了一下仍缩了进去。这是一个老女佣从厨房里出来,刚走进客厅瞧着老太爷坐在一张椅子上丧着脸,心里不禁怦怦地跳着,想到站在老太爷身边的新六,又是那小子闯了什么事? 她想着仍旧回到厨房里清理碗筷,接着是一阵准备着开饭似的声音由厨房内送了出来。

新六站在客厅里不住的擦着手,身子受了外面一股寒气,不自主的抖起来,但又不敢走开,似乎还等着老太爷的问话,站着,呆呆地站着,客厅里充满着一片恬静。

雪花狂乱地在户外飞舞着。几条狗曳着尾巴在雪花里来回地走,新六痴呆的眼睛跟着不停地在雪花里来回移动。沈五爷沉默了一会,蓦地抬起头,沉重的眼光在客厅里巡视了一周,最后凝望着门外的雪花,对他好似带着傲慢的微笑!他意识地看到仍站在面前的新六,一股愤火便直冒了出来:"好!叫你去干吗?讲没有就算数了吗?"沈五爷气闷着脸,向新六厉声喝着。

"我,我说过了,老爷是不讲情面的,他们都说天旱得那么久,出不出租,老爷要他们怎样也是没有办法的!"

新六说时,身子颤抖得极其厉害,尤其是沈五爷的脸,看了更加使得他连连地打着寒噤!

"哼!"

沈五爷接着哼了一声,一手掠着八字胡子,气闷的脸似乎又消了一半,这时,新六的颤抖才渐渐平静下来,接着客厅里又来了一次沉默。

"明天,后天,晚后天……"沈五爷在沉默里计算着转眼即至的日子,一面又想到快来到的"年关",摸着胡子的手不禁凝住在嘴巴上,不曾想到的事,这时便一股脑儿涌到他的心上来。计算着日子的手指也跟着变换了作用,这时手指上所示着的是宝昌祥绸缎庄,福源米号,大昌油盐,每一处的欠账都在他眼前呈现着"年关在即",他不知如何来应付过这难关?外面的租粟收不回,他想着:在往年自己"沈五爷"三个字都当得出钱来,现在,现在一切都好像变了!正想着,忽地由大少爷的卧房里送出一阵骚荡的"咯咯"……的笑声,他听到这一股刺耳的艳笑,不禁从柚木椅子里直跳了起来,接着嚎声骂着他的媳妇,顿时又惊破了客厅里的静寂。

　　沈五爷气愤地骂了一阵之后，心里更想到"这一对不害羞的东西，整日无忧无虑的老守在房里打笑，这，实在不合自己的门风，不是我这老不死！"笑……一面摇着头，一面又似乎宝昌祥，福源，大昌……一大串的牌号，就横在他的眼前，心里更感到不安，脸色也渐全变成了惨白。他摇了一摇头，看着眼前的日子，已在一天天的迫近着，似乎要给他一个不幸的安排，外面的租稞，他从来相信没有的事，可是，现在已出了他的预想，不相信的事，现在好像都要给他相信！他心里尽是这样不安地踌躇着。

　　时日过去两天，沈五爷捧着一册厚厚的流水簿在客厅里来回地踱着，一颗炭火样的心好像落在外面的雪花里，看了看客厅的四周，随手掏出了一叠店号里送来欠款期单，一股气愤竟跌入了悲哀，忧抑地一屁股落在客厅里的柚木椅子上，眼眈眈地看手里的流水簿，不禁深深地叹着一口气："唉！"……

夏征农先生点评说：

　　这篇作品，在故事的剪裁方面，是很成功的。主人翁沈五爷一面收不到租，一面又要还街上的欠账，这两件事情的交织，便使他不能不感到沉重的悲哀，这实在是现在农村中常有的现象。

　　同时在文学技巧上，作者也有很显著的进步，以前那些文绉绉的死字眼，模糊的语句，现在已很少很少用了。

　　这篇作品如有缺点的话，那就是对于新六报告收不到租后沈五爷的心理变化，表现得太不够。另外，"由客厅的旁门里伸出一个头来"，这一段却又似乎多余的了。一篇作品，应该没有一个没有关系的人物，一件不关重要的穿插，情节才会紧凑，才更能捉住读者的注意力。

《小三子》是作者柳莎发表在《读书生活》1936年第三卷第十期"大众习作"专栏的一首诗歌。

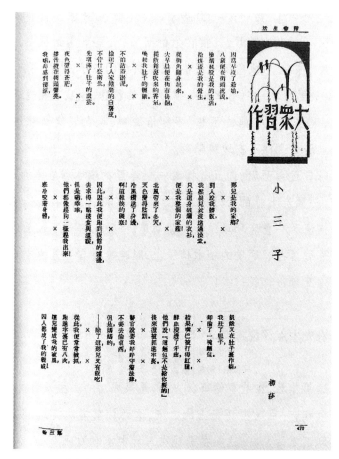

《读书生活》1936年第三卷第十期《小三子》

这首诗歌写道：

因为早没了爹娘，

八岁便在街头流浪。

捡烟屁股是我的生活，

拾煤渣是我的营生。

从街角翻身起来，

大早晨便在街市徘徊，

从饭馆里吹来的香气，

唤起我肚子的饥饿。

不怕沾着淤泥，

捡起了人家抛弃的白薯皮，

不管什么卫生，

先填饱了肚子的虚空。

夜色变得苍茫，

播音机在街头响亮。

我哟，却感到凄凉，

那儿是我的家乡？

别人说我肮脏，

我压根儿就没进过澡堂。

只是这身破烂的衣衫，

便是我整个的家产。

北风带来了冬天，

天色变得阴黯。

冷风钻进了身边，

啊！这难挨的饥寒！

因此，我便跑到饭馆的炉边，

去求得一点残食与温暖。

但是哟，乖乖，

他们都像赶狗一样赶我出来！

寒冷咬着身体，

饥饿又在肚子里作祟，

我壮了胆子,

却偷了一块面包。

结果,嘴巴被打得红肿,

鲜血浸透了牙齿,

他们说:"这面包不是给你制的"!

后来还被抓进牢里。

警官说要我好好守着法律,

不要去偷东西,

但是,妈妈的,

——除了这,那儿又有饭吃!

从此,我便常常被抓,

跑进牢里已有八次。

这儿变成我的家里,

囚人都成了我的亲戚!

牢狱里有个青年,他教我读书,又教我懂了许多事情,

他说:偷东西并不算是我的罪恶,

因为除了这便无法过活!

他说:这世界不是我们的,

我们的幸福要我们自己创立,

因为只有穷人会帮着穷人到底!

他说:要大家努力团结,

用自己的鲜血,

旧世界才会给他个总结,

那时候一切的罪恶都变成死灭。

他说:以后不要这样流浪,

要联合着同伴加强自己的力量!

阜东先生点评说：

> 《小三子》是写一个流浪的小孩子对现社会的诅咒，尤其着重这小孩子反抗意识的成长过程。这首诗用第一人称的写法，配着流畅的口语，所以在说明他的反抗意识的成长上相当亲切。但叙述代替了表现，情绪不很高扬，所以在效果上就较差一点了。由作者诗的格式同言语看来，如果利用民歌同谣曲的形式来写作，我想一定有较好的成绩。[①]

《读书生活》出版的时期，正值日本侵略者对我国步步紧逼的关头，国民党政府奉行消极抗战的政策，而且疯狂镇压民众的抗日活动。但是哪里有压迫，哪里就有反抗。《咆哮》这篇文学作品就从一个侧面反映了中国人民对国民党政府消极抗战国策的"咆哮"之声。

署名张则孙写的《咆哮》发表在《读书生活》1936年第三卷第六期的"大众习作"专栏上。

作品的开头写道：

> 冬天是寒凛而有着冰霜的，但这些可永远灭不了我们心头燃烧着的火焰。我们要向一切不平的压迫咆哮。
>
> 二十四的早晨八时半，大陆商场底下，南京路上，潮水似的蜂拥着一大堆青年的人们，静肃无语地在散发着传单。可是，兴奋终是掩不住的浮现在每个通红的脸上。
>
> 突然，空中响起了三声炮仗"砰……砰……砰……"接着，红的绿的，白的传单，就整堆的从大陆商场的楼上散下来，在空中翻飞着。

[①] 阜东：《八九十十一四期的大众习作》，《读书生活》1936年第四卷第一期。

同时,集在大陆商场底下的群众,也都预备跟着这信号,照着预定的计划马上冲出去,整队在南京路上作一次伟大的游行示威运动。

但,群众还没有排好队,雄赳赳的几个英捕,就领了二十几个印捕和华捕来了。他们威武地晃着手里黑的警棍——棍子里面是夹着铅的——要阻止我们冲出去。

屈服吗?让我们的血就这么冷下去吗?不,我们不能再屈服了,我们不能再忍耐了,我们要活,所以我们要反抗!为着整个的中华民族的解放,为了要唤起一切弱小民族对于帝国主义者的反抗,我们要把我们鲜红的热血溅到他们威武的警棍上去!

于是一幕为解放民族的反抗的悲剧就展开在我们的眼前了!英捕知道只是威胁我们是不够的,就在我们大伙儿嘶着喉咙喊"冲……冲……冲……"的时候,他驱使着红头阿三来殴打我们——英捕到底是聪明的,他知道怎样利用被压迫民族来压迫被压迫的民族,以维持他自己的统治权——夹铅的警棍沉重的落在我们的背上,腰上,胸前,头上。但这些痛苦只不过更加强了我们反抗的怒焰,热血在每个心头沸腾,徒着双手,就和这些帝国主义者的走狗肉搏起来。他们使着兽性,来执行他们的暴行。鲜血从反抗者的头上的打破的洞里流了出来,女人们被打得伏在地上,他们却更用老皮靴踏她们两脚,把她们踢在一边,但在这儿,我们听不见一声呻吟,看不见一人流泪;我们有的只是一个个激昂的脸,和群众的怒吼:

"冲!冲上去!"

"打!打这些狗王八羔子!"

灌铅的警棍发狂地举动,我们许多人流血了,他们也受了些轻伤!但,我们并不退缩,我们望着那些狰狞的脸庞,抚着身上的伤痕,我们的血更沸腾了,我们的反抗的心是更坚决了。但我们也知道赤手的群众和有武装的巡捕对敌只是白白牺牲,于是在临时的动议下,便零零落落地,三四个人一排地绕过大陆商场,走到了南京路上。巡捕们都用着仇意的眼光监视着我们,可是我们不理。走着,零落不齐的人们都无声息地又集合在一起,排成长蛇般的队伍向前迈进了。

大队在激昂的前进着,路旁拥着许多看热闹的民众们。我们响着洪钟般的声音喊:"欢迎民众们参加!"

民众们的心是还没有死的,应着呼声,他们热烈地参加了我们的队伍,四个一排地跟着前进。人愈聚愈多,于是我们听到了群众洪亮的怒号:"打倒××帝国主义!"

"反对华北伪组织!"

"打倒汉奸!"

"停止内战,一致对外!"

……

这么,我们骚动着的一群就从租界进入了北站。虽然,宪兵们想阻止我们进去,可是群众的力量,使他们只好让我们通过。复旦的学生已先在站上。我们在那里停留了一下就又向宝山路进行了。

宝山路上,"一·二八"战争的遗留物沉痛地展在眼前,群众的热血沸腾了。在经过商务印书馆的工厂时,大家就一致的喊工人们出来参加。我们的代表进去和工厂的负责人商量,他不答应,他只肯打钟来表示欢迎我们。但在这时候,那些可敬爱的工人,却被我们的呼喊所感动,受着正义的冲动,自动的冲出了厂门,参加到我们的队伍来。我们大家在一起狂热的欢呼着,为的我们胜利了!

接着,我们就在开了光荣的天窗的东方图书馆里开"市民大会"。那儿,帝国主义者暴行的遗迹,触目的映进了我们的眼帘,奋慨的演说一个字一个字的跳进了我们的耳朵,反抗的火花在我们心里怒放了。于是我们就又严肃的整起队来浩浩荡荡的向着租界前进!

过了北站,在华界和租界交界的地方,赫然的,关了的铁门摆在我们眼前,两旁候着巡捕们。噪!嚷!冲——没有办法,在极度的忍耐下,我们的队伍再转身,到路旁的一个小巷子,预备由这儿穿过去到租界游行。但等我们到了巷口,巡捕也跟着在巷的那一头出现了。群众感到了不能忍耐,都想冲过去!恰好,在巷的那一头就摆着山芋的摊子,这正是他们绝好的武器,于是抓起那些滚热的山芋,就雨点似的乱掷过来,群众狂热的喊:"打!掷回去!""打!打!"我们拿起地上的,他们掷过来的山芋也掷过去,山芋在空中飞,夹杂着群众的吼叫,他们知道山芋还不够阻止我们,所以更就地把铁器——铁桶等掷过来,我们的人又伤了,鲜红的血迸发了出来。愤恨着一切不平的压迫,我们咬紧了牙齿,被热心的百姓再领到另外一条小路上,这次,让我们平安地跨进了北四川路!

走着,走着,阻碍和压迫增长了我们的勇气;冷风在刺骨的吹着,但吹不到我们心的深处——那儿,那儿永是热的!

我们预备由外白渡桥再转到南京路上去示威。我们都不知道,在桥的那一头隐埋着二三十个巡捕。当我们走到了桥脚下时,他们很勇武地从桥上一直冲下来,用警棍没头没脑的在我们胸膛,脊背,四肢上乱打。我们都是些傻子,受着伤痛,我们还要怒喊:"打!冲上去!"

我们反抗着,热情控制着一切的痛苦与疲劳,愤怒的火山在我们心上爆炸。但徒手的人们一个个的被他们打伤,他们的人越来越多,群众们感到有些受不住,只好被他们冲散了。人群骚乱着,女人们的鞋子大多丢了;男人撕着哑的喉咙喊。但他们是决心要来解散我们的,使我们不能再集合起来。人们的心像被刀绞着似的,被悲哀网住了,只好再到南市去参加游行去!

但是……我们的心是永远热的,暴力的压迫只不过增高了我们反抗的情绪,明日的光明总会来到的。

"大众习作"专栏的编辑在《读书生活》1936年第三卷第九期点评说：

> 《咆哮》是以去年十二月二十四日上海南京路民众爱国运动为题材，作者是亲身参加这运动的人，文章里面很多悲愤绝叫的句语，当然这并非不好，而且写这些愤怒的群众运动正是需要的；不过写文章，编排材料恰像做一个群众领袖一样，有过人的热情，也要有过人的冷静，在悲愤绝叫的时候，正也要静下来仔细观察目下一切情势，决定最合理的行动指导。写文章曾有人说过：任你怎样心激动到如何程度，即使感觉得要爆炸要痛哭了，写的时候仍要静下来细心地去剪裁去修饰，光是热情写出来的文章并不是顶好的文章，好文章的热情必须依附在你所创造的形象里面，要静心的正面地去写出这"形象"如何生长，如何活动。读者才会被这形象感动（文章感动读者的是这形象）。
>
> 《咆哮》的作者我们觉得是兴奋压过冷静，这在艺术品制作过程很不相宜，作者只说出群众如何愤怒"热血在心头沸腾"，却没雕刻出这一"群"的形容，更活跃的斗争的雄姿，作者在很多地方是用自己的叙述代替了行动的具象，这在作者自己是因为原有个实际斗争场面的印象不觉得，在读者原没这印象的就觉得空洞了。（读完这篇我们见不到这救国市民的"群"，群的庞大）
>
> 契诃夫说："写好文章再要让它躺倒来医治，也是非有冷静不可的。"

夏征农先生在《读书生活》1935年第二卷第一期的"大众习作"专栏上发表了一封题为《致青年创作者》的信，这封信既是他主编这个专栏的一个小总结，也是他和这个专栏读者的"告别函"。

这封信的开头写道：

> 诸君：我与你们相识已经半年了。在这半年中，我非常地感激你们，因为你们的努力，你们的热情常常使我不能不提醒自己，鞭策自己。我从你们那里实在得了不少的快慰。
>
> 本刊刚发刊的时候，曾有朋友对于"创作指导"发生怀疑以为未免太狂妄了。这是当然的，我们既不是什么"家"，也没有什么"名著"问世，怎么配得上去指导别人。不过，我们那时有一个信念：相信这样一定更能激起大家对于文学的要求，使大家更有发展自己天才的机会，于是我们也就硬着头皮狂妄地干下去。
>
> 果然，几个月的成绩，终于把我们这一信念证实了，不尽量的方面，团集在《读书生活》周围的青年文学者已一天一天地飞跃增加，稿子一篇一篇地从社会的各个角落里飞来，余下可用的稿子，已集成了一本十余万字的特辑；即质的方面，也大有进步。这用不着我们"吹牛"，已有茅盾先生在本刊第九期替我们指出来了。
>
> 这一点成绩，全是你们大家造成的。

夏征农先生在这封信中提到了青年文学者普遍关心的话题：

> 要怎样才能使作品中的"人物"成为"活生生的"，使"故事"成熟为"整体"呢？这问题如果发展下去，是包含得很广的，可以说是整个创作方法问题。
>
> 第一，是对于你们自己的生活的再认识。前面曾说道，你们虽站在社会的尖端，但如果是随便的活着，看不清自己的生活的重要性，看不清自己的生活与整个社会的关联，尤其看不清生活的核心是什么，那你对于一切，自然只会有一个模糊的影子，只会感到空洞，感到

不实在。结果,不是没有什么可写,便是随便乱写。

诸君:我请求你们,必须以你们的努力赶快把这缺陷补正过来,你们应该时刻检阅你们的生活,即使很小的事也不要放松;一定要从偶然中看出它的一般性,从平凡中看出它的特殊性。再拿事实来证明,比如,你是一个学徒,因为做"错"了事,被老板打了几个耳光,这看来是很偶然的平凡的事,但如果你能从学徒跟老板的关系上进一步想一想,把你日常生活当成整体看,那你一定看出这不是偶然的,平凡的;老板打你的耳光,并不是因为你偶然做错了事,而是一般的老板的特殊权利,于是,对于这事件,就必然可得到一个更具体更明确的概念。倘是写成作品,也就必然不是一些浮动的模糊的影子,要作品中的"人物"或"故事"不模糊,首先要对于生活的认识和印象不模糊,这大约是谁也不能否认的吧。

第二,必须对于周遭的环境做普遍的观察。我们常常要求作品中的典型事件,典型人物的产生,什么才是"典型"的呢?这决不是作者所能幻想出来的,也不是从一种单纯的事件或人物影印出来的。这里需要多方面的观察;从多方面的观察中,才能凝结成为典型的事件或人物。比如,你把你的老板作为作品中的主人翁,你不能只是把你老板那副尊容和性格描绘出来就完事,这样的描写,无论怎样的一模一样,也不能算是真实的人物,或是典型的人物的,给予读者的印象也就自然不能深切。你必须由你自己的老板观察到许许多多的老板;从这许多的老板中,观察他们生活和性格上的一般性,然后溶合铸成作品中的人物,这才可以成为活生生的典型人物。

这是我对于茅盾先生的意见所要引申的一点,也就是你们在写作方法上所最感到困难的一点,其他,关于结构,剪裁等茅盾先生早已对你们说得很清楚了。

　　诸君:我的话,已啰唆得够了。我所以要这样啰唆的原因,我也想在这里顺便说一下,一是关于本刊整个编辑方面的:本刊从这一期起,编辑上略有改变,主要是关于"青年创作"这一栏,以后不再在每篇后面下按语,只在每月来一个总评。这样一来,在事实上可以免得许多困难,在你们大约也不致有什么损失。一是关于我个人的,我因为职业关系,从这期起,不能不脱离本刊编辑事务,虽然我还是想尽可能在本刊和诸君见面,但毕竟不会有这样的密切。我和诸君精神上的结合,可以说超过一切"泛泛之交"的朋友,我对于文学是外行,我很自愧常常在诸君的面前东扯西扯,然而能够有机会和诸君站在一道努力却不能不算幸运。这样别离的惆怅,便使我情不自禁地胡诌了一大堆。

　　诸君,敬爱的朋友们;别了! 最后的一句话,希望你们能继续从实际生活和创作的努力中去学习一切!

一九三五,四,二九。

　　夏征农先生的《致青年创作者》,恰如他自己所说,是一种"别离的惆怅"——他不得不离开《读书生活》,不得不离开他亲自创办和主持的"大众习作"专栏。

　　对于当年离开《读书生活》编辑部的具体原因,他在43年后有过一段这样的回忆:

　　1935年,上海国民党文化特务潘公展找李公朴先生谈话,询问李先生:"流通图书馆"有没有一个夏征农? 李先生答没有。当时李先生并不知道我是夏征农。后来柳湜告诉他:夏子美就是夏征农。李先生感到为难,立即要我不要再到"流通图书馆"上班,以免引起特务注意,来信来稿派专人取送。写到这里,李公朴先生那种正直的充满同情的表情,重又呈现在我的眼前,我对他的感激之情,是永远不会忘记的。由于有人造谣,说我煽动"流通图书馆"的职工罢工,要搞垮图书馆,虽然李公朴先生并不介意,对我仍和从前一样,但我觉得继续同"流通图书馆"发生联系,对于李先生和图书馆,均将不利,乃决定辞去图书馆工作,于一九三五年底应陈望道先生邀请帮助他编辑《太白》,对《读书生活》的编辑职务也就等于名存实亡了。[①]

据《夏征农画传》记载,1933年秋,夏征农以夏子美的名字到李公朴主持的《申报》"量才流通图书馆"工作。图书馆设有一个读书指导部,由夏征农(文学)、艾思奇(哲学)、柳湜(社会科学)三人负责,夏征农这一阶段的文章后来编成一本畅销书《文学问答集》出版。《申报》老板史量才被国民党暗杀后,李公朴创办的《读书生活》邀夏征农、艾思奇、柳湜做编辑。这一时期,夏征农先生出版的作品有小说集《结算》、杂文集《野火集》。他还帮助青年翻译家王亚南、郭大力联系读书生活出版社,出版了他们所翻译的马克思经典巨著《资本论》。

由此可见,夏征农先生是李公朴先生创办《读书生活》杂志的骨干人物,同时也是国民党特务关注的重点人物,他更是一位富有传奇色彩的百岁老人。

秦绍德先生为《夏征农画传》撰写的序言对这位传奇人物描绘得非常生动,非常深刻:

> 夏征农老人的一生,是革命的一生,也是传奇的一生。很少有人像他那样驰骋文武疆场,人生跌宕起伏。他投笔从戎参加了南

---

①李公朴:《创办读书出版社》,载方仲伯编:《李公朴纪念文集》,云南人民出版社,1983年,第304页。

昌起义,又辗转文坛,加入了"左联"的战斗。他幸存于"皖南事变"。他任过省委书记处书记,他的一生是我们党革命和建设事业曲折前进的写照。

无论何时何地,无论何种处境,他始终激情如火,心平如镜,奋力工作,毫无怨言,而且常常反思检查自己的缺点。他八十岁说:"行年八十不痴聋,岁月催人道未穷。历尽'三灾'成铁骨,尚留余勇正歪风。"九十岁时又说:"风风雨雨九十秋,年年月月在追求。文坛试马明知险,逆水行舟不掉头。"

这是何等的风骨、何等的胸怀!

为什么夏老为革命事业矢志不渝、顽强不折?源于他从青年时代就确立的对马克思主义的信仰,源于他矢志献身于人民的解放事业。

2001年1月的一个下午,复旦大学校长王生洪和我去夏老的寓所祝寿。我们携两位年仅18岁的大学生党员同去,还带了98朵玫瑰。老人一见学生分外亲,听到他们是新入党的党员,就滔滔不绝起来。谈到了当年参加革命的情况,嘱咐他们入党以后最重要的是要确立革命信仰一生不动摇。谈了整整四十分钟,夏老都未坐下。这使我们深受教育。我们明白了一个道理:夏老是一个战士。支撑战士百折不挠、勇往直前的,就是他那坚定不移的信仰。

信仰,是共产党人奋斗的基石。缺少信仰,就容易得软骨病。纪念夏老,就要像他那样,以坚定的信仰为党和人民的事业奋斗一生。[1]

这就是一个老战士的信仰!这就是信仰的力量!

---

[1] 夏征农民族文化教育发展基金会主编:《夏征农画传》,香港世纪出版有限公司,2014年,首页"序言"。

第9章 抨击黑暗的"社会相"

"社会相"专栏是《读书生活》创刊时开办的"短论"专栏,按照《读书生活》编辑部的想法,开办这个专栏就是试图做到对于不大读书的人提出一个读书生活方面的正确观念,纠正和说服过去所受的一些不良的影响。从《读书生活》1935年第一卷第五期开始以"社会相"专栏取代了"短论",一直到停刊。

"社会相"专栏每期四五篇文章,采取杂文、短评和消息等形式,嬉笑怒骂,抨击嘲讽社会的黑暗,内容包括社会上发生的大小事件,都是当时热议的话题。

这个专栏的开辟使《读书生活》杂志的视野一下从读书生活方面扩展到整个社会生活方面,刊物的分量立刻加重了,大大提升了读者的关注度,因为这个专栏的文章写得泼辣、漂亮,甚至有人从中选择素材作为学校教学使用。

柳湜先生是"社会相"专栏的主要编辑和作者之一。他强调,"社会相"专栏揭露当时社会的黑暗,就是引导和提示读者首先要"认识"自己的生活和所处的时代,期待读者能够认真思考自己的生活,并在思考基础上做出如何生活的决定。

《读书生活》1934年第一卷第三期"短论"专栏的开栏文章是廖庶谦先生撰写的《生活读书化》。

《读书生活》1934年第一卷第三期《生活读书化》

文章写道：

"读书"只为着"明理"的教育,早已过去;把"求知"和"应用"分开的教育,也起过根本的动摇。现在一般上占着优势的便只有那种杜威氏的"教育即生活"。

从杜威到中国起,一直到现在,已经有十六个年头了;我们在"教育即生活"的"尝试"之下,"成功"了一些什么?

现在是应该检讨的时候了。

在那些所谓"实验"的小学校里,最能够引起学生们"兴味"的,便是那种所谓设计教学法。真的,在每一个"设计"的过程当中,学生们都是欢欣鼓舞地去努力工作的。但是,那些学生们一经走出了那一个"设计"的时候,他们便仍旧做自己的去了。他们去打他们自己的球,去打那种设计教学以外的球。他们去拜会自己的朋友,去拜会那种设计教学以外的朋友。

在这里,我们应该看出:"教育即生活"是把教师们所认定的教育放到学生们生活当中去了的;但是,却不曾把客观上学生们全部的生活放在教育当中的。

因此,"教育即生活"的教育,就观点上说,它仅只是主观的;因为它只是出于教师们的一种"设计"。就教材上说,它仅只是部分的,因为它只是剪取了生活上的一片。

由这种教育的结果,学生们在学校里的"尝试"尽管"成功",但出了那一个实验的场所(学校),他们便仍旧是失败。因为学校生活以外的大部分生活,学校里原来就不曾过问,所过问到了的,也仅只是主观上的一部;所以,学生们走到社会上的不能"适应",那正是当然的。(自然在这里,也还有社会上的物质上的影响)

在事实上,"教育即生活"的教育,仍旧是把"求知"和"应用"分开了。并且,仍旧还是保存着那种"读书只为明理"的形式;不过,把从前那种玄妙的"理"换成了近代所谓科学的"理"罢了。

话虽这样说,但我们对于"教育即生活"的教育,并不是要去全般地推翻,因为它实在也包含着人们过去在教育上实践得来的一种成果。

我们以后所需要的,是在"教育即生活"以下,再接上一句——"生活即教育"。

这样，便是不单只要把狭义的教育，放在一部分的生活当中；同时，还要把全部的生活，放在广大的教育当中。

具体一些说：在城市上，不仅学校应该是一个工厂；同时，工厂也应该是一个学校。在农村中，不仅学校应该是一个农场；同时，农场也应该是一个学校。在商业上，不仅学校中应该设立商科；同时，一切的商店，我们都应该设法使它学校化。在教学上，师范生固然应该有他们实习的场所；同时，在一切行着教授的地方，都应该有教师们自己进步的地方。

"生活即教育"的教育。这在大体上也和杜威所谓广义的教育相当；不过，他不曾说要把工厂农场商店等一律都学校化罢了。

在目前，人们已经注意到了的仅只是前一半；我们现在应该努力的便只在"生活即教育"这一个目标。在工厂里，我们应该使工人们一般地得到读书的机会；在农村中，我们应该使农民们一般地得到读书的机会。

再就目前可能性多一点的说："应该是一切店员学徒们起来，争取读书的机会；使他们的商店学校化，使他们的生活读书化。"

《新年巡礼》是刊登在《读书生活》1935年第一卷第五期"社会相"专栏的头条文章。这是《读书生活》杂志为迎接1935年的到来撰写的一篇特稿。

这篇署名韶华的文章第一部分开头写道：

新年，原有欢天喜地的意思。这话我不能抬杠。我知道，这日子大家总是看得很宝贵的，一年三百六十天，过年只能过半个月。这还是照夏历说法，如果改照洋年计算，那就只能过一个星期，或三天。这多么重要，自己就是有点什么不顺心，也得藏起眼泪装点笑容，不要使人家没趣，这一切我全知道，在过去二三十年来，我都年年装过，并且都装得挺像。新年有新年的面孔,就是不能把面皮向下拉长,要把面皮向上耸做一团,把面孔改扁,像书摊上印着的和和①。这一向不假,新年总是新年,有些新的现象,新的希望;就是平日不喜欢你的人,也分外对你宽容,世间最吝啬的人,也对自己解放一天,从肋排骨内拿出几个温暖暖的钱来,吃一顿肉,喝四两酒这是为什么,是欢喜。

所以,新年,如果要把它画成图画,就应该喜气冲冲,是一张快乐图,改做一本戏唱,就应该是一句喜剧;写成文章,也应该不是乌鸦体的。

然而今年有些两样,不知怎的。这世界真有是变得古怪了。

这篇文章的第二部分写道:

不是我的心绪不好,去年卅夜里就没有睡熟,元旦早上在街上遇到了约汉他就忘记向我说"恭贺新禧!"马丽太太虽然怪声的向我说出"恭喜,恭喜。"她的面色也太勉强了,并且她的声音明明还有点想哭。分别时,握手都握错了,她伸出的是左手,他们夫妇俩一个忘了新年,一个失了常态,一定有什么心事。这还了得! 这是什么一回事? 这还像过新年么!

不错,这不是我一个人的感觉,隔壁十岁的福儿就对我说过了。我问她:"新年怎样?"她圆着眼睛说:"一点也不像新年!"孩子无欺,十岁的孩子有多大的经验,她竟觉得今年变了,说出这样灰心的话来。我们上了年纪的人,怎能不觉得一年不如一年了。

这篇文章的第三部分写道:

---

①"和和"指清末至民国时期民间流行的合和二仙神像。

我恐怕是自己的不好,我走到南京路,在一家玻璃店门口照了照自己,故意把脸装圆,不想,恰巧店内的秦先生跑出来了。

"啊啊!恭喜恭喜!忙了一年可以休息几天吧!为什么还不回府去陪太太?"我说。

他半天没说话,最后他冷冷的道"今年有着休息了。""啊啊!今年假期定得长点,大概不过夏历年了。"

"那倒不是!要停业了。"

"停业了?"

"是的,这倒不是我们一家,去年年底倒闭的,绸业就有二十多家,南货业十余家,钱庄十余家,其他范围小的不下数十家,今年不开门的还不在内,大概总是两三百家吧!哈哈(冷笑)这一两天人家或者以为我们在过年呢!"

"啊啊……"我知道自己触霉头了。我急忙的退出他的店门,我痛骂自己不该选在这一家门口照照自己,我改向吉利的方向进行了。

这篇文章的第四部分写道:

我到了C先生的家里,我想在这里大概我可以,嗅到一点儿新年的气味了。

走进会客室屋内是冷清清的。壁炉子上有着一层厚灰,C太太懒洋洋的走出了。"进门看脸色",我知道事情有点不妙,淡淡的只用英语说了一句:"Happy new year."意思是敷衍敷衍,不想她连回也不想回我一句同样的冷话,就叹了一口沉重的气。我不知道是走好,还是坐下,坐下又说什么好呢?

她大概看了我的狼狈,她自己坐下来,慢慢的说:"久不来我家,我家发生的事恐怕你还不知道吧!我家银行的存款被倒了。汉口的店也因此关门,C先生弄得被汉口的债权人……现在押了。"

"啊啊!"我的天,我几乎喊出来。她又继续告诉我,上海在年前就有五华银行、中国兴业银行、俭德银行、永安银公司先后停业,还有几家什么什么信托公司倒闭了。不仅自己的存款提不出,亲戚朋友也一同遭殃。她说:"以前你不好,我可以帮助你;现在到了六亲同运了。"她还告诉我也有什么什么工厂今年也不开门了。

这篇文章的第五部分写道:

我不知道我怎样的走出她家的大门,但我明明的又走到老西门了。我在路上,遇到了我以前的二房东太太,她是一个五十而无子孙的善良的女人。她走路走得非常的性急,我觉得有点奇怪。她向我点了一下头,笑笑,好像不想停足似的,我却故意把她拦了。

"新年忙什么呢?"我笑说。

"真是忙呢! 这忙你是想不到的。我在找奶妈?"

"找奶妈干什么? 你家又没有小娃娃。""是的,这是天意。我昨晚以前也未想到的,今天我家有一个小娃娃了。"

"怎么你一夜,就养出了一个小娃娃!""你总还爱说笑话,说起来伤心,昨夜三更半夜里我们街堂口有人在喊'卖孩子',是山东人,遭了水灾逃荒的。父母都饿了三四天,孩子饿得快死了,只求有人肯要,并不一定要多少钱。你说伤心不伤心,三十夜里卖孩子,这是我五十年来没有看见过的。我一时发了慈善心,将他收下了,今天一早起来就找奶妈,至今没有找到。"

"啊啊! 我不耽误你了。你去找奶妈去吧! 那孩子落在你手里是太幸福了。"

这篇文章的第六部分写道：

我又巡礼到一个纱厂的女工家里。这时，我心境一横，就想，今年恐怕当真是倒霉年，就率性多听一点人间的悲惨剧吧！她们的工房内照例是有些新闻采取的。一走进一张板门，就看见她们六个人都像绵羊一样拥着破絮坐在板床上。

"你又来访什么新闻了。"

"不是！来拜年！"

"说得乖！看我们饿死了。"

"哼！你们还不知道'上海'有在卖孩子呢！""这有什么稀奇！我们工厂内早就有养成工了。""什么养成工？"

"你们新闻记者哪里知道人间的痛苦，你们访着的新闻，只是肤浅的。"

"所以今日要访不肤浅的了。"她们之中一个年长的就说："我告诉你。厂里现在灾区买了许多从八九岁到十六岁的女孩子，她们都是因为快要饿死了，出来逃生的。据说现在有一种人贩子，花六七块钱就可买到一个十岁的女孩子，十岁以上大一岁可多买一块钱。厂里从他们手里买到，每个要花上二三十元。买来就把她们送进工厂工作。我们厂里已有六七十了，他们有工头监督着，出入车间都要点名站队，待遇自然连我们这点身体自由都没有了。工钱自然是没有的。这种工人，厂里就叫作养成工，这新名词想必外边还不知道吧！据说，在厂方还是应许多慈善家的请求，才允许的呀！""啊啊！"我又只能"啊啊"一声了。

我在巡礼的归途中，我看见我脑中所摄的社会相是这样的几幅不能画面图画，它就是1935年第一日的给我的印象。在风驰电掣电车中，我闭了我的双眼，我幻出世界是已走入萧条期，而这萧条是正在向前发展。

《三八的悲剧》是刊登在《读书生活》1935年第一卷第十期"社会相"专栏的头条文章。

署名允一撰写的这篇文章开头写道：

在"三八"的这一天，阮玲玉女士自杀了。自然，这是偶然的碰巧，在阮女士的意识里，想来是记不起什么叫作"三八"了的。所以不能说她的死是偏偏的选择在这一日，不过，这碰巧是太奇怪了。它是含着多么浓厚的讽刺啊！

阮女士的死自然是很能引人注意的。不过，在我却不想对她个人说什么。我对于阮女士的个人，除一般人在银幕上所获得的一点浮薄的印象外，我不认识她，不知道比银幕上更多的，我自然无话可说，无资格去说她。

也不是因为她是一个中国的红影星，中国影星的自杀第二人，我才去注意她，我对于阮女士的死的看法，是把她个人的一切特殊性抽掉，我只当她是一个女子，一个目前中国社会的女性，在这国际妇女共同图谋解放的"三八"节，在上海许多高等女人高呼妇女解放胜利万岁的欢呼中，这里有一个中国女子是在吃安眠药，并且死了。①我们不管她个人是如何脆弱，但是造成她走上自杀的道路，我们敢说一句仅仅是她的个人的脆弱吗？这里透露出的是如何严重的中国女子一般命运呢！几十位高等女子的口号，是何等微弱啊！这些微弱的声音恐怕连这一个弱女子的绝望的哀号也掩不住吧？何况隐没在无声中而死的女子，还是千百的存在呢！

这一讽刺写在"三八"这一天，我觉得她有特殊的悲剧的意义，悲剧的主人虽然由一位名影星阮女士做了，但在这里，我们看出的是比

---

①指1935年3月8日发生的著名影星阮玲玉吃安眠药自杀事件。

个人更大的意义,我看见广大的新女性们要活,想活,做了娜拉或超过娜拉型,而前进了,但是我们又听见娜拉回家了,我们又听见红颜爱白发,我们更看见一个一个的新女性从奋斗中退败自杀了。留存而昂着头前进的不过是极少数的人物。

这是何等严重的社会相呢?今日中国的妇女问题解决的途径,在这一讽刺画中不是告诉了我们。不是给死者,活者什么教训,而是造成他们解放的条件,并且这一个问题,不能再单独的唱了,它应是全民族解放奋斗的一部分,只有造成了整个经济的解放了,妇女问题方才彻底地得到解决。

我希望这张讽刺画不会是完全白画的。

《读书生活》1935年第一卷第十期"社会相"专栏还发表了著名杂文家陈子展撰写的一篇短论《疯狂的原因》。

这篇文章开头写道:

现代社会里疯狂的人一天天的加多,疯了自杀的人,在报纸上也常常有这样的记载,并不是一桩值得奇怪的事。

记得在去年,大约是晚秋时节,《申报》就载了一条关于上海疯人的消息。大标题是"疯癫专门医院之成绩",小标题是"一全家遭劫,财产荡毁,因此感受极大刺激,神经错乱,成为疯人,情殊可怜。"

如今已是1935年的3月了,上海"一·二八"事件,过了许多时候,大家都像忘记得一干二净。今天(三月三日)打开《申报》一看,头一件叫我注意的新闻,是《本埠疯人续增不已》。大意说,本埠虹口东有恒路小菜场旁中国疯病医院附设上海疯人院,规模宏大,设备完美,医治各种文痴武癫,迭奏奇效。近来春机渐转,痴病患者激增,该院院务更形忙碌。只计昨日一天,各处送往治疗的疯人有二十多个。

其中有教育局长送治之男痴萧某,有暨南大学文科四年生周宝椿。

现在的疯狂的原因,据说是"春季渐转"了。

是的! 疯癫是有原因的,疯人致病的原因,不管是生理的或是心理的,或缘于物质上的压迫,或缘于一时精神上的刺激,复杂错综似乎难解。但总是属于社会的吧!

然而目前"中日关系好转中",我却可怜此时此地的疯人!

《纪念五卅》是李公朴先生发表在《读书生活》1935年第二卷第二期"社会相"专栏的一篇时事短论。

《读书生活》1935年第二卷第二期《纪念五卅》

这篇短论开头写道：

五卅运动第十周年纪念又到了。

我们纪念"五卅"，首先要明了"五卅"的意义。

五卅运动是中国劳动大众从"自在"到"自为"的一个纪念碑；是中国劳动大众为主体而联合各社会层、资本家、商人、学生而形成的一个光辉的民族解放运动，是中华民族反帝最醒觉、最坚决、最近代的斗争的艺术。它是"五四运动"的发展，继承者；是以后国民革命的勃兴及一切解放运动的先导。

"五卅"是在一种什么样的条件下发生的呢？

第一是帝国主义。尤其日本帝国主义新的进攻，所谓"八要求"是帝国主义勾结当时的军阀，支持安福政府卖国，造成内乱，压迫人们的一切自由。第二是资本的进攻。尤其帝国主义在华工厂残酷的克扣工资，开除工人，侮辱打骂工人等，这样的条件下，由经济斗争而即刻转变为轰轰烈烈的民族斗争，由劳动一隅，即刻形成罢市罢课的联合的阵势，是必然的。这个广大的联合战线，发挥了中国民族光辉的力量，它已使帝国主义者战栗了。

尤其值得纪念的是当日工学商向工部局提出的有历史价值的十七条件，其中最重要的是：

取消不平等条约。

撤退外国驻华海陆军。

取消领事裁判权。

收回租界租借地。

人民集会结社言论出版之绝对自由。

不用说，这些条件到现在，不独没有达到取消，还一天一天变为相反的严重了。在今朝纪念"五卅"，我们将作何感想呢？

是的,时代的严重是超过"五卅"的阶段了。中国领土的完整,已遭受破坏,帝国主义新的侵略,与日增强;国民经济的现势,日濒瓦解,世界大战的危机,越来越近,这一切构成了今年的客观情势。而今年的城市市民的情绪呢?是否能比得过民国十四年?是否比十四年更成正比例的增长呢?

我们虽不否认目下潜存的民族反抗的火花,但我们却不应对此时代给我们的当前的重负默然不予以回答吧!如何突破当前的国难,如何改变当前不利于民族共存的条件呢?如何促成这十七条的兑现?这一切需要的是团结,是力量的集中。中国当前更需要一幅超过"五卅"的力的杰作啊!

《冤狱赔偿》是柳湜先生发表在《读书生活》1935年第二卷第二期"社会相"专栏的一篇纪实文章。

这篇文章的开头写道:

幼小时,我的家就临近县衙门的监房,所以对于监狱以及犯人的故事就听得特别多。大概因为这环境太阴森的缘故吧,母亲就时常讲述包公案给我们听,我们真的也一时忘记那些穿红衣红裤子的人的不幸的遭遇,而在那里梦想一个包公这样的青天爷出现,替他们来申冤。但是,事实上我们只听见堂上大老爷在那里打人家的屁股,被打的人是一面在地下滚,一面在喊"冤枉"。同时,我们也常看见有人背上挂着"冤单",有人在地下写"冤告",有许多老母娇妻孤儿在含泪饮血哭诉他们的儿子、丈夫、父母的"冤狱""冤死"。这真是"堂上一笔朱,堂下千滴血"。在过去司法采"应报主义"这一点也不足怪,是大家常便饭了。大家的希望只是能出一个包老爷,对于司法官吏假其职权的机会而行其不法行为,除诅咒他们的来世外,还有什么办法呢?

还有，到如今也还依然存在的，就是一个案子摆上十年以上的事，并不能算奇怪。我就有一个朋友，做了十二年监牢，结果宣告无罪。据说，政治犯每每延长两年不判的事很多。这些羁押的囚徒，即令结果宣告无罪，重见青天，我真不知他们对于这长年监狱中所受的痛苦，到何处去找补偿？这冤枉要谁来负责任？

自然，这也是照例无人注意到的。

最近律师协会第六届代表大会却注意到这一问题了。大会中通过了"组织冤狱赔偿运动"一案，并且发布了一个维护正义与人权的宣言，要求国家赔偿制度的实现，以洗封建残余的野蛮的"应报主义"的渣子留存在今日新的司法制度内，这可说是一种光荣运动，不独我们寄以同情，也是值得起来拥护，并促司法当局早日实现的。

是的，在二十世纪的今日，我们是再不能将冤屈诉之于空想，我们为了保障个人的生命及一切权利的安全，不受何等损害，我们不怕吃官司，但我们应该要求国家对于司法枉法的行为所造成的冤屈负起赔偿的责任来。这不独是一新司法之精神，同时也是解千万人的倒悬啊！

这样的进步运动，难道舆论界不应起来响应么？不！我们要求大家援助！但是我们最后希望律师协会者，这一运动不要仅仅是一纸上的运动，要把它作为一种行动，具体的定出实行的办法来，去促它实现。同时对于目下因时局不静中所陷入犯罪的囚徒，提出重审的主张来，使他们得一个昭雪沉冤的机会。对于嫌疑犯，应公正的迅速的审理，早给予无罪的开释，取消一切特别法，实施目前的新刑法，和冤狱的赔偿！

《同归于尽》是柳湜先生写的天津一家八口人服毒自杀的现实悲剧，刊登在《读书生活》1935年第二卷第四期的"社会相"专栏上。

柳湜先生写道：

早两天，有天津人岳霖全家八口服毒自杀的一幕惨剧，很使人看了不安。虽然在这年头儿，个人的自杀是太平常了，天天的社会新闻内总不缺乏这类材料的吧！但举家自尽，并且是出于计划的"同归于尽"的人间惨剧却是以前闻所未闻的。

譬如岳霖所主演的这幕悲剧中，除岳与其妻王氏是五十一岁和三十五岁的人，能了解生之悲痛，在这悲剧中演着主动的角色外，其他的陪演者都是孩子，是十四岁、十二岁、十一岁、九岁、五岁、四岁，六位不知世情的孩子。试想岳霖失业后，到了没有法子生活和妻商量自尽，及自杀过程中，从典当、告贷、购烟，到"当夜将烟和糖冲水全家吞服"时，已令人战栗了，但不想悲剧发展到这样的顶点，偏偏有岳霖"服毒较轻"，没有死，使他再到黄浦投水，投水又偏偏被探捕瞥见，改以"教唆自杀罪"入狱，如果这不是报纸上的的确确记录的事实，我真不相信人间会有如此悲惨的事！

不想这种不安的心绪还未轻松下去，接着又来了举家跳楼自杀的消息，并且是发生在"万人欢乐的"端午节夜。在大世界六层灯塔上，站着一个不幸的家庭，据报纸记载，首先跳下的是一位年约五旬以外的老妪，继之，则为三旬的少妇，七八岁的女孩。十岁上下的男孩，三十的中年男子，十三四岁的青年，五位一齐堕地，在脑浆崩裂中毙命。这一幕悲剧除形式不同外，与岳霖全家的死，是完全同一意味的。

"太可怕了"，不错，确实太可怕了。这是他们两个不幸的家庭的私事么？是的，虽然在今日的社会里，一个家庭自杀，谁还会认为与别人有关呢？但是这"私事"同时不是告诉我们了，这社会是如何的不合理，如何的使起他们没有存在的地位了。

我们对于死者的境遇自然不能不抱十分的悲恸与同情。但对于自杀却是不能加以消极的默许的。个人的自杀已经是怯懦的表示，对于社会的罪恶，魔鬼给予宽容，更何况举家自尽，竟连孩子们也由自己的手先杀死，使后代中减少一个斗士，使这不幸的社会存在延长呢！

自然他们的自杀也不是偶然的，细考他们的家庭生活，都是中级社会层的破落者，他们物质生活破产，他们的意识颓废，他们没有路走了，却不想另找路走，他们于是生出生之疲惫来，自灭吧！是的，为了保持他们社会层的虚伪的自尊，所以连孩子也不让他活着，他们竟以为这是没有办法中唯一清高的"出路"。

是的，这种悲剧的暗示力是很大的。今日不得过活的家庭，即就上海论，哪里只有这一两家呢？我要警告具有与这两家庭一同命运的人们，当你们走到这生死关头时，赶快脱下旧日思想的衣裳，来更向前迈进一步吧！能有死的决心，也是能求得生存的。

我在这悲剧里更看出了一幕更大的悲剧，它是由千千万万的家庭组成的，那就是我们的民族的目前走到的生死的关头，我们的家长和我们这些孩子们还是跳楼呢？还是另求一条生路？

《拆毁人造的墙壁》是发表在《读书生活》1936年第三卷第八期上的一篇短文。

这篇短文开头写道：

同在一个上海，我们不能不承认上海有几个世界，人与人间的隔阂，是有着使你想象不到的距离的。隔断人与人之间的了解的，固然是不同种类的生活类型，天堂的人们是不会了解地狱的。但是除了这种生活的墙壁外，也还有人造的墙壁，在地狱的内部间隔着，在地狱与非天堂的人们间隔离着。

譬如上海工人的生活,我们这类穷困的市民,就一向是隔膜的。去年,中外工厂中,发生了所谓养成工,外间并不知道,近来学生救亡运动起来了,好多人觉得上海工人全是死的,因此怀疑到工人在民族解放中的作用,而不知道目前上海工人生活残酷到了什么程度,他们的热情,愤怒又是如何的被铁的巨力镇压着。我们读了本刊第六期《工人不晓得爱国吗?》那一封通讯,就知道一个大概了。

最近梅世钧的事件,更明白的很,敌人直接用枪来屠杀中国工人,不独没有看见什么抗议,就连新闻上也是轻容易不肯记载一字的。伟大的工人义气会的反抗,也被各种力量镇压住了,使它不能表面化出来。梅世钧的死,忽然变成了什么"神经病",是这样的阴消下去。

是的,在这里,新闻的封锁是尽了人与人间铜墙铁壁的任务的。

这是一种何等可怕的现象啊!

这种种人造的墙壁,无疑的是在分散民众的团结,消灭民众的巨力,自毁民族反抗的力量的。在这种种自杀的堡垒上,现出的是什么呢? 是民族意识的消沉的外象;是敌人无顾忌的猖狂;是汉奸趁机活跃;在国际上现出的现象是民族的怯懦,无耻。

从梅世钧的事件中,我们更认识了在当前中国民族解放斗争的艰苦,残酷是超过人类历史的纪录,表现在工人方面更要严肃。但这决不是说,用巨力可以消灭民族解放运动,消灭工人的斗争,排斥工人部队在民族解放斗争以外,否认它是民族解放中主导的巨力。一切压力是有它的一定限度的,它决不能杀灭运动的发展,社会史的发展!

对于一切人造的墙壁,我们不能不用各种的力量将它毁去,对于梅世钧的事件,不只看见表面,就作出悲观的判断来。我们要互相了解,我们要结成一条阵线,上海真是无声的上海吗? 中国真是无声的中国吗?

《读书生活》"社会相"专栏这篇文章提到的"梅世钧事件"是指1936年2月,上海日商大康纱厂发生的"梅世钧惨案"。据当时的学者回忆:

> 我们记得上海日本纱厂有个工人叫梅世钧的,给日本佣主打死的原因是这样:梅世钧曾做过十九路军的士兵,照了一张武装相片,放在衣袋里做纪念,并且时常要拿出来看,给日本雇主看到了,说他是捣乱分子,给他一个巴掌。梅世钧本来晓得拳术的,见他来了一掌,接了这掌,回过一拳,那日本人倒地了。另外一个日本人见了,给他一腿,梅世钧接了这腿,回过一拳,那日本人又照样倒地了。那两个日本人倒在地上,吹叫子,叫子一吹,来了五六个人,将梅世钧痛击一回。打完了,摔在门外,过了三四日,也就死了。这是九一八以后,上海日本纱厂工人的生活。
>
> 大康纱厂全厂4000多工人在共产党员、工人积极分子带领下举行罢工,组织游行示威,强烈抗议日本人的暴行。许多进步媒体对这一事件不仅予以及时报道并且愤怒抨击:我们要知道梅世钧的死,并不是他一个人的死,他是我们四万万人的代表,他是为抵抗而死的。我们四万万个人,应该有梅世钧的精神,抵抗的精神。

为了纪念梅世钧的悲壮之死,著名爱国人士陶行知先生写下了世人传颂的诗歌《思梅曲》。

> 冷风细雨正天阴,
> 到了春天不象春。

东洋送来好樱花，
樱花栽在市中心。
花好好看自须看，
看花想起梅世钧。
白白给人打死了，
叫人越想越伤心。
他在大康纱厂做生活，
为的不是金和银，
甘心情愿卖汗血，
只因要养老母亲。
本来他是无名英雄汉，
打倒东洋当过兵。
为的大帅不抵抗，
当兵不是生意经。
为何不是生意经？
只怕要打自家人。
想来想去没法子，
脱下军装做工人，
做工总比当兵好，
忙来忙去为敌人。
敌人肥胖如冬瓜，
自己瘦得不象人。
想起从前和现在，
眼泪滚滚暗中流。
武装照片留纪念，
那知纪念不可留。

东洋工头查出来，

说他扰乱大不该，

劈头来了一老拳，

身子一闪他避开。

顺手回敬一老拳，

工头翻个筋斗向前栽。

再来一个日本佬，

被他一腿踢到二丈外。

单身匹马打东洋，

莫说世钧头脑呆。

人人象他一样呆，

中华民国就有出路哉！

越来越多东洋鬼，

把个世钧密密围。

你一拳来他一腿，

奋斗到底除了世钧还有谁？

可怜受伤吐血血吐尽，

官府还说不可信。

请问官府管什么？

官府不管东洋打死老百姓。

世钧有冤无处伸，

工人自己求生存，

四千工人齐罢工，

学生起来同斗争。

可怜买办已亲敌，

救国捐款没一个，

比比从前顾正红，

思想起来可叹息。

死是一样死，

结果不一律。

那时罢工工人三十万，

影响好象半天轰霹雳。

有钱的出钱，

有力的出力，

打得帝国主义心里急。

现在大众拼命干，

富贵人家站在旁边看。

厂主晓得罢工难持久，

扳起凶脸干一干。

六十工人同开除，

什么地方好吃饭？

头一名是他的亲兄弟，

全家至今都遭难。

还有一个可苦布，

却是东洋真好汉，

因为同情梅世钧，

老板捉他他滚蛋。

躲在中国人家里，

今生不愿再回还。

日本也有公道人，

胜过中国汉奸和买办。

买办爱上东洋货，

汉奸好象洋人样。

救国变成眼中钉,

亡国与他不相干。

大众从今该明白:

小众不肯再抵抗。

我们要为梅世钧伸冤,

要为中华民族求解放。

只有大众起来,

战!战!战!①

《大直沽河上的浮尸》是刊登在《读书生活》1936年第四卷第三期"社会相"专栏的一篇纪实通讯。

这篇通讯写道:

大直沽河在什么地方呢?就是在走私,增兵和建设飞机场,日兵营,闹得整天价响的天津市附近。这条河中最近发生了一桩使人听了毛发悚然的"怪事"在惶惶不安中过着半奴隶生活的天津居民,更蒙上了一层阴惨惊恐的面幕。其实这怪事的发生已不是最近的事了,大概是各地的报纸都不便露布的缘故吧,却没有引起国人的注意。

据说这是一个谜,不容易猜得透的,所以特地把它持了出来,让大家来猜猜看。

是怎么样的一个谜呢?六月一日大公报的天津快信有这么一段

---

① 华中师范学院教育科学研究所主编:《陶行知全集(第四卷)》,湖南教育出版社,1985年,第328—331页。

的记载:"……大直沽闸口河内,自四月起,不断的发现浮尸,每日最少在三具以上,至五月间,为数更大增加;据统计,五月份,自一日起至二十日,共计发现浮尸一百二十余具。经地方法院检验的结果,皆为近期被淹身死的男尸,其年均在二十至四十左右。但无法证明其来源,致全市居民莫不惊心,议论纷纷……"(引号中的话由我略加更动和减少,但与原意并不丝毫出入。)

这不是一桩使人惊心动魄的事情吗?那么多的浮尸都是我们的同胞啊!到底从哪里来的呢?这就成为一个谜了!读者诸君看了这段记载,一定要皱着眉头在那里猜了,但是没有身历其境的我们,终竟不能明了当地的情形,难免隔靴搔痒的。还是找一些材料来参考参考吧。

该报末了还载:"经记者向各方调查,得有五项传说:(一)有人募华工,上轮船后须签合同,约二年或三年始得返回。除食宿供给外,可得工资须工作期满始得清算。如悔不往者,夜间乘其熟睡,用药将其麻醉,弃于河中,顺流漂下。(二)有一股匪类,假借招募华工,诈骗乡愚,至夜将其置于河中,藉可骗得行李及所带之钱财。(三)有吸毒嗜好者,因贫瘾交加,自行投河自杀者。(四)绑票所架之肉票,来于河中撕票者。(五)有人招工修造各种秘密机关,将工人弃于水中,意图灭口,保持其秘。"

这五项传说中,我们如果把它按项来仔细地考究一下,除了(三)、(四)两项随时随地都可以发生的,像是从人们的脑子里凭空想出来的传说外,而(一),(二),(五)三项,简直是明白地揭穿了秘密,绝不是"空谷生风"的"传说"啊!那些招募华工的人是什么人?我们是不难想知的;我们的华工为生活上什么人的当?又被什么人用药麻醉,推到河里去,更也显然的了。明白一点说,我们的同胞是被帝国主义者和汉奸惨无天日地残害了的啊!

所谓"谜"本来是犯着讳不可以揭穿的秘密罢了！明眼的人谁也会猜得出来的。但是,我们猜出了之后,又应该怎样呢?无疑的我们的热血又要因之而增加了几度的沸腾,我们再也不能忍耐了!

《读书生活》杂志当年揭露的天津"海河浮尸案",国民党政府因为怕影响所谓"友邦亲善",对此不敢再深究,一些报纸也扭曲真相,帮助国民党政府掩人耳目。随着时间的推移,此案渐渐沉寂。

第10章　吹响全民抗战进军号

　　20世纪30年代,随着日本帝国主义对我国的武装入侵日益严重,民族危机日益加深。

　　在抗日救亡的压倒性时代主题里,《读书生活》编辑部认识到,大敌当前,中国人民必须行动起来,坚决掌握自己的命运,一切行为,无论是私下的还是公开的,个人的还是集体的,都必须向着一个共同的目标——拯救中华民族于危难,坚决抵抗日本帝国主义的侵略。于是《读书生活》和其他进步刊物一起,一面用笔杆子唤醒读者大众共起抗日,揭露抨击国民党当局消极抗日、积极反共的真面目;一面积极参加救亡实践活动,声援东北义勇军和其他日寇占领区人民的抗日义举,吹响了声势浩大的全民抗战进军号。

　　《读书生活》1935年第一卷第六期是"一·二八"三周年纪念专号,刊首发表了李公朴先生撰写的文章《纪念"一·二八"三周年》。

　　李公朴先生写道:

　　　　一周年一周年的过去,"一·二八"又到了第三个周年了。我们将如何来纪念这一个血的,同时又是有着民族斗争的光辉的纪念日呢?

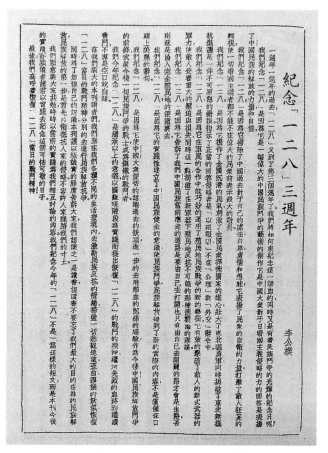

《读书生活》1935年第一卷第六期《纪念"一·二八"三周年》

我们纪念"一·二八",是因为它是一幅伟大的中国民族斗争的艺术的杰作,他是中国大众对于日帝国主义侵略的力的回答,是表扬了中国民族的解放的力量和自信。

我们纪念"一·二八",是因为它扫除了中国过去对于自己的虚怯,自卑,庸懦和愚昧,它表扬了民众的自卫的力量,打击了敌人狂妄的轻视,使一切帝国主义者都不能不在伟大的民众前表示最大的敬畏。

我们纪念"一·二八",是因为它振作了全国沉潜的民气,刺激了全国民众捍卫国家的雄心,壮大了东北义勇军,同时揭破了东北无抵抗退让是一件不可原恕的错误,指示了正当的回答侵略者是"以眼报眼",不在"公理"与"外交"辞令中。

我们纪念"一·二八",是因为它在军民的合作中,能巧妙的运用了殖民地民族战争的新的艺术,它有效的击破了敌人的新式武器的军力,使敌人受着重大的压迫与损失,同时这一点,揭破了在新军器下殖民地反抗不可能的那种悲观论的谬误。

我们纪念"一·二八",是因为它告诉了我们中国民族当前应走的道路,是要由自己去打开,也只有由自己去开辟的路才会是生路,否则就是沦入完全殖民地的深渊里去。

我们纪念"一·二八",是因为它的实践性建立了中国民族健全的意识,使民族斗争,民族解放得到了新的实际的内容,不是仅仅在口头上美丽的词句。

我们纪念"一·二八",是因为它使中国大众深切的认识过去的缺项,进一步的去用那血的沉痛的经验,作为今后中国民族解放斗争的前锋,武装今后一切民族斗争的战士,成为钢铁的战斗者。

我们今年纪念"一·二八",是继承以上的意义,以国难现阶段为实践而提出恢复"一·二八"的战斗的精神,继承先烈的血迹而继续奋斗,不专是空口说白话。

在我们广大的本刊读者们,我们应在我们各种不同的生活环境内,去激励民族反抗的情绪,扫荡一切悲观绝望,歪曲,谬误的妖氛,恢复"一·二八"当日的战斗精神,分别的去进行民族解放抗争。

同时,为了加强自己的认识,本刊仅以极诚实的态度告诉大家,我们认识之一是读书,但读书不要忘了我们最大的目的在为的民族解放,民族解放的第一步,是首先自卫抵抗人家的侵略。不容许人家践踏我们的寸土。

我们愿意与大家共勉,时时以当前的实践为我们相互讨论的内容。我们纪念今年的"一·二八"不是一篇这样的短文,而是本刊今后的实践,亦愿读者诸君以实践去纪念这个可怖可敬的日子。

最后,我们高呼着恢复"一·二八"当日的战斗精神!

笔者阅读约90年前李公朴先生代表《读书生活》编辑部发布的这篇吹响抗日战争进军号的战斗"宣言",依然感到热血沸腾,备受鼓舞,特别是这篇战斗"宣言"倒数第二段话:"我们纪念今年的'一·二八'不是一篇这样的短文,而是本刊今后的实践,亦愿读者诸君以实践去纪念这个可怖可敬的日子。"

李公朴先生和他的同人确确实实地利用《读书生活》这个舆论阵地,以笔杆子为武器,向日本侵略者发起了一波又一波的战斗和冲锋,这些文章成为动员全民抗战的响当当的红色号角。

《反对地图上的"满洲国"》是署名允一的作者发表在《读书生活》1935年第一卷第十二期"社会相"专栏的一篇重要文章。

这篇文章开头写道:

《申报》十四日新声社消息:"工部局格致公学,初中三年级及高中一二三各级学生,因该校所用地图Whestons Modern Teaching Atlas第四十一页亚洲全图上,竟有'满洲国'字样,认为与国联议决否认伪满之旨不符,特各自会议,陈请学校当局,将该项用图调换,一面并请工部局华人教育处核办云。"这项消息告诉了我们什么呢?

它告诉了我们这种特殊教育的殖民地的性质。这原不足怪的,在帝国主义文化侵略下,尝过教会学校教育味道的人,千奇百怪的事多得很,岂独教本的腐旧与荒谬!

这里特别引人注意的是亚洲全图上,竟发现"满洲国"的字样,而编这地图的人是英人O·Midgley并不是木屐朋友,用这地图的学校是英人势力下的工部局的学校,不是日本人校长的伪国中学。这是不是觉得奇怪呢?

学生们提出反抗了。这反抗是一种民族意识的表现,是可慰的。学生们提出理由"认为与国联议决否认伪满之旨不符",拿来去难英人,使她无词狡辩,原也可以。不过,我总觉得这种理由太不正面了。学生们不应该真的以为这是反对的理由的中心,不! 我们要记得我们是中国人,中国目前到底还不是那一国的殖民地,我们要求解放,我们要恢复已失的土地,我们不承认由强暴造成的"既成的事实"的侵占,反对地图上的"满洲国",不是打高调,是反对强权,是表示我们有"光复故物"的决心,这才是我们正面的文章。

学生们还不应把地图问题看得太单纯了。我们不仅要调换这张图,还应保证以后能享受中国人的教育,应该反抗一切带殖民地性的麻醉剂。

这是我要对格致公学学生诸君说的话。

但是华人教育处将如何"核办"呢? 这就不得不看社会的舆论了。我们似乎不能轻易放过。我们知道,在教会之类的学校的学生,素来是保守的,与社会一向保有了一种悠长的距离,现在格致公学的学生竟被实践打破了这一防篱了,这是何等值得奖誉的事! 因此,我更希望一切教会之类学校的学生,都能像格致公学学生这样,把眼睛望远一点,把自己的学校生活与中国实践的动荡的社会连接起来。

《历史的教训——纪念"九一八"四周年》是署名韶华刊登在《读书生活》1935年第二卷第九期刊首的一篇文章。

这篇文章开头写道:

不堪回忆，不能忘记！日历又翻到这一个日子了。虽然今日的中国人在"忍"字上做的工夫不小，一切火性似乎都被压得服服帖帖了，大家也确想抱着亲仁善邻泱泱大国民的风度，不想过去的一切。不知怎的，对着这日历，总有些心跳、心怯，面颜上总不能不有些发热，遍身也不由你不起栗。是的，这一个日子对我们这些小百姓是太沉痛了。我们不能忘记它。

我为了要装出自己的镇静，也学了知堂先生一样从儒释道中去学习"忍"，不仅想"吃得三斗酽醋"，还愿意学那"被刑，残而不恨"，"受割截而无瞋"。但是，一个人要作"宰相"，或是成仙，自己甘愿吃这苦头，这没有什么话说，如果要大家，一个民族都去这样做，那怎么可以！我想到这里，觉得儒释之言，也不能使我安静。何况《论语》中说的"小不忍则乱大谋"，明明的说—这"忍"不是不附带条件的，要有"大谋"这"忍"才有价值，否则，"忍"不是变为"奴才哲学"吗？而"九一八"到今日四周年了，我们的"大谋"在哪里？

我从儒释道中，得不到安慰我"心灵"的解说。

于是，我去翻着贴分类的报纸簿，想从这里，得到一点什么，使我心境和平下去。

我首先找到了七月十日的"睦邻令"，我读了三遍。

我又把"上海协定"、"塘沽协定"到最近"晋察冀事件"，中日经济文化援助，提携，开发等消息，一片一片的新旧闻读了两遍三遍。

我重新闭煞双眼，去推敲这些消息以外的消息，言辞以内的意义，笑容内带着的森冷，糖果中所含的苦味。

我从这一本贴报簿中，得不到安慰我心灵的解说。

我烦躁，我更不安！

我不能无耻的去曲解历史，否定历史的事实。

我不能瞎眼的装作看不见这一历史的发展，新的正在演变中的

"可怕的一切"。

"不堪回忆,不能忘记!"

要想忘记,除非我们把这一页历史从悲剧的场面,变成喜剧,从"小忍"达到"大谋",从"奴才"的地位,升到主子。

"不能忘记",也不要忘记! 历史的教训就是改变历史的武器,在沉痛中我们应沉着的展读这活的历史的演变。增强改变历史的动力!

在《读书生活》1935年第三卷第一期刊首的《〈读书生活〉的一周年》这篇文章中,李公朴先生大声呼吁:全民动员,积极抗战!

他在这篇文章中写道:

一年来中华民族的危机是天天在增长中的,侵略战争在经济,外交,军事,流氓的,无赖的各种状态下进行。直到最近,这些强盗的暴行与我们的羞辱均达到一切表面化了。全国领土均在震动中,经济文化命脉,也在种种和平的名义下,渐渐的投送到敌人的掌握中去了,民族的危机是进到有史以来最最严重的时期。

由于领土的被侵略及世界经济恐慌的打击,中国社会的动乱与政治的不安等,促成了中国城市农村经济急速的崩溃,今年十四省空前的大水灾更弄得全社会暗淡枯萎,大部分民众陷于失业,流亡,饥饿和死亡。

这一切构成了当前极端复杂与艰难的实践。内政的不安与矛盾,在这次汪精卫先生被刺的枪声中就表现得明白了。这绝对不是偶然的现象,是表现时局到了如何严重的地步。

如何打开政治的局面呢? 恐怕不仅是正在集会的六中全会和快要开会的五全大会的诸公所注意的问题吧! 这里,不问朝野,现在问题的焦点是在如何打开外交的苦闷,保全国土。更具体的说,如何对付华北及屈辱的限度呢?这一切在今日似乎都不是无办法,敷衍可以苟延岁月得了的。全国国民都在高度的兴奋与万分抑制的民族的忿怒下等待着答案了。

是的,近日金融的大变动纸币政策的颁布,这也是表示非常时的现象的。人民在万分艰困忿怒下,现在再要受到物价的提高,使最低限度的生存也感到威胁了。

这是何等严重的关头啊!

在这样的实践下,我们应该怎样自处呢?

怕是怕不了的,避是避不开的。

恐怕除开作一民族生存的殊死战以外,是不会再有和平的方法可以幸存了吧!

以指引生活实践为职责的《读书生活》,在今日更不能不向我们的读者宣布我们严肃的态度了。

诸君!今日再不容许我们不打开眼睛了,再不容许我们把时光花到空洞的书本子上去了。同时也不容我们,只凭热血,没有认识,盲目的去作孤注一掷的狭隘的民族抗争,新的民族解放战争是要有抗争的理论去武装自己的,同时要在抗争中去学习理论,深化自己的认识呢!

我们希望大家共勉啊!

发表在《读书生活》1935年第三卷第三期刊首的《新的进攻的总的认识》,是以编辑部名义发表的、拉响全民抗战"警报"的又一篇重头文章。这篇文章开头写道:

远东的侵略战争,从"九一八"发出那信炮后,侵略战争原是一天天在开展的,只有那些被自己私利遮盖了眼睛的人,才看不见这战争

《读书生活》1935年第三卷第三期《新的进攻的总的认识》

的本质及其发展,把侵略战争看作是局部的军事冲突,地方事件,由是而生出一时苟安的心理,只要侵略者不直接用枪炮来妨害自己的私利,管它妈妈,什么屈辱无耻的勾当都能做得出来,以为天下就可从此无事,敌人真的可以放手了。

所以在"九一八"事变发生后,就有人觉得抵抗与他们有妨害,主张不抵抗,只求事件不扩大到关内来,能告一段落就得了。"一·二八"因为人民的参加,稍微做了一点抵抗,敌人受了很大的打击,但仍对某些人不利,极怕事态扩大,甘愿写一张卖身契了事。以后,不幸事实不如这些怕事的先生们的意,敌人的侵略的手段硬软兼来,你会退,他却会进,你会写契了事,他却所求无止,渐渐要侵到你的公馆了。你说,什么都可答应,只要求顾一顾你的面子,他却管不了这么多。你答应给他"实"的,自己留一个"名"儿,他却"名""实"都要,管不得你也还会"难为情"的。

这不能怪敌人,他要求的原是一个整体,你送了他一个庄园,一栋房屋,一群男女奴婢,虽然在你很尽过孝心,可是,在敌人,那算得什么,他为什么"三杯酒不喝,喝你一杯酒"!

华北今日的自治运动,新的傀儡又登场了,现在很惹得许多人惊慌起来,甚至胡适博士也警醒了,知道过去自己替"塘沽协定"的辩护是错误,不过现在许多人的眼,似乎又只看见"非战区域"的独立,看见汉奸殷汝耕个人,看见日本占据丰台车站,扣车,运兵,建飞机场,陆空示威演习等等,却看不见这一切不过是敌人整个侵略的一部分,敌人并不就以达到华北分离中国领土为满足。敌人的侵略行为并不因得了华北就告终止。

华北的自治运动,不过是侵略者新的进攻更表面化了一步,中国民族进入新的危机的另一环子了。中国民族的危机是更加重了。

我们要有了这总的认识,才会不蹈以前胡适博士之类的人同样的错误的观念,才会对于这新的进攻有正确的对策,才会不再生出丢掉华北,苟安于华中华南的谬想。

《读书生活》编辑部发表这篇文章,向全国人民发出这个抗日战争"警报"。过了一年半之后,日本侵略者就发动了震动中外的七七事变,开始了全面的侵华战争。这个"警报"的发出,体现了《读书生活》编辑部对日本侵略者贪婪本性的深刻洞察力和抗日战争即将全面爆发的预见力。

在历史时钟跨入1936年新年之际,在中华民族生死存亡之际,《读书生活》编辑部经过精心策划,在1936年第三卷第五期推出了《新年特辑》,

刊登了章乃器撰写的《给青年们》、吴敏撰写的《学生运动的总检讨》、柳湜撰写的《把千万颗子弹打在一个靶子上》、章汉夫撰写的《读书与救国》等一批支持学生爱国救亡运动，呼吁全民抗战的重点文章。

柳湜在《把千万颗子弹打在一个靶子上》这篇文章中指出：

全国学生大众们！今日学生的爱国救亡运动，已经是变为智识者的运动了。在智识者的阵线内，无疑的学生做了中坚。诸君在今日所处的地位是何等的重要啊！目前学生运动方才开始，民族斗争的来日方长，如何去组织与领导这一神圣的事业呢？这是每一个学生及教育者应该虚心坦怀去考虑的问题呀！

学生大众们，集中你们自己的力量吧！造成自己领导的能力吧！接受前进的教师及社会教育者的领导吧！

各级教师及社会教育者们！站在学生一起吧！站在学生阵线前面吧！为了民族解放，为了教育青年，亲身去领导这一民族的，神圣的运动吧！

理想与事实并不是相离十万八千里的。我们今日共同的理想是民族解放，我们今日的事实是在实现这一理想的最初步，反抗侵略，防卫国家土地完整，我们今日的理想是组成民族阵线，我们今日的事实是在实现这一理想，组织全阵线的一分野的学生大众；我们的理想是把学生阵线造成一个钢铁壁垒，我们今日的事实是在实现这一理想，与各种认识不足及落后的学生份子斗争，整齐自己的阵容。在斗争过程中，有进步的现象，有落后的现象，有可教的人，有不像人的兽，这一切有什么奇怪！有什么值得悲观！怎么怀疑到理想与事实的不一致来呢！

现在需要的是力量，集中各个力量要把千万颗子弹打在一个靶子上。

章汉夫在《读书与救国》这篇文章中说：

> 学生救国运动到了今天，已经走到严重的关头。学生除了热烈的游行示威，赴京请愿外，没有做完他应该做的事。各地学生运动并不统一，就是一地一校的学生运动，也不统一。学生运动没有联合一切救国团体一同活动等等。北平学生所遭的杀戮，并没有向一般大众广泛的宣传，学生罢课，感觉到不知道要做什么？（北平天津除外）对于汉奸，还没有给予应有的打击……

> 这是为什么呢？就是因为缺乏指导理论。所以，越在救国运动热烈的时候，越要多读书，读指导和推进救国运动的书。只有这样，才能答复"往哪里去？"这个严重问题。

特别值得注意的是，《读书生活》编辑部为了号召全国人民投入抗日救亡的伟大爱国运动，从1936年第三卷第五期开始直到第五卷第二期被迫停刊为止，在封面上的上方印出非常醒目和振奋人心的十六个大字："生活斗争·民族解放·理论指导的半月刊"，同时从1936年第三卷第五期开始，在封面上刊登抗日救亡的大幅木刻图片，用以彰显《读书生活》作为全民抗战伟大号角的特殊地位和鲜明特色。

为了及时反映全国人民抗日救亡的呼声和动态，《读书生活》从1936年第三卷第六期开始设立了"救亡信箱"专栏。同时刊登了一则特别说明：

> 本栏选稿标准，以参加实际活动的人写的为原则，旁观人的文字一概不录。因本栏性质注重在交换救亡情报，与互相勉励上，故不作普通来稿论，一概不给现金报酬，但凡经登载之稿，均赠本刊半年，借

示答谢。

由此可见《读书生活》对抗日救亡情报交换和抗日救亡运动的高度重视。

在1936年第三卷第六期的"救亡信箱"专栏分别报道了上海妇女救国会组织十五个小队到各地进行爱国演讲,动员唤醒百姓积极参加抗日救亡活动,广州的学生运动,杭州的学生运动和全国学生为了呼吁政府积极抗战进行的赴京请愿活动。

《我们的态度》是《读书生活》以"本刊同人"名义刊登在1936年第三卷第八期的头条文章。再次号召广大读者,坚决抗战到底,"走争取民族生存的路"。并且发出铿锵誓言:

> 我们对救亡的决心有铁般的坚定,我们都准备牺牲自己在中国民族解放斗争中!
>
> 这篇文章开头写道:"读完二月十一日中宣部告国人书后,我们觉得我们自己既然都是属于所谓知识分子,也应该不避忌讳,坦白的来说几句话。
>
> 民族当前的危机,把全社会的人们的立场弄得更明白了。现在中国人只有两条路可走:一条是准备去当亡国奴;一条是不愿当亡国奴,要为民族争取生存。凡是走后一条路的人,我们都是朋友,走前一条路的人是"民族的罪人",也是大家的敌人。
>
> 凡是走后一条路的人,我们彼此间,不论过去有什么仇怨,主张上有什么不同,作出了什么过错,现在都可一笔勾销,我们还忍在大家的死亡前,来计算彼此的细账,以妨碍当前共同的作战吗?
>
> 我们坦白的说,我们是在这一种认识上,决定走争取民族生存的路,我们决定以友爱的态度对同路的战友,同时也一点不容忍的对付汉

奸及我们准备受敌人无情的毒弹,同时也不畏惧汉奸的暗算,谋害。

没有什么人能够利用我们!我们的一切言论和行动都是本"良心"的主张,我们绝对不掩饰自己的行动,逃避自己的责任。

为了要扩大救亡阵线,我们万分同意"集中力量",上下一心。但这不是一种理论,而是一种事实。把"集中力量",上下一心,具体的说来,就是集中全国各派军事实力一致对外,保护爱国救亡运动,允许民众组织,保障约法上的人权,政府的国策建筑在民众的意志上。人民拥护政府,是这政府在执行人民的公意,政府要想获得人民的拥护,是政府忠诚的执行人民的意志,领导民族解放战争。

无论在上在下,一切的主张,不仅在言论上说得好听,就可算数,但最最重要的是行动,是有铁的事实作证。

为了要取得民族解放最后的胜利,我们认清了我们在国际间要取得声援,我们对于任何国家,任何政治制度,并无什么恩怨,只要她"以平等待我",那就是我们的朋友,如果在某一阶段能站在一条战线对付侵略者,我们应该马上与她缔结同盟,增加民族的力量。

在政治的认识上,我们是如此。至于在职业方面呢?我们是编辑人,是站在舆论兼教育者的地位。在民族危机的当前,我们的天职是用笔去"唤起民众",教育民族,批评一切有妨害民族意识的谬论,揭发侵略者和汉奸的阴谋,总之,一切都集中在救亡上;我们认清了我们的工作在整个民族解放斗争的组织过程中,是相当于意识组织过程的一面。这与军力、财力的准备,原是一个整体的两面。没有轻重的分别。

最后,我们敬向中宣会诸公诚恳的说,我们没有任何党籍,对政治上没有任何偏见,我们的言论与行动,一点不含混,掩饰,我们有的是坦白的心。

我们对救亡的决心有铁般的坚定,我们都准备牺牲自己在中国民族解放斗争中！

《行动的动员》是刊登在《读书生活》1936年第四卷第一期的，又一篇以"本刊同人"名义发表的头条文章。

这篇文章开头写道：

> 反对公式主义！
>
> 加强救亡运动，以行动纪念五月节！
>
> 五月这一个月又来了。作编辑的人，每年到了五月，总要把所有的纪念日的事实及意义向读者背诵一遍，并加几句鼓励的空话，和当局邀集各界的几个代表，在屋子内偷偷的纪念一下，商店撅它一天的半旗，原没有什么不同的。这种纪念的方式，是所谓公式主义。对于这一个月，真正忙碌并且年年有进步的似乎只有军警人员，他们从大街到小巷在追逐，超过公式主义纪念五月的人，并且每年的工作方式也是有些进步的。
>
> 本刊同人在今年的五月这样民族空前的危机下，不想再像留声机一样开放那年年一样的老片子了。我们不想再来背诵事实，说什么空话。本刊同人，对今年五月的宣誓，是自己以行动来纪念五月，我们决定在"五一""五三""五四""五五""五九""五卅""五卅一"这七个日子，先来检阅检阅自己的思想和行动，检阅我们办的刊物，深刻认明当前的中国形势，我们所负的使命，最后决定我们所能做的最最实践的工作。我们大家决定，我们要百分之百的实现。
>
> 我们看出一切的纪念日，最最正确的纪念方式是加强当前的救亡运动，一切纪念日都可统一在当前救亡运动内，要解除"五五""五九""五卅一"的卖身契，要洗涤"五三""五卅"的血污，要改善中国劳动状态，要使中国的新文化开展，首先就要求得中国存在，不亡，要能

抵抗住敌人新的侵略,不再在自己的卖身契上签字。然而,中国当前的现实,要比这一切纪念日发生的当年情势都严重,我们新的耻辱,新的卖身契,在明明暗暗中增加,甚至连公式的纪念的解嘲,也几乎都一天天变为不允许了。

现在中国民族要求的是以行动,以抗战来抵住当前的侵略,准备全国民的一战。现在中国大众,每一个集团,每一个个人是以行动参加这一神圣的民族战争,不再是什么空谈了。离开了行动而在公式主义下说几句空话,或者把行动写在支票上,这都是对民族的不忠实,甚至有被人疑作故意匿藏在爱国烟幕下的奸细。

本刊全体读者们!我们希望大家在这五月中各自决定我们要走的道路,行动的动员起来,在自己的个人能力范围以内,负起一件自己能做的工作。以救亡的行动来纪念这七个纪念日,以争取民族的生存、解放来洗涤一切国耻!

为了加强对全民抗战理论的指导,《读书生活》还开辟了"讨论"专栏,邀请专家学者各抒己见,贡献抗日救亡大计。该刊1936年第四卷第七期"讨论"专栏刊登了章汉夫撰写的《关于抗敌联合战线的诸问题(二)》,专门论述了劳苦大众是抗日联合战线的主力军,观点鲜明,说理透彻,令人印象十分深刻。

这篇文章写道:

在本刊上期本文第一部分中,我已经说到劳苦大众是抗日联合战线的主力军。为什么?

第一,因为劳苦大众是最受压迫的,他们要求解放的心最切,因此战斗性也最强。劳苦大众不仅受帝国主义的压迫,还受地租、苛杂、高利贷的压迫,天灾的祸害,武装催征,强圈硬占民地的摧残,和在内战时的征发拉夫等的痛苦。如果是工人,得受帝国主义资本家的直接剥削和压迫,就是在民族资本家的厂家内作工,也没有因为同是中国人,都要联合一致抗日而对同胞的生活有所改善,反而因为中国工厂受了日本"经济提携"的影响要降低成本,即减少工人,削低工资,增加工作,使日本资本对中国资本的压迫,全部由工人来负担。更不用说,无家可归无工可做的劳苦大众更不知道有多少。

第二,劳苦大众在全国总人口中占的数量最大。号称四万万的中国人口中,至少有三万万是农民,工厂工人手工业工人和劳力的数目,虽然难以估计,但是农民和工人占全国人民的绝对大多数是大家一致承认的事。

第三,在劳苦大众中尤以工人的态度最为坚决,因为工人不像农民。农民在几千年的封建传统的压制和深刻的礼教束缚中,特别是在保有任何细小的私有土地的生产情形下,保守性比较强。他们对于私有土地最关切,和其他农民的来往少,关系少,因此团结也差。而工人则一无所有,是靠出卖劳动于生产工具的所有者来生活,所以没有私有观念。他们在同一机器上、同一车间、同一工厂中做工,来往既多,而个个生产步骤之间,关系密切,甲车间一停工,立刻就会牵引到乙车间的工作,所以团结性大。跟着生产过程的组织产生了工人间的组织性。在机器生产中,相当的洗刷了一些封建传统和礼教束缚,因此,我们说工人比农民的斗争性和组织性要强得多。

这是事实,而不是什么党,什么派凭空可以造出来的。正是根据这个铁的事实,我们才说,联合战线既然是全国人民的,就不能不将在质和量上都极端重要的劳苦大众作为联合战线的基础,他们是联合战线的主力军。

《读书生活》作为鼓动和激励全民抗战的伟大号角,对全国抗日救亡运动舆论影响最大的是1936年第四卷第九期隆重推出的"国防总动员特辑"。这个特辑由李公朴《政治的国防动员》、胡愈之《国防外交的基本原则》、章乃器《经济的国防动员》、刘群《军事的国防动员》、章汉夫《教育的国防动员》、杨骚《文学的国防动员》、张庚《戏剧的国防动员》、凌鹤《电影的国防动员》和吕骥《音乐的国防动员》、胡绳《新文字的动员》等重点文章组成。可谓名家云集,阵容庞大。论述内容涉及全民抗战的重要领域,确确实实是一场抗日救亡的全民总动员,也是投放给气焰嚣张的日本侵略者的一枚威力极其强大的精神炸弹。

李公朴先生在《政治的国防动员》中指出:

> 一个国家到了要和外敌作殊死战的时候,在战争组织过程中,最基础的组织过程是政治组织过程。所谓非常时期,必有非常的政治。政治的强化,是这时期绝对的必要,因为其他军事,经济,社会各种组织过程,均要求政治的领导,如果一国有雄厚的军力,优势的经济,激越的民气,要是没有一个强化的政府,这些优势均无力对敌发挥作用,如果散漫的对敌作战,那决没有不失败的道理。

> 在国防的总动员中,我们第一要注意的是政治的动员。什么是政治的动员呢? 即如何强化这非常时的政治作用,如何组织这战时的政府,使它在战争中负起指挥灵活作战的职责,击败我们的敌人。

李公朴先生认为:

> 政治的国防动员在总的原则上,是将政权极度的民主化,即所谓真正的全民政治,放弃过去政治上阶级的偏见,仇恨,独断,而将政权真正的授之于人民。自然,人民的公意往往是通过政党而实现的,所以这时政治的组织者是各党派的合作,除汉奸亲敌的政党外,一切民

族的政党,不论从极右到极左,均无排斥它参加政府之理。一切政党的存在,均受法律保障它作政治的斗争。

但是,这时的政治最高原则是各阶级彼此协调共同抗敌。自然,这时需要一个共同行动的纲领,一切政党的政治斗争,都不能超过这一个纲领。违反了这一个纲领,就是背叛了国家,自毁了自己的政治信用。

所谓民主性的极度化,就是将政权极度的公开,所谓政治的强化,就是用和平方法消灭国内政治上的对立,使朝野一致合作,没有被排斥在政府以外的政党,使人民的公意都有直接诉之于政府的机会,同时政府又是直接在执行人民的公意,由是政府变成人民自己的政府。政府受着万亿人所拥护。

胡愈之先生在《国防外交的基本原则》中特别强调了抗日战争必须坚持的三个外交原则。

第一个原则:

决定中国一般的国际政策……运用一切和平力量,不放弃一点一滴,使中国成为国际和平阵线中最忠实的一员,这样才能提高中国的国际地位,而使抗战时期的外交不至陷于孤立。

第二个原则:

决定中国在太平洋区域所采取的特殊政策。就面积人口,地理位置或海岸线长度而论,中国都不失为太平洋上最主要的国家。中国的存亡对于太平洋的和平有不可分离的关系。为求太平洋的区域安全,必须以中国的抗敌救亡运动作轴心,把太平洋岸上一切倾向和平的国家和人民联合起来，以共同反对侵略，保障各国的领土安全与主权独立。

第三个原则：

决定中国现阶段的外交策略。现阶段的中国正在抗战救亡的途上，因此在这个时候，一切力量都集中在抗战救亡这一点上。目前中国的敌人只有一个，就是侵略国及其同盟者。

胡愈之先生接着指出：

这些国防外交的基本原则，在表面上和过去的革命外交原则完全不同，因此有人要怀疑向帝国主义妥协让步。其实恰巧是相反。因为我们即使暂时联合反侵略的帝国主义国家，利用帝国主义的相互矛盾，以挽救中国的危亡，但是到了抗战救亡得到最后胜利的日子，中国失地收复，国力巩固，由半殖民地的地位，一跃而为独立自由的国家。那时民族的大敌已经消失，要废除一切不平等条约，推翻帝国主义在华残余势力，自然易如反掌。不然，中国因军事不抵抗，外交无办法而至于因循亡国，徒然空谈废除不平等条约，推翻帝国主义，会有一点用处吗？

……我相信，在目前凡是具有保障国土主权决心的抗敌政府，可能采取的外交方针，断不能离开上面的三个原则。在这国防外交原则不能实现以前，至少首先应该使这些原则成为全国人民共同的外交信念。

章乃器先生在《经济的国防动员》中指出：

经济国防的基础力量是民众；经济国防动员的主要手段是金融政策。这可说是一般的原则。尤其，在半殖民地的中国，这个原则是特别的重要。

……金融是应该以整个国民经济为对象，定立下来一个通筹全局的政策的。只要国力能够增加，金融力量是不妨损耗的。倘使为了顾惜较小的金融力量的损耗，而任听国力有更大的毁伤，那便依然是割据式的金融。比方，招商局曾经和五大洋商航业公司订立了一个营业协定，共同提高长江运费。那结果，如果招商局能增加一百万元收入的话，然而其他五大洋商公司也许就要一共增加了五百万元的收入；然而中国人民却要损失了六百万元，而中国国际收支便要多付出去五百万元的洋商营业利益。招商局取得一些小小的便宜，中华民族却吃了很大的亏耗。倘使国家的金融政策能够帮助招商局，使它能够准备一千万元的牺牲，那么，它便可以大大的减低运费，而使其他的五大洋商公司也许一共要牺牲了五千万元。那样，中国人民便占了六千万元的便宜，而中国国际收支，便可以少支出五千万元的洋商营业利益。金融方面即使吃了倒账，也不过损失一千万元，而国力却可以增加五千万元。这种通盘筹划的政策，在经济国防的意义之下，是要特别注意的。自然，这中间的内容，决计不是一篇短文所能详尽的。

最后，我还得指出从经济国防着眼，中国的抗战是只可能取攻势的。只有在攻势当中，配合人民武装力量，我们才有希望可以恢复我们的物质壁垒，至少也可以在攻势的掩护之下，可能迁移或者毁灭我们还未能迁移的经济力量，而使之不供敌人的利用。这在高唱到"堪察加"去的失败主义者，是不会了解的。他们要把中国的国防壁垒，先缩成一个小小的圈子，以便于敌人的完全灭亡我们！他们还要遗弃了广大的群众，以便于敌人的人力补充！

刘群先生在《军事的国防动员》中充满信心地表示：

> 我们有四万万五千万同胞,我们有三百万正规军,我们至少还有一二百万非正规军(东北游击队和各地民团,等)我们还有二千架以上的飞机,我们有二万八千吨的军舰,我们有大炮,坦克,我们也有毒气,也有无数炮台和碉堡,——以前这一切都用于无意义的内战中,现在我们要全部动员到国防的前线或用于保卫国土的种种事业。那就是我们的理想,那就是国防的军事动员的目标。愿全国的武力一起团结起来,在进军的号声中,开赴国防的最前线!

章汉夫先生在《教育的国防动员》中呼吁：

> 对于出版界和书业,也希望他们能够"为国难而牺牲"无意义的书籍的小利,为国防"文化而奋斗",多出版些以国防为中心的教科书和教材。同时,减低售价,使一般民众都能受到书本中的教育。
>
> 如果大家都努力的在学校和民众中推行国防教育,教授和专家们都以国防中心的教材讲授,著作家都编辑以国防为中心的书籍,出版界书业都以出版廉价的国防中心的书籍为自己的责任,国防教育总动员才是联合战线的动员,才能够收最大的效果。

杨骚先生在《文学的国防动员》中指出：

> 我希望中国一切非汉奸的文艺理论家,迅速地把国防的文艺理论建设起来,一切非汉奸的作家,努力给我们多多产生一些国防的文艺作品来!

最后是茅盾先生拟定的："救国目标大家一致，文艺言论彼此自由"。这一对文艺家联合阵营的大门上的门联，我也赞成；但这里的所谓自由，我想应该相当给予解释，就是不能自由到把文艺家联合阵营的意义和效用忘记。如果一位作家跑进文艺联合阵营里来，自由到只要讲情诗写法，或甚至自由到劝别人不要写国防的文学，那怎么行？因此，我也想到"虎头牌"这个不大好听的家伙来了。据我的意见，在强调一个"存在"的意义及其效用上，"虎头牌"也是需要的。

然而这好像是多余的话了。我希望以后一切的文艺家，像茅盾先生所指示那样，多讲些创作上具体问题的好议论！

张庚先生在《戏剧的国防动员》中指出：

新兴话剧在这救亡工作中应当勇敢的参加到战斗的白热点去。它应当毫无成见，无论形式和技巧上的，它应当意识到它是中国戏剧中最年轻，最没有规律束缚的戏剧形式之一，它应当了解，只有从实践中才能发现它最正确，最完美的形式和技巧。它应当不拘泥于舞台上，不拘泥于一定剧作形式，它应当坚信，凡是最能发挥国防功能的形式，技巧以至于内容，就是最大众，最有希望的，将来的新戏剧的胚形。

所以，戏剧上的新旧之争，形式之争，不但没有被抛弃，反而是在国防工作的实践之中更其深刻地广泛地展开了。但是，谁要一刻放弃了为国防而斗争的任务，谁就会被抛开。在新的实践之中，各种形式的戏剧都在一个向新戏剧的扬弃过程中，将来新的戏剧生命，就寄托在这一实践之中。

为了开展救亡的工作，为了完成大众的戏剧运动，为了建筑新文化中的戏剧文化的基础，我们应当号召广大的戏剧界站到国防戏剧的旗帜下来！

凌鹤先生在《电影的国防动员》中写道：

我想在可能范围中，可以提出几种实际工作，向电影从业员们作为建议。(一)我们应当从跳舞场或回力球场走回自己的工作室将生活严肃起来，经常的研究政治情势和其他有关于国防的诸问题。(二)从实践中获得理论的根据，譬如参加救国行动，化妆演讲之类。(三)拍有关国防的新闻片，随时随地的摄取，作为国防纪录影片。

当然，电影的国防总动员，电影批评家们也该担负起重要的任务。这种工作，包括了建立国防电影的理论，和非常友谊的诚恳的批评作品。换言之，用尽一切力量将国防电影建立起来，避免一切可能破坏国防电影的危险性，而他们的立场和要求是和大多数观众完全一致的。

吕骥先生在《音乐的国防动员》中提议：

为了要使音乐在当前这样的一个阶段中分担起国防的任务，也为了要使全国每个从事音乐工作的人在国防音乐的旗帜下负起"我是中国人，我要救中国"的责任，我挚诚地向全国音乐界建议："我们应当马上联合研究音乐理论的人，歌曲作者，音乐教师，唱歌团体指导，职业的及业余的唱歌者和唱歌团体以及音乐出版家组织国防音乐座谈会"，要求每个从事音乐工作的人都参加这战线，尽快地完成起坚强的国防音乐的工事才好去教育，鼓励，组织全国的民众。这只有有机的严密的组织，才能保证我们得到工作之最后的胜利。

胡绳先生在《新文字运动动员》中认为：

在当前的联合战线中,"左"倾幼稚病的确是不能不防备的一种危险。在新文字运动中也一样。

在新文字运动中间的"左"倾幼稚病,根据上面所说的,可以包括了这种种:跳过发展的阶段过早地提出民族语的建立,夸大新文字运动在当前的国防中的意义,错误地理解新文字运动的政治意义……"左"倾幼稚病的清算现在正是时候了!

一方面,我们清算了新文字运动中的缺点,一方面,我们要不息地推进我们的运动。

怎样地推进呢? ——我们要不断地扩大新文字的影响,招致一切阶层的人到我们的运动中来;我们要不断地扩大和巩固新文字的组织,使方案的制定和修改都能通过群众而决定;我们要加深新文字的理论,说服一切怀疑的反对的人;我们更要加紧新文字的教育,使新文字在大众中间树立更深更强固的基础……

只有遵循这样的路,新文字的发展才是有前途的,才能在国防阵线中间担任重要的一翼。

这样的工作自然不是少数的几个人做得了的,也不是某一方面的人就完全做得了的。新文字将动员广泛的群众,英勇地向语文改革的光辉的前途进军!

《读书生活》吹响的全民抗战进军号的主旋律就是告诉每一个中国人:没有人可以在时代的巨浪下独立生存,因为个人的苦难终源于中华民族在帝国主义、全球资本主义下遭受的苦难。对于中国人民来说,出路只有一条,就是团结起来抗日救亡,成为一个爱国主义战士,保家卫国,反抗侵略,为争取民族解放而战斗,直至最后的胜利。

第11章　大力弘扬木版画艺术

翻开《读书生活》杂志,读者首先就被每期刊物封面上的木版画和文章中的素描插图所吸引。正如著名学者叶文心所说:

> 《读书生活》更以图像呈现广大中国人民的苦难。杂志选用极具表现力的素描与木版画作为杂志封面和内容插图。例如,一幅题为《他们的野餐》的插图,描绘了两个赤脚的农民。他们蹲在树下,脸埋在饭碗里匆忙扒饭。另一幅题为《难民》的画,描绘了一个流离失所的农民家庭。全家四口人,男人在前面领路,背上的两个大麻袋里是全家所有家当。女人跟在后面,一只胳膊抱着幼儿,另一只胳膊挎着一大袋子衣服,一个小孩走在一边,牵着母亲的衣角。这些人都没有突出的特征。整幅作品无意描绘具体的个人,它是一个个逃难农民家庭的缩影……《读书生活》刊登的木版画,描绘的是苦难的农民。它不仅提醒读者们城市之外的现状是一片混乱,也预示着城市安稳的生活终将遭受严峻的考验。[①]

①叶文心:《上海繁华——经济伦理与近代城市》,王琴译,中国人民大学出版社,2023年,第159—160页。

　　《读书生活》与鲁迅先生一样,在当时也非常重视弘扬木版画艺术,不仅在每期封面刊登主题鲜明的木刻作品,推出了木刻艺术特辑,刊登木刻艺术专论,而且"破例"刊登青年艺术家刘岘的一组木刻连环画作品《孔乙己》,成为当年期刊界大胆扶持木刻新人的惊人之举。

　　《读书生活》1935年第三卷第一期推出的"木刻特辑"中,开篇是柳湜先生采写的"全国木刻展览会"印象记。

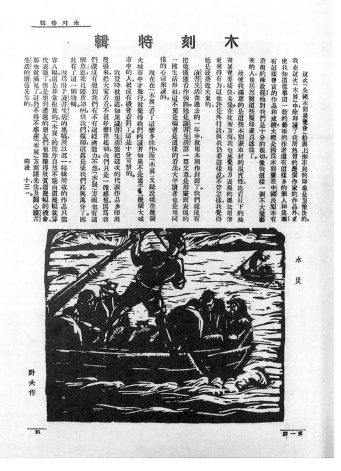

《读书生活》1935年第三卷第一期"木刻特辑"

这篇印象记写道：

> 这次"全国木刻展览会"给予上海市民的印象是很愉快的。我在这次"木展"中，除拜读了我所熟悉的几个作家的作品外，更使我知道从事这一新的艺术的作者还有这样多的个人和集团；有这样丰富的作品和成绩。大概是因为木刻画在中国民间本有着根的缘故吧！她对我们是十分的亲切，像我这样一个不大懂艺术的人，也居然被这些复印画页迷住了。

> 最使我满意的是这些木刻画取材的现实性，比看目下的油画展览更痛快，易懂。在技术方面，我也感觉用刀表现的总比用笔更来得有力。这也许是外行话，但我仍要这样说。不管怎样，我觉得她是最接近大众的。

> 《读书生活》在过去的一年中，就用木刻作封面了。我们从没有把他仅仅看作装饰。她是《读书生活》第一篇文章，是用画面表现的一种生活形象。这不独是编者是这样的看法，大半读者也是用同样的心情来读的。

> 现在在"木展"看了这么多佳作，而"木展"又听说只在几个大城市中才举行，就觉得我们的读者如果不是属于这几个大城市中的人，就没有机会看到了。这是十分可惜的。

> 我登时就想到，如果《读书生活》能把这次的代表作品多印出几张来，把大家看看，不很好么！在起初，我们只是一种感想，因为我们还没有想到我们有没有这经济能力。不想，"木展"方面也有这个意思，并且愿意却酬，供我们复印，这真是使我们高兴万分了。因此有了这一个特辑。

> 因为限于《读书生活》的篇幅，所以这一特辑所收的作品只能容八幅。这是非常抱歉的，"木展"的佳作自然不能由这几幅就算代表

尽了。但是想到边远的朋友们也能获得欣赏这几幅的机会，那也就满足了。这仍不得不感谢"木展"方面诸先生，及关心《读书生活》的唐弢先生的。

《读书生活》1935年第三卷第一期"木刻特辑"选登的八幅木刻作品分别是野夫的《水灾》、何白涛的《街头》、张慧的《锄头》、李桦的《兵变》、夏朋女士的遗作《早餐》、张致平的《负伤的头》、陈铁耕的《母与子》、新波的《讲演》。

在选登这批木刻佳作的同时，还刊登了唐弢先生撰写的《木刻谈略》。

《木刻谈略》从"木刻史话""东方木刻和西方木刻""工具介绍与刻制过程""近倾期之中国木刻运动""木刻画的特质"等五个部分对木刻这一新兴艺术做了详尽的论述。

唐弢先生在"近倾期之中国木刻运动"这部分中指出：

创作木刻画流入中国，最早的是书籍插图，一九二六年北平胡涂画会尚莫宗，曾以野兽派作风从事习作。一九二九年艺苑朝华社印《近代木刻选辑》等三册，才算是正式国外作品介绍，杭州艺专学生组织的"一八艺社"，于一九三一年在上海举行展览会，即刊有木刻画数帧，题材多极抽象。九月，日本版画家内山嘉吉来沪，鲁迅请其义务讲授一星期，有青年二十几人听讲。毕后，组"现代木刻研究会"，随被"一·二八"炮火摧毁。春天，成立"春地画会"，作品已倾向写实。曾举行展览会。改组后，易名"野风"，秋天，主办"援助东北义勇军联合画展"，内有木刻参加。同时，上海美专学生组"M·K木刻研究社"，举行第一次单纯木刻展览，效果极好，随被查封。

一九三三年，"上海绘画研究会"脱胎，新华艺专复产"野穗社"，和北平"野火木刻社"，杭州"木铃社"，"艺专木刻会"均有连络。稍后，复有"上海木刻研究会"产生。一九三四年，木刻运动极为活跃。上海"未名木刻社"，广州"现代创作版画研究会"，出版木刻集极多。南京"磨风艺展"，亦有木刻参加。八月，"平津木刻联展"开幕北平，举办"木刻谈座"。蔓延产生"平津木刻研究会"，即发起"一九三五年全国木刻联合展览会"。同时，"太原木刻研究会"，"邢台木刻社"，"济南木刻研究会"，"香港深刻版画会"，先后组成个人作者，遍全国各地，本年①，"全国木刻展览会"连续在北平、天津、济南、汉口、太原、上海举行，收效极大，六月中，广州之"现代版画会展"，"唐英伟个人展"亦先后举办。

几年来，刊物报纸木刻画大量的介绍；国外木刻画的复制，古代木刻画的发掘，都给这个新艺术运动，以有力的催促！

唐诃先生在"木刻画的特质"部分指出：

为新艺术一部门的木刻画，近几年来，疯狂地迷漫了整个中国艺坛。虽然某一时期，曾受到不少社会的误解和冷遇，但因热心者努力提倡的结果，这种运动，已博得一般的同情。究其实，木刻画自有其适合于时代之优越点的；第一，木刻画工具简单和材料低廉，适合于物质贫乏的研究者。第二，木刻画利用单纯的黑白二色做对比，又具特有的刀法，故能光影明确，线条有力，富于原始趣味。第三，一般艺术品，苦于不能大量供给，而木刻画刻就后，可由作者复印多张，适合大众收藏鉴赏的需要。第四，木刻画在中国民众间，具深厚之潜势力，一经传播，自易收得启发知识的效果。根据这几点，我们可以得到结论：木刻运动前途是光明的，但更需要青年艺徒们的努力！

———————————

①指1934年。

《读书生活》1936年第四卷第十期的"艺术常识"专栏刊登了曹白先生的文章《木刻和刻木刻的方法》。

这篇文章写道：

　　新兴木刻的输入中国，在一九二九年才开始的；那是柔石等新组织的"朝华社"的《近代木刻选集》的印行，接着便是"一八艺社"里的社员，动手刻起木刻来了。从那时起，中国的木刻，由于鲁迅先生的热心的介绍，和艺术学徒的爱好，便一天一天长大起来，直到今日。

　　中国古代也有木刻，然而现今的木刻和古代的木刻，从它们的内容上讲起来，一个是封建的，贵族的；一个是前进的，大众的；从它们的形式上讲起来，一个是——仅仅是单纯的描线，一个却需要高级的线和体的表演。

　　我们刻木刻的人，首先，得要感激我们的勤快的介绍者和指导者——鲁迅先生。他费去了很多的精神和极大的物力，翻印了四本关于版画的集子：一本是一九三〇年的德国梅菲尔德刻的《士敏土》的插图；一本是一九三四年的苏联的木刻《引玉集》；一本是今年夏初的《死魂灵百图》和八月里出版的德国凯绥·珂勒惠支的《版画选集》。

　　在出版界方面，对于木刻，能够尽力的只有良友图书公司。曾于一九三三年出版四本麦绥莱尔的连续故事和今年的《苏联版画集》。

　　初期的木刻只是模仿，现在也还离不了模仿。这并不是坏事，小孩子的走路是学着大人走出来的。在这模仿的途径中，直到此刻为止，我们可以把它划做四段：第一段是《士敏土》的插图，第二段是麦绥莱尔，第三段是《引玉集》，第四段是苏联的版画展览会。

　　《士敏土》插图的作者梅菲尔德，在板上犁出来的是粗犷的刀触；然而他有组织。但我们是忽视了他的组织并误解了他的刀触的。麦绥莱尔呢,他的黑白对照很明晰,画面异常的明朗,统一;然而他都依照严格的"明暗法"来处理,不是像我们般的左右乱挖,弄得斑驳陆离,只剩下灰色的一片。《引玉集》一出,木刻界被激动了起来,广州现代版画研究会就是这时成立的。他们努力于木刻的推进。

等到苏联版画展出在中国,这才使中国的木刻史上,揭开了重要的一页。

一向,我们对于制作,没有跟自己拙劣的技术下过一番苦斗。作品的内容和外形,得不到一个合适的统一,渐渐感到空虚起来了。这弊病,毕竟给鲁迅先生所揭露。他在《苏联版画集》的序上,说:"我们的绘画,从宋以来就盛行'写意',两点是眼,不知是长是圆,一画是鸟,不知是鹰是燕,竟尚高洁,变成空虚,这弊病还常见于青年木刻家的作品里。克拉甫兼珂的新作《尼泊尔建造》是惊起这种懒惰的空想的警钟。"可以说是道破了我们最大的病症了。

西洋画到达中国,严格的说:还只有二三十年的历史。高贵的艺宫里通常都又不许无钱和庸俗的人们走进去。做一点素描的基本的工作。因此,就现今木刻艺术学徒来说,一般的素描水准,是异常的低落的。尤其是人体,往往一个轮廓要打半天,又哪里还能去顾及表情动作等等呢?所以面貌观念化了,内容公式化了,构图空虚,再懒,不肯好好的下功夫,弄到天亮,图面所给予观众的是单调,呆板,做作,粗糙。

曹白先生还就木刻艺术创作的细节进行了具体的探讨。

实践证明,《读书生活》采用木刻作品作为杂志的封面,给广大读者带来的视觉冲击力十分强烈。该刊第三卷的共十二期刊物中,封面上的"大众联合起来""一·二八回忆""伟大的创伤""畸形""黄花岗烈士墓"等主题鲜明的木刻作品,给读者留下了十分深刻的印象。

应该说，1936年5月10日开始出版的《读书生活》第四卷的共十二期刊物中，每一期封面上的木刻作品给人的印象都十分深刻。

第一期"五月特大号"，封面是一个攥得紧紧的硕大拳头，背景是千千万万愤怒的中国大众。

第二期封面是一个青年高举一面红旗，上面写着："纪念五卅，扩大反帝联合战线"，背景是千千万万愤怒的中国大众。

第三期封面是一个青年右手高举铁拳，左手拎着一支步枪奋勇杀敌的画面，喻示着中国人民抗击外敌侵略的坚强决心和顽强斗志。

《读书生活》1936年第四卷第一期封面

第四期封面是一位青年科学家正在专心致志地翻阅书籍资料,刻苦钻研科学技术的画面,背景是一条蜿蜒伸向远方的铁道线,弘扬的主题是"科技救国"。

第五期封面是一个中国军人手拿着步枪背对身后的画面,呼唤全民抗战,引人深刻反省。

第六期封面是一个青年正在面对人民大众进行充满激情的抗战演讲,背景上写着这样的文字:"谁的一颗子弹于内战上,谁就是我们的敌人! 谁的枪口向外,我们就拥护谁!"

第八期封面是一群中国军人正在手中握枪,肩扛弹药,昂首阔步走向抗日战场的悲壮画面。

第九期封面上的红色字迹是"纪念九一八特辑"。画面是一群热血青年,手拿着武器,高举着一面"还我河山"的红旗,正在前赴后继地冲向侵略者……

第十期封面的画面更为感人:一群长江边的纤夫正在裸露着上身,奋力地拖着装满机器设备的船只,向长江上游(重庆)进行着极其艰难的战略物资大转移……反映的是抗日战争时期著名的我国重要工厂设备大迁移的历史事件。

第十一期封面的画面是一个青年要求抗日却被政府残酷镇压,远景是大批的群众高举"坚决抗日,勿忘国耻"的旗帜游行抗议……

虽然这些封面已经和今天的人们相隔了近90年的岁月,但是这些生动画面所表达的凝重主题、历史痕迹和深刻的警示仿佛就在今日……

《读书生活》之所以特别重视采用主题鲜明的木刻作品作为封面设计,就因为"它是《读书生活》'第一篇文章',是用画面表现的一种生活形相"。

应该说,90年前的《读书生活》杂志的编辑人即具有这种现代刊物封面的装帧理念,这至今依然是一种值得我们后人十分尊敬和借鉴的创新意识。

《读书生活》还大力扶持木刻艺术新人,木刻连环画《孔乙己》就是在这份刊物首发的。从《读书生活》1935年第二卷第二期开始,一直到1935年第二卷第十二期为止,在历时半年的时间内,《读书生活》拿出每一期刊物的第一页和第二页两个页面,刊登了31幅木刻连环画《孔乙己》。在这一组木刻作品发表时,它的作者刘岘先生只有20岁。

一份刊物舍得拿出这么多的版面大力扶持一位初出茅庐的青年木刻艺术家,这在当时全国的刊物中是绝无仅有的一例,即使今天看来,也是一件令人赞叹不已的提携新人的创举。

木刻连环画《孔乙己》是刘岘的成名作,这部木刻艺术作品不仅取材于鲁迅先生的小说《孔乙己》,而且得到了鲁迅先生的高度认可。

刘岘先生小时候经常到村头的城隍庙看戏。一般唱的是河南梆子传统剧目,如《打金枝》《樊梨花》《三上轿》《铡陈世美》等。梆子戏的高昂、粗狂给小刘岘留下的印象最为深刻,童年时的刘岘更喜欢戏里的那种热闹劲儿。此外,城隍庙里各种各样的塑像也吸引着他。古老中原文化的熏陶和扎实的国学基础,使刘岘先生从小就养成了对绘画艺术的爱好。

后来他跟随祖父迁居开封,城市的风土人情让他增长了见识。那时候他对绘画很感兴趣,每逢星期天他都到铁塔寺、龙庭等去写生。小学的美术老师见刘岘喜欢绘画,于是悉心指导,给他介绍《透视学》等专业书籍。所谓的"初生牛犊不怕虎",少年刘岘开始学习水彩画、粉画,打下了美术基础。

那时候开封是河南省会,很多进步思潮不断涌进这座城市。学校和书店里经常看到鲁迅的《呐喊》《彷徨》、茅盾的《幻灭》、叶圣陶的《稻草人》等作品。很多外国小说比如塞门诺夫的《饥饿》、雷马克的《西线无战事》等作品也可以看到。

有一年冬天,刘岘先生在书店里偶然看到鲁迅和柔石编辑的《艺苑朝华》,这是一本木刻作品选集,他如获至宝,从此对木刻产生了浓厚兴趣。

随后他又买到一本《木版画雕刻法》，自学木版画。

在这些木版画中，鲁迅编选的《近代木刻选集》给他的影响很深。英国的达格利秀、苏联的法复尔斯基精湛的木版画都是他很喜欢的。于是，在名家的影响下，他的木刻技巧有了明显提高。

刘岘先生开始沉浸在创作的兴奋中，每天工作到深夜。因此，不到半年时间，他就创作了上百幅木刻作品，比如《小贩》《卖报童》《残废的老人》等。他还刻了马克思、列宁、鲁迅等人的肖像。

为了提高自己的版画水平，不久后刘岘先生到上海美术专业学校继续学习木刻和油画。这时候他对木刻艺术达到了痴迷的程度。正是在这时候，他为鲁迅的作品《野草》《孔乙己》《阿Q正传》等创作插图，并先后在上海的《读书生活》等刊物上发表。

刘岘先生对鲁迅先生非常敬仰，初学木刻时就不断以鲁迅先生的作品为题材进行创作。早在1932年的冬天，他就想见鲁迅先生一面，于是大着胆子给鲁迅先生写了一封信，还附上自己创作的一些木刻作品，希望能盼到回音。但他知道，鲁迅毕竟是位大作家，虽然热心介绍外国木刻作品到中国来，但也未必会接见一个初学木刻的小青年。

1933年他到上海后，仍然不断打听鲁迅先生的地址。有一次他打听到鲁迅经常到北四川路一家书店去，于是就写了一封信，拜托书店老板转交给鲁迅先生。老板听完他的讲述后很热心，答应转交信件。

大约一周后，刘岘先生在美术专科学校收到一封信，正是鲁迅先生写来的。回信勉励他木刻要有绘画技巧，还要多画，多刻，并指出他寄去几张作品的优缺点。这封信给青年刘岘带来了巨大的鼓舞和信心。

1933年10月，鲁迅先生在上海施高塔路40号举办了"木刻原板展览"，刘岘先生去参观。那天下午，他忽然看到一位身材不高的老人走进展室，身穿藏蓝色长袍，头戴黑色长毛绒礼帽，脚穿一双黑色胶皮鞋，有着浓重的短髭、眉毛和较长的头发。他觉得这一定是鲁迅先生，他和几个同学赶紧围了上去。鲁迅先生很和气,刘岘先生鼓起勇气介绍了自己,还提出一些木刻问题,鲁迅先生都一一作了回答,随后领着大家参观展品。过了一会儿,鲁迅先生起身回到室内,抱来几本画册给大家看,这些都是木刻作品。他不断称赞苏联木刻家法复尔斯基的几幅原作,要求青年们多借鉴法复尔斯基的雕刻技法。这次谈话令刘岘先生印象深刻,鲁迅先生对青年们的爱心和期望令人感动。

从那以后,刘岘先生又和鲁迅先生有过多次接触和通信,在1934年1月到1936年3月的《鲁迅日记》中也有多次记载。此后,刘岘先生更加刻苦地研究木刻,经常把自己的作品寄给鲁迅先生。鲁迅先生在回信中不断对他做出指导,甚至连人物的服饰、环境等细节都一一指点。1934年,刘岘先生编辑出版了《无名木刻集》,鲁迅先生以极大的热情两次为刘岘写序言,充分肯定这位青年木刻家的作品:新的木刻是刚健,分明,是新的青年的艺术,是好的大众的艺术。这些作品,当然只不过是一点萌芽,然而要有茂林嘉卉,却非先有这萌芽不可⋯⋯

鲁迅先生把这本木刻集推荐到书店里代售,还选出刘岘先生的三幅作品,推荐参加1934年在巴黎举办的"革命的中国之新艺术"展览。

鲁迅先生在与刘岘先生的接触中,谈及诸多艺术问题,乃至许多外国木刻艺术家的艺术特点,给他很深的启迪。刘岘先生自幼喜爱河南朱仙镇年画,到上海后,他曾两次寄送朱仙镇年画(现仍保存在上海鲁迅纪念馆),鲁迅先生对此很欣赏。他说:"朱仙镇的木版年画很好,雕刻的线条粗健有力,和其他地方的不同,不是细巧雕琢。这些木刻很朴实,不涂脂粉,人物也没有媚态,颜色很浓重,有乡土味,具有北方木版年画的独有特色。"[①]他还告诉刘岘,朱仙镇年画已被日本出版的《世界美术全集》收入。

---

①王亚军:《年画:不仅仅是年的画(冷眼观潮)》,《人民日报》2015年2月22日08版,http://opinion.people.com.cn/n/2015/0222/c1003-26586761.html。

20世纪80年代初,刘岘先生不忘鲁迅先生的嘱托,曾回河南开封,全力提倡并支持成立了朱仙镇年画社,推动了这一民间艺术的传承。

刘岘先生的女儿王人殷回忆:

> 鲁迅对父亲的作品有过细致的分析、评论,曾为父亲编辑的《无名木刻集》亲手书写序言,而且由于当时父亲刻作经验不足,鲁迅手书的序言未刻完便摩擦烂了,他又再次请先生重写,先生居然很快又写了一份给父亲。父亲回忆起这些事的时候,常常笑悔自己年轻不懂事:"那时我十九岁,真是不知天高地厚,这么样一次次打扰先生,现在真感到后悔啊。"①

著名作家萧军在1981年的《刘岘木刻画展》前言里写道:"在30年代,鲁迅先生的两只手,一只手是培育了若干青年文艺家……另一只手是培养了若干青年木刻家——刘岘同志就是其中之一。"②应该说,鲁迅对于刘岘先生在木刻上的指导,不仅仅止于艺术上的启示,更重要的是为他的艺术道路奠定了正确思维和艺术观念。

1937年七七事变爆发,刘岘先生怀着一腔爱国热情,立即中止学业从日本回国,先后参加上海留日归国同学救亡团、河南留日学生救亡团,并在开封举办了"抗战宣传美术展览",他自编自刻揭露日本军国主义罪行的《没有字的故事》,又编印了《抗战版画》,他以刻刀为武器,为祖国而战斗。

1939年,他调到延安鲁艺美术系任教,在此他对艺术有了更深刻的理解——艺术不是艺术家象牙塔里的玩物,应是时代和人民的心声。

抗战胜利后,刘岘先生调到《新华日报》工作。这时期他创作了大量

---

① 慧衍编著:《刘岘画传》,同心出版社,2008年,第130页。
② 同上书,第1页。

木刻作品。中华人民共和国成立后,他的工作岗位多有变动,但无论在什么岗位上,他都没有放下手中的刻刀。

2021年1月23日,"我爱艺术胜过生命——刘岘木刻艺术展"在上海鲁迅纪念馆展出。这次展览精选了北京鲁迅博物馆藏刘岘艺术作品和相关文物百余件(组),其中包括木刻作品、刘岘用过的木刻刀、鲁迅致刘岘信等,讲述刘岘与鲁迅的故事,以及刘岘现实题材的艺术创作。展览生动展现出了20世纪30年代鲁迅先生和刘岘先生通过木刻艺术联结造就的一段师生之谊和艺坛传奇。

曾参加1981年新版《鲁迅全集》注释编辑工作的马蹄疾先生回忆,因为《鲁迅日记》中提到刘岘先生(包括化名)的名字有45次之多,因此要注释《鲁迅全集》就必须向刘岘先生求教。

他写道:

> 勃起于(20世纪)30年代的我国新兴木刻艺术,在鲁迅的领导下,一打入中国的艺术殿堂,就充满着健康、革命、进步的倾向,所以一直被国民党政府视作是"洪水猛兽",搞木刻创作被捕坐牢的事,经常发生。为了躲避国民党鹰犬的追索,一些经常和鲁迅通信的木刻青年,只好随时更换姓名,刘岘先生曾先后用王慎思、刘岘、王之兑、王泽长四种名字和鲁迅通信。过去,我们一直把这四个名字,认为是三个人,为了搞清这些注释中的疑难问题,我去向刘岘先生请教。刘岘先生在甘家口寓所热情地接待了我,告诉我这四个名字都是他。他告诉我,一个时期换一个名字,是为了避免引起国民党特务的注意,是为了考虑鲁迅先生的安全。后来刘岘先生提供的情况,都采纳进了《鲁迅全集》的注文中。这是我认识刘岘先生的开始。后来我经常到中国美术馆去找刘岘先生,现在《鲁迅全集》第十三卷附录所收的七则鲁迅致刘岘信的断片的注释,都是在刘岘先生的指导和帮助

下补充修改过的。我一次又一次地去打扰刘岘先生,他总是说:注释鲁迅先生的著作,是我们这一辈的责任,当年先生不厌其烦地为我们看稿,改稿,作序,写信,比起先生对我们的付出,更不屑一提了。他还沉重地告诉我说:"我当时年轻无知,不明白先生的工作这样忙,担子那么重,有作品就给先生寄去,自己也不加选择,不管好坏,刻好一卷,完成一本就给寄去,先生看了我们幼稚可笑的作品,一次次给我们写信,一幅幅给我们提出意见。现在回想起来很内疚,我们不应该去耗费先生的时间,去碎割先生的生命!"这样的话,我不止一次地听他说过,而每次说时,语音是那么沉重,眼眶总是湿润的。①

马蹄疾先生还提到了1934年3月14日在法国巴黎举行的"革命的中国之新艺术展览"中参展作品件数问题。

他说,后来他们找到了这次展览的英文说明书,知道展出的作品确是58幅,其中有3幅在英文说明书上没有署作者名字,他从《鲁迅日记》前后文推测,可能是刘岘先生的作品,就写了一封信向刘岘先生请教。

刘岘先生复信说:

那3幅木刻是我的习作。你的推测没有错。大约是1934年,是春季或夏末,我记不准确了。鲁迅先生来信说:有一位外国朋友出于好心,打算征集一些中国的木刻拿到国外展览一回,并要每种各印两幅。也就是先生所说的"要跨出去了"。我随印了六种内容,除以上3幅外,尚有3幅是反战的,那3幅木刻所以没有选送,记得先生来信说,受外国木刻技法影响深,仅选了3枚。

---

① 慧衍编著:《刘岘画传》,同心出版社,2008年,第136页。

马蹄疾先生说:

> 这次展览是我国版画作品首次在国外展出,对被选入的画家和作品来说,在我国新兴版画史上是一件极其荣耀的事,这在刘岘先生是十分清楚的,但正因为如此,刘岘先生从来不来争这份荣誉,默默无闻地把这3幅作品压在箱底。有一次我和刘岘先生谈起,为什么不把这件事在1979年注释《鲁迅全集》时说出来呢,刘岘先生谦和地说:"那都是些幼稚的习作,不值得一提,如果不是被你死抠,我还会让它睡在我的床下的。"我终于明白刘岘先生是一位注重实干,淡泊名利的艺术家,他执著于对艺术的追求,是把艺术看成比生命还重要。他在大病时,实在无力再握木刻刀了,还嘱咐他女儿,为他准备一个画箧和油画蜡笔,坐在床上作画,他的最后一幅画,画的是一只生气蓬勃的大公鸡,雄健的两爪,挺立的鸡冠,圆睁的双眼,五彩缤纷的羽毛。我想,这正是画家自己与病魔作顽强拼搏的心灵写照吧!也是自己执著于对艺术的追求的抒怀。①

《刘岘画传》中"刘岘谈艺"这一章,排列在最前面的一句话是:"人生的价值不在于寿命的长短,而在于为人行事是否有意义,对社会有无尽责。"

细心品味刘岘先生的这句话,纵观刘岘先生走过的路,笔者十分强烈地感觉到,刘岘先生的人品艺品都渗透着浓郁的"鲁味",他的身上有着如同鲁迅先生一样的铁骨柔情。

笔者认为,当年刘岘先生的木刻连环画作品《孔乙己》在《读书生活》首发连载,对于他的一举成名是功不可没的,应该说,这是刘岘先生木刻艺术生涯中的一个高光时刻。

---

①慧衍编著:《刘岘画传》,同心出版社,2008年,第137页。

第12章　鲁藜的第一首诗歌

三十多年前,笔者曾经有幸和著名诗人鲁藜先生在其居住的天津体院南寓所里多次一起小酌聊天。在一次酒酣耳热后,鲁藜先生很动情地对我说:"我和上海有缘啊! 20世纪30年代中期,我在上海开始走上革命与创作之路,我早期的诗作大多在上海发表。我的第一首诗歌《我们的进行曲》就发表在上海出版的《读书生活》杂志上。"

是的,鲁藜先生的诗歌处女作《我们的进行曲》就刊登在《读书生活》1936年第三卷第十一期的"大众习作"专栏的头条位置上。

这首诗歌写道:

> 谁甘做黑暗里的秦始皇,
> 躺在敌人的怀里做梦;
> 让他在伟大的进行中,
> 掘他们及其主子的坟墓!
> 我们呀! 我们要从今天起,
> 把意志凝成钢般的坚韧!
> 让烈焰的生命火花燃尽大地的荆棘;

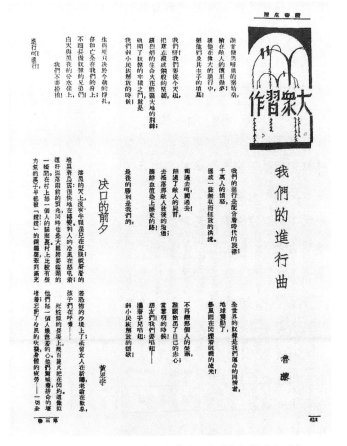

《读书生活》1936年第三卷第十一期《我们的进行曲》

破开了奴隶的牢狱之门，

就是我们弱小民族解放的时候！

生与死只决于今朝的挣扎，

存和亡全在我们的身上；

不愿长做奴隶的兄弟们！

白天与黑夜的分水岭上，

我们不要彷徨！

进行呵！进行！

我们的进行是配合着时代的旋律；

千万人的愤怒，

汇成一条无私而狂放的洪流。

冲过去呵，冲过去！

踏过了敌人的尸首，

去摇落那敌人最后的炮堡；

让鲜血渲染上历史的路！

最后的胜利是我们的，

全世界的奴隶是我们运命的同情者，

地球震动了，

暴风雨在闪烁着破晓的流光！

不再恋那个人的荣华，

谁愿涂黑了自己的赤心；

当黎明的时候！

朋友们！我们要唱起——

携着手儿唱起：

弱小民族解放的凯歌！

《读书生活》1936年第四卷第一期中，"大众习作"专栏编辑对《我们的进行曲》这首诗歌进行的精彩点评颇有深意：

许多论诗的人时常要引用高尔基在《论诗的主题》一文中所说的这几句话："这些一行一行地，规规矩矩地排列着的言语，极为缺乏感情，缺乏诗人和主题底完全的诚实的合一"。这几句话引来评《无题》这首诗是很恰切的，就是《我们的进行曲》也有这毛病。我们并不否认这两位作者在执笔时有着奔放的热情，但也许当他要用言语把他的情绪同经验固定下来的时候,遇到了技术上的困难,因此使他在写作过程中把他的热情减弱了。这是每一位初写诗的人时常碰到的难关。我们希望写诗的朋友在未执笔之前,要有充分的时间去考虑同布置,可是最要紧的还是平常准备的功夫,因为写诗是一件最烦难的工作。

《无题》同《我们的进行曲》的情绪之所以表现得不够热烈,跟他们采取的形式有很大的关系的。尤其是《我们的进行曲》,实在不应用太长的句子。拖泥带水的长句子实在没法表现出雄壮同有力的旋律,这是写诗的人应有的常识。聂耳的《义勇军进行曲》的歌词是鲁藜先生应当仔细揣摩的,其次进行曲应当用洪亮的韵,但这首诗的仄音特别多,且举一例子吧:

从我们的进行曲里

"冲过去呵,冲过去!

踏过了敌人的尸首,

去摇落那敌人最后的炮堡;

让鲜血渲染上历史的路!"

四句的结尾都是仄声,不用说是进行曲不应有的,就是普通的诗里也要避免。诗的音终也是应当注意的,即使不十分讲究,也应常讲求句与句,节与节间的平衡,但这两首诗音节数的相差有时却十分利害。此外,《我们的进行曲》还有一些稍微"雅"一点的句子,《无题》大体上却没有这缺点,至于"把魔岛吞下"这一句,如果魔岛指的是东洋三岛,那么我要告诉卫先生,我们的敌人只是帝国主义,并不是它全民族的大众。

……以上我笼统地批评了这十篇习作,所着重的大都是偏于形式外面而且说不定有过于言重的地方。至于这十篇习作的内容,我们在上头已约略说过。大体上,许多青年作者在开始写作的时候,作为他的题材的是他的身旁琐事以及个人的回忆等等。但从这十篇作者看来,各位作者对写作的态度全都非常严肃,认真,选择的题材是现实最尖锐的问题,主题也富于积极性,在意识上也很进步。因此,即使在技巧上有些缺点,但这并不是十分利害的打击,每个作者如果再配以技巧的修炼,那么必定有更光明的前途,这是可以确信的。

应当指出,鲁藜先生创作和发表这首诗歌处女作时,年仅21岁。他在上海时期发表在《读书生活》杂志上的文章还有两篇书评,一篇是《〈行知诗歌集〉读后感》,另一篇是《创刊号的〈大众教育〉》。

《〈行知诗歌集〉读后感》刊登在《读书生活》1936年第三卷第七期,这篇书评的开头写道:

> 这本诗歌集,在三年前曾读过一趟,那时候我正沉醉在"新月"派的象征幻想里,对于这本诗歌集,感不到兴趣。直到今日,重读起来,始觉得它的价值,是远过艺术至上主义的飘飘然之诗章;而是,在大众语提倡的今日,其形式更可供参考;虽然,这集里不完全歌谣般的大众化;有的,还蕴潜着古文辞的地方。

这篇书评分"荒郊集""幼苗集""枯树集"和"尾音"四个部分,对著名教育家陶行知创作的诗歌集进行了精彩的评论。

作者在"幼苗集"部分写道:

> 在"幼苗"内,将小孩天真的生命而起的歌颂,似有点傻;因为在我们的国度里,尚不是人类天真歌颂的时候。但,一个诗人并大教育家的伟大灵魂;对无邪的童心,是有点急于发掘的。当他掘出一二朵星闪的光焰时,莫怪他要大呼直喊——什么《儿童工歌》《小孩不少

歌》《变个孙悟空》《小小兵》《一双手》……，都是因过度偏爱，而赋小孩以无穷的"希望"与"能力"，未免反而抹捻他们的自然之天真。如果一个小孩而变成"孙悟空"；那么，人类的寿命太短促了。

我不是泰戈尔的儿童天真的爱护者；但，对于儿童的过度寄托其希望，终要失望的——如果咱们的社会是达到某种历程，讴歌儿童；灿烂崇拜儿童的天真，几乎是人类的原性之情绪；而以成人的希望寄托在稚弱的心灵上，是有点残酷。

许是我们诗人的一点偏爱吧！但这偏爱是建筑在他的对人类教育哲学学说上，他仍是人类的关切者。

作者在"尾音"这部分写得更为动情：

在结束本文的时候，还有一点尾音；那就是我对于《幼苗集》里的一首《小庄晓》的"偏爱"的感想。

《小庄晓》的音调是自然极了，有着内在的生命之流，在殷湍着；读之，我的血涌着了。还有一首《朝阳歌》，也同是艺术与心血的结晶品。

总观全部的作品，内容还算充实的；惟用以表现其思想的技巧——形式，显然是有点笨拙，脱不了旧诗的气息，有些地方，很似李太白般的狂放（形式上的），而尽兜着歌谣体式的圈子；只有《献诗人与煤炭》《农夫歌》《摊贩老沈》是由歌谣体式里突出来的接近新诗的大众化的成熟作品。尤其是《朝阳歌》与《小庄晓》。

《创刊号的〈大众教育〉》是鲁藜先生发表在《读书生活》1936年第四卷第四期"读过的书"专栏的一篇评论。这篇评论开头写道：

充满在目前出版界里的刊物,关于教育这类的百分比还不算少;可是这只从量方面看,那种能够从现实出发和现实统一的单纯有系统而正确的东西是非常的贫乏,甚至能摸到现实的边缘的也是凤毛麟角之微,大部是不着边际,毋视现实的学院派的崇高地关在神圣的教室里,大谈其玄妙繁琐的枝节的教育问题的东西,或是粉饰升平的什么"建设""实验"之类的东西,有的简直是垃圾堆了吧,堆积改良主义于无补的东西。

《大众教育》创刊号就以一种全新的特质而出现,正如这朴实有力的封面上,那和现实战斗的手撑举燎原的火花一样,光芒地照耀着黑暗的这一片毒质无限的垃圾堆。在发刊词的《我们的态度》里,我们先就看到两项勇敢和现实奋争的主张:

(一)我们坚决地主张教育目标的大众化。

(二)我们坚决地主张教育理论的现实化。

好!让我们在这两个"坚决"的"目标"下来展开这创刊号的内容吧!

作者认为:

行知的《大众教育与民众解放运动》和洞若的《怎样推动国难教育》提供了"争取整个民族的自由平等"下,怎样"……引导大众去冲破命定的迷信,揭开麻醉的面具,找出灾难的线索,感觉本身力量的伟大,以粉碎敌人之侵略阴谋。把一个重危的祖国变成一个自由平等的乐土"的方法。前者根据了生活教育的两个原则和一个工具:一社会即学校;二即知即传;三拼音新文字,来"……创造大众文化,提高大众的位置""引导大众组织起来争取中华民族大众之解放"。后者同样指出:"加紧注意组织的工作";"培养干部人才";"采用新文字做我们的工具"，都是很重要的对于"推动国难教育"的行动纲领。

作者在这篇评论的结尾写道：

> 《大众教育》无疑的是当前国难危极的时候的最前进的教育刊物，因为它是针对着现实出发的以现实做它斗争对象的一把武器。每个献身于大众教育事业的朋友们，都会从这里得到最本质的东西。

笔者发现，鲁藜先生生前将诗歌《我们的进行曲》和书评《〈行知诗歌集〉读后感》《创刊号的〈大众教育〉》分别收录为《鲁藜诗文集》第一卷（诗歌上）的第一篇、《鲁藜诗文集》第四卷（评论书信日记）的第一篇和第三篇。应该说，前两篇作品分别是他的诗歌和评论文章的"处女作"，所以被他列为《鲁藜诗文集》的"开篇之作"。

鲁藜先生将他在上海生活、战斗时期创作撰写的三篇诗歌、评论作品，收入《鲁藜诗文集》（四卷本）中，由此可以说明，鲁藜先生青年时代于上海和《读书生活》杂志结下了特殊缘分——这里不仅有着一位进步青年的火红岁月，而且还留下了一位著名诗人的文学成长足迹。

鲁藜先生1914年生于福建同安县，原名叫许涂地，是他的父亲按照家族的辈分给他起的名字，意味着农民世代依靠土地耕种谋生。他三岁随父母搭上一条小舢板，漂洋过海去了越南西贡市。小学毕业后便去当小徒工，在湄公河畔流浪。1932年初夏，他护送病重的父亲返回故乡。随后，他进入厦门集美乡师实验学校求学，后在福建同安县担任小学教师。他白天教课，晚上到当地的农民夜校讲课，人们热情地称他为"许先生"。后来他因为崇敬鲁迅先生就将原来的名字改为鲁藜、鲁加。1933年8月间，鲁藜利用业余时间写了一篇散文《母亲》，在厦门发表。他写这篇散文的目的，是要向远方的母亲倾诉怀念之情，并立志做一个对社会有用的人,发誓要同一切邪恶势力做坚决的斗争。

鲁藜先生在这篇散文的结尾采用了诗意的语言:"母亲!收起痛苦悲哀的老泪吧!等着,等着晨曦的来临!"这是他走向诗坛的第一步。

1934年春末,鲁藜先生因为参加社会进步活动遭到当局追捕,来到上海谋生,在陶行知先生创办的"山海工学团"内担任夜校辅导员。

最令青年鲁藜难以忘怀的是,他在"山海工学团"直接受到了著名教育家陶行知的言传身教,经常聆听他的精彩讲话,受益极深。作为一名教育工作者,他把平民教育这项任务当作了毕生追求的事业,这成为他日后积极接近人民大众的思想基础,并塑造了一位出色的"泥土诗人"的雏形。

"山海工学团"实质上是一所社会大学,李公朴、艾思奇、柳湜等不少社会名流都来这里演讲,做实地考察。他们聚集一起也是为了商谈国是。他们来到这里活动,给"山海工学团"增添了浓厚的学术氛围。这种良好的氛围,也给鲁藜带来了奋进向上的巨大推动力,如同为他插上了腾飞的翅膀。

青年鲁藜的勤奋上进,引起了陶行知先生的关注,他把新出版的《行知诗歌集》送给了鲁藜。鲁藜认真阅读后,遂以"鲁加"的笔名在1936年2月10日出版的《读书生活》第三卷第七期"读过的书"专栏头条位置发表了题为《〈行知诗歌集〉读后感》的书评。这篇书评笔力雄健,点评到位,宛如出自一位经验老到的评论家之手,热情赞颂《行知诗歌集》体现了"一个诗人并大教育家的伟大灵魂"。

两个月后,他又第一次用笔名"鲁藜"写出了诗歌《我们的进行曲》,发表在《读书生活》1936年第三卷第十一期的"大众习作"专栏的头条位置,他被《读书生活》"大众习作"专栏的编辑赞许为"必定有更光明的前途,这是可以确信的"一位青年诗人。

不久后,鲁藜先生又写出了诗歌《在行列中》,刊登在上海《生活星期刊》1936年第一卷第二十期。同年,通过进步作家司马文森和潘天流介绍,鲁藜加入了"左联"作家行列。

1936年6月19日,他和杨应彬等三人在上海孟家木桥村的一间农舍里参加了"左翼"教联党团书记张敬仁主持的入党仪式。

在一次纪念普希金逝世一百周年的集会上,青年鲁藜巧遇邹韬奋先生,邹韬奋高兴地握着他的手,向周围朋友们介绍说:"他就是诗人鲁藜啊!"邹韬奋先生对他诗人头衔的称谓,给了青年鲁藜极大的鼓舞。①

王玉树先生在《鲁藜传论——燃烧不尽的赤子诗魂》中还提到,当年在上海,青年诗人鲁藜还是一位勇敢的战士。那时候,在上海经常出现大规模的群众示威游行,反动军警不断出动警车甚至动用水龙头加以镇压。鲁藜每次带领"山海工学团"的师生参加游行,总是走在队伍的最前列,带头高喊反帝抗日的口号,每到一处都会赢得马路两旁围观市民的热烈掌声。

当年和鲁藜一起在"山海工学团"担任"小先生"的杨应彬回忆:

> ……那时地处大场农村的山海工学团也常常有人参加上海市区的抗日救亡活动。有一次我和他一早就从"山海"赶往上海北火车站,参加赴南京的请愿活动。但是赶到北站时,车站的铁闸门已关上了,只有少数人进了站内,大多数人都在站外广场。我们就绕到站外的围墙边,看到有一堆木料堆在墙下,有一二尺高,鲁藜说声"翻过去",就跳上木料堆,跨上墙头,我也跟着上去,一起跳进去了,迅速跑到站台同先进去的队伍汇合。②

敢于横眉冷对各种凶残的敌人,不畏艰险、高歌猛进地进行战斗,整

---

①王玉树:《鲁藜传论——燃烧不尽的赤子诗魂》,金城出版社,2014年,第36页。
②同上书,第30页。

个社会都展现了中华民族不甘心当亡国奴的精神与力量。这种精神与力量使鲁藜的诗情被激发出来,凝集着对历史的深层思考,同时也使鲁藜迸发了诗歌《在行列中》的创作灵感。

　　1938年,鲁藜先生来到延安,开始了创作上的又一个高潮,写下了大量的诗歌作品。1943年7月,胡风主编的"七月诗丛"第一辑将鲁藜以前所写诗歌编为《醒来的时候》,由桂林南天出版社正式出版。胡风为该书写的一则广告中称:这是"天真的诗,沉醉的诗,美梦的诗,是发芽于最艰苦的斗争里面,发芽于最现实的战斗者的坚忍不拔的心怀里面"。诗集共选诗二十八首,其中写于清凉山下、延河水边和抗大营地里的组诗《延河散歌》十首,是胡风从作者这组四十多首短诗中,"砍去大约四分之三",先选刊于1939年10月重庆出版的《七月》杂志第四期上。当时作者正辗转于晋察冀的那些山水之间,几年后回到延安,才读到《七月》这期刊物,"不能不深深地感动,这位编辑像拓荒者那样对待我的敢于有所创新尝试的诗稿",鲁藜先生后来如此说。

　　鲁藜先生由此与《七月》结缘,把胡风先生视为引导他写诗的良师挚友,开始有了通信联系。一直到1949年天津解放,胡风先生从香港去北平时途经天津,两人才见了第一面。

　　《醒来的时候》作为鲁藜先生的第一部诗集,虽显稚嫩,却有不少朴素而富哲理的诗句,如"而年轻的星奔出来/天空永恒地飘走着星/飘流着星的喜耀"(《延河散歌·星》);"如果不是那/大理石般的延河一条线/我们会觉得是刚刚航海归来/看到海岸,夜的城镇的光芒"(《延河散歌·山》)。那首写于1941年9月的《醒来的时候》,更是精短形象:"我是萤火虫吗,在山谷间提着灯火/我是黑风吗,在山脉上奔流。"

　　1948年,胡风在上海计划编"七月诗丛"第二辑,选目中有鲁藜的《星的歌》,胡风还为此写了《跋鲁藜的〈星的歌〉》一文。不知何故,《星的歌》被移入"七月诗丛"第三辑,而第三辑始终未见出版。胡风的跋文于1950

年8月载入他在作家书屋出版的评论集《为了明天》。

在当年未刊的跋文中，胡风写道：

> 我爱这些诗，它们使我得到了欢喜，汲取了勇气。它们是从人民底海洋，斗争底海洋产生的，但却是作者用着纯真的追求所撷取来的精英。这些谐和的乐章所带给我们的通过追求、通过搏斗、通过牺牲的，艰苦但却乐观，深沉但却明朗的精神境地，不正是这个伟大的时代内容底繁花么？①

著名作家周而复在《鲁藜诗文集》的序言中说：

> 鲁藜同志为人真诚，胸襟坦白，实事求是，坚持真理，不怕牺牲。胡风一案爆发，他和胡风过去来往的信件全部上交组织，没有烧毁一封；他不认为胡风问题是"反党集团"；只要他写篇检讨文章，便可以保住党籍，他拒不撰写，宁愿含冤负屈达25年，最后，天津市委给予对鲁藜一案做出彻底平反。鲁藜是真正的革命诗人，是真正的人类灵魂工程师……鲁藜一生就是一首悲壮的诗，在他痛苦的深渊里"浮出彩霞的光彩"。

鲁藜先生最享盛名的一首诗就是那首人们耳熟能详的著名哲理小诗《泥土》：

> 老是把自己当作珍珠

---

① 韦泱：《鲁藜的几部诗歌旧著》，《中华读书报》2011年1月19日14版，https://epaper.gmw.cn/zhdsb/html/2011-01/19/nw.D110000zhdsb_20110119_3-14.htm。

就时时有被埋没的痛苦

把自己当作泥土吧

让众人把你踩成一条道路

诗歌评论界认为,《泥土》所蕴含的意味与鲁藜经过延安"整风"运动的洗礼直接相关;而在深度的体验里发现真理的力量,也是在那血染的岁月中"留下的小小一点心迹"。鲁藜先生自己也明确地指出:"我这首小诗是通过《讲话》,经过整风而战胜我自己心灵矛盾的自由;也可以说是我人生征途上的一首凯歌。"①评论家吴思敏指出:"他用了两个精短的形象,一个是珍珠,一个是泥土,用对比的方法展示了他的思想和情怀。"著名诗人李瑛认为,这首近似人生格言的哲理诗艺术价值已经超越了时空的极限,成为鲁藜诗歌的最好代表作。

今天鲁藜先生这首短短的《泥土》,已经被选入国内出版的各种诗集里,甚至成为人们言谈话语中经常引用的格言名句……恰如著名学者王玉树所言:一首好诗,经久不衰,充分地说明了它是一颗光辉灿烂的"思想的珍珠",具有一种岁月永远冲刷不掉的生命力。

1949年的春天,鲁藜在刚解放不久的天津,负责领导全市的文学创作工作,主编《文艺学习》和《歌词》两份文艺刊物,白天忙得团团转,到了夜晚,还要伏案创作。在这个时期,鲁藜意气风发,文思泉涌,诗歌、散文、歌词、影评和论文,佳作多多。其中的一首短诗《我是蚯蚓》又大获成功:

……

我是蚯蚓,噢

---

① 王玉树:《鲁藜传论——燃烧不尽的赤子诗魂》,金城出版社,2014年,第97页。编者按:文中"《讲话》"是指"《在延安文艺座谈会上的讲话》"。

我高兴,我是蚯蚓

我不知道什么叫享受

我只知道劳作劳作

直到我和泥土

埋在一起

我又肥沃了泥土

王玉树先生认为,从泥土到蚯蚓是鲁藜诗歌创作中的一条长线,富有鲜明的草根底色。野曼先生也指出过鲁藜注重泥土的诗意,"他过的就是像泥土一样贫瘠的干枯生活"。鲁藜不仅青少年时期如此,他的大半生都没有离开过土地的根性滋养。这种"泥土"和"蚯蚓"精神恰好也切中每个革命者的生命本质,从生到死,永远不求报酬与名誉,特别是进城后,必须警惕自己不能跌倒在"糖衣炮弹"下面。鲁藜擅长从生活中发现真谛,坚守现实主义的白描法,同时其内含的人生意义很有强度,都是为了弘扬时代的罡风正气。古今中外的诗人毅然以此为题,写出了千姿百态的诗作传谕为人之道,学习蚯蚓与泥土相伴不求任何回报的韧性。

一代文学巨匠巴金在他的《随想录》第96章"愿化泥土"中充满深情地写道:"我家乡的泥土,我祖国的土地,我永远同你们在一起接受阳光雨露,与花树、禾苗一同生长。我唯一的心愿是:化作泥土,留在人们温暖的脚印里。"

特别值得一提的是,鲁藜先生在冤案平反后,毅然决定将国家返还他的25年工资共10万多元作为党费上缴组织。他一生清贫简朴,实践了自己像"泥土"一样平凡的誓言。

《鲁藜传论——燃烧不尽的赤子诗魂》中这样写道:

这位出身农民的老战士,手中秉持着一支春秋铁笔,既有对光辉历史的赞颂,关心新时期取得成就的欢呼,也不放过针砭生活里被扭曲的各种社会现象。有两首小诗曾赢得了广泛的好评:《空架子》和《天悲》。群众最厌恶搞假大空的"理论权威",专门靠打棍子整人,满口是真理却纵容亲属"为非作歹"。"给钱就是娘/让房就是爹/是金丝银线/织成天伦乐"。前者指责某些贪污腐败的高官,后者说明身边"啃老"的不孝子女,何等的逼真痛快呵!再看"水中倒影/最高的位置最低","尺蠖在他的世界里/以为他的一步跨越两个世纪"(《蝌蚪篇》)。从大到小都纳入视野之内,对于社会上形形色色的丑恶进行鞭笞、揭露,每个正直的人是不该规避的。另外,在诗人笔下还有大量花雨般的隽言妙语,如"强者的生命如同巨钟/你要砸碎它,却发出山岳的声响";"腐败开始于繁华中心/真理萌芽于荒寂边缘";"如果理论家都成了含羞草/那么人类哲学史就翻不开新的一页"……这些诗句,可以透视存在的现实生活。[1]

鲁藜先生为人豁达,热情似火,尤其是对文学后人,积极扶持与栽培,颇有鲁迅先生"甘为人梯"的风度。笔者就是深深受益于鲁藜先生亲手扶持栽培的文学后人之一。

1990年10月,笔者撰写的第一本人物传记《魔术大师曾国珍》由文化艺术出版社出版。这本书的序言就是由鲁藜先生撰写的,他老人家不仅亲笔写序,还主动提出并邀请著名艺术家范曾先生为这本书题写了书名。

鲁藜先生在序言中以诗人般的语句写道:

在我们每一个人的漫长的一生经历中,会被处于许多交叉的路

---

[1] 王玉树:《鲁藜传论——燃烧不尽的赤子诗魂》,金城出版社,2014年,第187—188页。

口上；一边是庄严与神圣的工作，一边是荒淫与无耻的生活。在这个时光，一个人的基本品质和性格是左右其命运的一个重要的因素。

有一天，曾老笑着对我说："我不爱财，我爱名誉。当年我在武汉执行着对敌军物资接管的时候，有一个日本长江舰队将级司令官在把他的船只、仓库向我们清点移交完毕之后，有一个晚上，他突然带着他的翻译，又登门求见，向我立正陈述。翻译说，他在华拥有他私人一座豪华别墅，一辆豪华轿车，一艘豪华游艇，愿意献给曾老享用，我一听到这里即拍桌子训斥：'你们还敢侮辱中国人！'他吓得不住磕头作揖而退，后来我把敌人行贿的情况向当时任国民党中央监委仇鳌报告，仇老说：'曾国珍不愧是曾鲲化的儿子。'"

也许正因为曾老不爱财，爱清白，才使他的灵魂没有受到黄金污染，因而成为真正的艺术家。

试想如果曾老也像其当时旧中国的众多的官僚们那样，以革命为幌子，像魔术家那样去掩护他们对权力与财富的巧取豪夺，那么，曾老这部《中国魔术》就不会存在，樊国安同志也不必费那么多精力来为他热爱与钦佩的曾老整理出这部著作，而我这个门外汉被受命要去为魔坛圣手作序也得以幸免了。

人生最难能而可贵的是同流而不合污。

人生的幸与不幸也是相对的，曾老至今仍然非常热情与活跃，仍然轻松自如地经常登台献艺。这应归功于他的清苦的生活，清白的生活，勤奋的生活，如果他是百万富翁，那么他今天的体重绝不是75市斤而是100公斤以上了，那时候，他只能整天坐在轮椅上，或是仰卧在沙发上，在等待着上帝召唤。他就不可能为他的祖国的人民生活创造如此瑰奇的彩色了。[1]

---

[1]樊国安：《魔术大师曾国珍》，文化艺术出版社，1990年，第2—3页。

如今再次阅读鲁藜先生这些充满激情的炽热文字，作为曾经直接受他谆谆教诲的一个晚辈学生，笔者的心中依然泛起阵阵涟漪——鲁藜先生施予我这个晚辈学生的并不仅仅是对《魔术大师曾国珍》这本书的关心和扶持，这位诗坛大家卓越的灵魂和崇高的品德给予我人生的重大影响更是潜移默化和不可估量的，对此我将受益一生——直到生命的终点。

记得笔者在1989年1月19日的日记中有这样一段简略的记载："昨日下午，在著名诗人鲁藜老师处，聆听他一番教诲，畅谈了两个多小时。我怕他太累，已经75岁了。但是老人谈兴甚浓，我记住了这么几句话：'一个人要做真人，就得说真话；不说真话，怎么做人？你要多读书，多做点学问。'"

笔者迄今依然清晰地记得当年鲁藜先生在他的天津寓所里，当着他的夫人刘颖老师和我的面，为我俩慷慨激昂地大声朗诵：

　　老是把自己当作珍珠

　　就时时有被埋没的痛苦

　　把自己当作泥土吧

　　让众人把你踩成一条道路

这个动人的场景，这种火焰般的激情，还有鲁藜先生矍铄而挺拔的身躯，凝重而坚毅的面容，一个诗人的风骨，我将铭记终生！

此时此刻，我想起了著名作家杨润身、张学新和王昌定为鲁藜先生写的著名挽联："四行《泥土》传千古，一缕诗魂上九霄"。

第13章　一份稿费"通知函"

《读书生活》编辑部在1935年第一卷第十二期刊登了给胡绳的一份"稿费通知函":"胡绳先生,请示通讯处,以便寄奉稿费。"

笔者从这份稿费通知函判断,从1935年4月开始胡绳先生就已经开始在《读书生活》上发表文章了。

胡绳先生和《读书生活》有着特殊的联系。重庆出版社出版的《胡绳文集(1935—1948)》,第一辑"思想文化评论"部分收入的第一篇文章就是胡绳先生在《读书生活》发表的评论《评〈给青年的十二封信〉》;第四辑"杂文"部分排在第二篇和第三篇文章的是他在《读书生活》发表的《鸦片、开矿、田赋等》和《帮闲的学者》两篇文章。

据笔者统计,胡绳先生在《读书生活》第一、二、三、四卷和第五卷第一期中发表的文章共有15篇。其中使用"胡绳"署名发表13篇,使用"胡卜人"署名发表两篇。

胡绳先生自述,1935年至1937年,他在上海的进步刊物总共发表了60多篇文章,由此可见,他在《读书生活》发表的文章就占了四分之一。发表文章的数量如此之多,足以说明胡绳先生是《读书生活》的重要撰稿人之一,同时也表明了他和《读书生活》的特殊联系。

《胡绳文集(1935—1948)》的内容提要说,在20世纪30年代和40年代,胡绳先生"在党直接领导下的报刊和其他进步刊物上,发表大量的时事政治评论、思想文化评论、历史评论等。这些文章,以争取民族独立和人民解放为主旨,常常能把锋利的战斗性和细致的说理融合在一起。很多文章至今仍有一定的史料价值和学术价值"。

这些文章"反映了作者于中国人民反抗日本帝国主义侵略和争取民主革命最后胜利的历史时期,在思想文化、社会政治、近现代历史领域的研究成果;记录了作者在思想文化和新闻活动中从事革命斗争,捍卫理性与争取民主自由,推动中国走向独立、民主与进步的轨迹"。[①]

胡绳先生将他在《读书生活》杂志发表的三篇文章放在《胡绳文集(1935—1948)》中,并且将其中的《评〈给青年的十二封信〉》同时选入了《胡绳文集(1935—1948)》第一辑"思想文化评论"中的第一篇和《胡绳全书》的第一篇,足以说明他对这篇文章的重视。也许这篇文章就是胡绳先生人生诸多重要文章中的"第一篇"。

《评〈给青年的十二封信〉》刊载于1936年9月8日《读书生活》第四卷第十一期。

胡绳先生在这篇文章中分为四个部分对朱光潜先生的《给青年的十二封信》进行了严肃的批评。

文章第一部分写道:

朱光潜的《给青年的十二封信》最初是在《一般》杂志上陆续刊载,1929年又印成单行本出版,有过极广大的读者群。单行本的销数,据《开明书店十周年纪念特刊》中所报告,有5万本以上,是该店出版的销路最好的书之一。销数既在5万以上,读过这书的青年的

---

① 胡绳:《胡绳文集(1935—1948)》,重庆出版社,1990年,第1页。

数目恐怕更要大了,而且这书中如《谈动》《谈作文》等文是常常发现在各种中学国文课本中间的。但是对于这一本在青年中间保有这样广大影响的书,却似乎至今还没有过一篇严正的批评文章,这不能不说是遗憾的事。打着教育青年的棍子,却在青年中间散播不健康的,甚至有毒素的言论,这样的书在市场上委实有不少。进步的通俗化运动就应该负起清扫这种错误理论的任务来。所以,这本《给青年的十二封信》,虽然可以说是已经"过时",在目前对于青年的思想和行动已不能起很大的作用,但是我们还是不应该忽视它。现在我来把这本书中间的思想做一个简单的分析和批评,总不会是毫无意义的事吧?

文章第二部分写道:

在大革命的之后的时期,一般的青年的烦闷可说是已经到了极点。这烦闷自然决不是"闻鸡生气,见月伤心"那样的浅薄的感伤,而是有着深刻的社会意义的:它是经济的、思想的、政治的⋯⋯这种种烦闷普泛在青年——特别是小所有者的知识青年中间,是没有一个人能够加以忽视的。写《给青年的十二封信》的朱先生当然也看到了,但是他却抹杀了产生这种种烦闷的社会原因,只是说:"我只觉得忧来无方,不但人莫知之,连我自己也莫明其妙"(《谈动》);又说:"愁生于郁,解愁的方法在泄;郁由于静止,求泄的方法在动。"(同上)这样就算是把现代青年的烦闷解释掉了,于是他便向青年忠告道:"朋友,闲愁最苦!愁来愁去,人生还是那么样一个人生,世界也还是那么样一个世界。假如把自己看得伟大,你对于烦恼当有'不屑'的看待;假如把自己看得渺小,你对于烦恼当有'不值得'的看待;我劝你多打网球,多弹钢琴,多栽花,多搬砖弄瓦。假如你不欢喜这些玩意儿,你就谈谈笑笑,跑跑跳跳,也是好的。"(同上)现代青年真有那么多工夫来"闲愁"么?

文章第三部分写道:

只要是在生活实践中间打过了滚的青年,都会明白《十二封信》中的好意的忠告和教训,其实都只是欺谎和麻醉。现在让我们来更进一步,看一下贯穿在这《十二封信》中的对于人生和社会的基本态度。

第一,对于人生的观照的态度。譬如在《谈静》的一信中便是发挥"万物静观皆自得"的道理的。在《谈升学与选课》的一信中说:"我所谓'生活'是'享受',是'领略',是'培养生机'。"这简直是超然物外的哲人的生活观,不是我们"烦躁"(《谈静》)的青年学得来的。我们不能站在生活外面,用"一副冷眼"来"静观"生活,我们要钻到生活里面去。倘若采取了那种"对人生的观照态度",结果便自然要走入玩弄人生,以人生为游戏的态度,最后恐怕还归结到生活的取消主义,那便是从生活中间"解脱"出来了——《谈人生与我》的一信便是最好的证明。

第二,庸俗的市侩主义。市侩主义和那样的高雅的超世的态度照理是合不起来的,然而奇怪得很,它们居然同时存在在这12封信里面。前面说过,朱先生告诉青年"解愁"的方法硬是"动",而他所说的动是什么呢?那只是"打打网球""弹弹钢琴"以及"谈谈笑笑,跑跑跳跳"而已。要是青年都相信了朱先生的话,那么这个社会真是十分安谧了,应该感谢朱先生的人多着呢!再如说《十字街头》一文中一方面喊着"打倒一切市场偶像"(按,这是指风化、习俗、时尚等等),一方面又说:"本来风化习俗这件东西,孽虽造得不少,而为维持社会安宁计,却亦不能尽废"。真正懂得社会学的人都会告诉朱先生风化习俗的来源、作用和它的前途的。但在朱先生看来,风化习俗虽不为我辈所设,但对于一般"庸人懒人"却是非有不可的。那么"风化习俗"究竟要不要打倒呢? 在这里,朱先生碰到了矛盾。我看朱先生爽心"解脱"一下,干脆去做"社会安宁"的保镖人好了。——虽然在《谈在露浮尔官所得的一个感想》一信中间,是在攻击着美国人的只讲"效率"的市侩主义,但是朱先生自己的市侩主义也是再明显也没有的。

第三,对于宇宙人生的多元的混乱的看法。朱先生在《谈多元宇宙》一信中明明白白地说,"人生是多方面的,每方面如果发展到极点,都自有其特殊宇宙和特殊价值标准"。于是"恋爱的宇宙","科学的宇宙","道德的宇宙","美术的宇宙"便各自独立,互相排斥,成为多元的混乱场面,评价一切事物的时候也没有一个确定的标准,变成"此亦一是非,彼亦一是非"了。这样的看法显然是错误的,而这样的看法的由来是:代表了没落阶层的哲学已经失掉了用统一的理论来认识、解释世界人生的能力了,因此他们自然只能市侩主义地接触到什么便以为什么。譬如站在资产阶层的立场上当然要反对封建社会的种种朽恶的传统,可是在教训青年读书时却说:"许多流行的新书只是迎合一时社会心理,实在毫无价值。经过时代淘汰而巍然独存的书才有永久性,才值得读一遍两遍以至于无数遍。"(《谈读书》)像这样的前后自相矛盾的地方在《十二封信》里面到处都是,大概可算是多元宇宙的哲学的实践吧。

第四,小所有者的个人主义。从上面一路说下来,我们已可以知道这本书里个人主义的气味是很浓厚的。现在再举几个例。《谈中学生与社会运动》一文里教青年不一定要做大事,只要"诚诚恳恳"地做些小事便行。这意见表面上说起来自然是对的,但是"小事"的积聚便是"大事",做"小事"也是要在做"大事"的整个目标下进行。不然便是个人主义的我行我素,便是借做小事之名来逃避社会改革的大事业了!《谈十字街头》一文中个人主义更明显了。他根本害怕十字街头,他说:"十字街头底空气中究竟含有许多腐败剂,学术思想出了象牙之塔到了十字街头以后,一般化的结果常不免为流俗化。"这是充分显出了小所有者害怕群众的心理。于是,结果便或者是逃回个人主义的温暖的小窠——象牙之塔里去;或者是像朱先生这样高喊:"让我们相信世间达真理之路只有自由思想,让我们时时记着十字街头浮浅虚伪的传说和时尚都是真理路上的障碍,让我们本着少年的勇气,把一切市场偶像打得粉碎!""市场偶像"固然要打倒,但是朱先生还不曾教给青年们客观地辨别"偶像"和"真理"的方法,却先要不分皂白地一阵乱打,这也还是一种盲目的堂吉诃德的个人主义!

文章第四部分写道:

现在对于这《十二封信》的批评可以结束了。在写完这批评之后,我不能不感到怅然:为什么含有这样的内容的书能尽量地在青年中间流传,从来没有人加以指摘?许多中学国文教师莫名其妙地把些《谈动》《谈静》的文章,硬生生地塞到青年脑子里去,也不管这会有什么影响。懂得这12封信中的麻醉性的人仿佛都不屑加以批评,结果只苦了些摸索求知的青年! 这不能不说是可悲的现象!

胡绳先生撰写这篇文章时,只有18岁,一位默默无闻的小青年竟然敢于从理论上批评当时大名鼎鼎的朱光潜先生,而且批评得有理有据,以理服人,令人信服。应该说,胡绳阐述的人生道理不仅对当时的青年人大有裨益,即使在今天,人们虽然"僧看僧眼,佛看佛眼",每个人可以根据自己的价值观对这篇文章做出判断,但是并不能否认这篇文章对人们仍然具有一定的借鉴和启迪意义。

当年对朱光潜先生的《给青年的十二封信》直率的批评充分显示了青年胡绳的理论勇气,同时也说明了《读书生活》杂志大胆提携新人的伯乐精神。

胡绳先生是世人公认的自学成才的典范人物。他当年在《读书生活》1936年第五卷第一期发表的《学校里面的自学》这篇文章,对于读书自学的人们仍然具有很现实的启迪意义。

文章写道:

> 从不求甚解的阅读到精细的阅读,从滥读到比较有系统,有目标地读,这大概也是自学中的必经的一个过程。固然,不求甚解地滥读书并不是最好的自学方法,理想的方法当然是按照学习程序开定一张书单子,一本一本地继续读下去。但这方法似乎也太呆板了,而且恐怕不能完全适应自学者的趣味的变换。所以我想,在自学的初期,适应自己的趣味,适应当时的需要,到各方面去多多涉猎一点,也不能说是毫无益处的。
>
> ……
>
> 我想,只有夸大狂的个人主义者才以为自己是"无师自通"的天才。其实每个人都有着最好的教师,那便是实际的生活。单靠书本子还是没有用的。——而一个诚恳的自学者其实只是一个能诚恳地向任何人学习,不放弃生活中一切学习机会的人。不切实常是一个在自学者失败的根源。
>
> 从多少有点为学问而学问的态度,变换到使所学的能和实践的生活更加密切地接合起来——这个过程在我的自学生活中当然是有着更大的意义的,而这过程恐怕是到现在也还没有完全成功吧?
>
> 现在再把话说回去,在我脱离了中学生活之后,跟着就进了一个

赫赫有名的"学府"。

在我进大学的那个地方,大家不说"某某人读某某大学"这样的话,而是说"某某人住某某大学"的,因为大学对于一个学生的意义与其说是在于它有宽大的教室和挟皮包的教授,还不如说是在于它有免费的宿舍,可以欠账的饭厅,顶多再加一项是,有设备较好的图书馆罢了。只有最没出息的人才把自己的求学全盘交托给教授们去。

在大学鬼混了一些时候之后,我出来了。但是我也并不主张每个人都应该完全拒绝学校教育。既然一个真正的自学者是不放松一切学习的机会的人,那么学校未始不是一个较适宜的学习环境。倘若一个学生能把自己的课余自学做主体,把学校教育看作自学的补充,学校教育对他还是可以有一点帮助的,因为它多少还能供给一点各科的常识和较有系统的材料。——自然也有一些真正糊里糊涂,不学无术的教员,对于学生,连这一点好处也是不能够供给的。

虽然我受过十多年的学校教育,但实际上,我还是走的一条自学的路。只是我过去的自学生活实在很平凡,所以只能说出这一点经验来。自从离开学校后,当然更可算是自学者了,直到现在我也还是在继续不断的自学过程中间,也许以后我还能够在自学中间,得到更多的经验,可以提供给大家吧。

胡绳先生在早年就十分重视个人的自学问题,到了晚年依然十分重视个人的自学问题。他在《文史知识》1983年第1期撰写的《漫谈自学经验及其他》一文中谈道:

我在1925年,八岁半时开始上小学。由于在上学以前,曾读过师范学校的父亲已经教会了我和比我长一岁的姐姐识字,并且教我们读了唐诗的一些绝句和《论语》,也教了一点新的语文和算术课本,所以我一进小学就读五年级。初中,因为功课赶不上和生病,多读了一年。高中先后进了两个学校,读满了三年。中学毕业后,我考入北京大学哲学系。但在大学里,只学了一年就离开了。所以我先后共受了十年正规学校的教育,这以后就靠自学了。在大学的一年中,我不满足于学校里的几门课程,用很多时间在图书馆里看书。这时我已经学了一点马克思主义。我之所以自动离开大学,是因为感到那时大学里上的课没有什么意思。现在回顾起来,这种想法含有幼稚的成分。旧社会的大学哲学系,教师讲的自然是唯心论,其实学点这类课程还是有用的,可以从中获得一些基本知识。比如,在那一年我听了郑昕教授讲的《逻辑》,学到了些形式逻辑的基本知识。形式逻辑要求使用的概念必须前后一致,进行推理必须有必要的严密性。形式逻辑的有些内容看起来好像繁琐,但对锻炼正确的思维能力还是有益处的。那时我也听了汤用彤教授讲的《哲学概论》,选修了张颐教授讲的《西洋哲学史》,这使我多少懂得了唯心论哲学的基本概念,对我后来进一步自学哲学有不少好处。总之,在从1925年到1935年的十年的正规学校教育中,我学了一些基本的文化知识,包括语文、史地以及自然科学的基本知识……

1935年,我离开北大到上海后,一边学写文章,以维持生活,一边自己继续学习……我除自学哲学外,也看历史、经济学等方面的各种书籍。小说是从小就看的,看的第一本小说大概是什么《小五义》。十岁以前家里可看的书不多,《水浒》反复看了好几遍。到中学时可以从图书馆借书了,从读平江不肖生的《江湖奇侠传》、礼拜六派文人用文言翻译的《福尔摩斯侦探案》,逐渐地过渡到读新文学,先看冰心和郭沫若的作品,然后接触到鲁迅的著作,接触到十九世纪俄国和法国的小说。一本《欧洲文艺思潮概论》使我知道了文学原来有这么多流派……

　　人们常说,专和博要结合,这话是对的。在比较集中地攻一门知识的同时,应该尽可能广泛地把各种门类各种品种的书都读一些。我对有些方面的书没有读过,没有能力读,至今引为憾事。最近胡耀邦同志向中青年干部提出了一个要求,即需要阅读两亿字的书。有的同志估算了一下,认为一个人要用五十年的时间才能实现这个要求。这就是说,每年读四百万字,每天读一万多字。我倒认为年轻的同志应该努力在十五年到二十年的时间内完成这个任务,这是可以做到的。两亿字的书当然包括小说,包括可以使人增长见闻、丰富知识的人物传记,旅游记,记述历史史实的著作等,这些并不都是需要正襟危坐,逐句细读的。我认为,应该养成快读的能力和习惯。有许多书是可以快读的,快读的能力是可以训练出来的。比如看小说,一小时可以看四五万字。读马列著作当然不能像看小说那样快,但我认为平均一小时读两万字左右是能够做到的。即使是马恩全集里的文章,有的需要精读,但有的可以较快地浏览,在两亿字的书中,四分之一的书要精读,四分之三的书可以浏览。那么,每天抽出两小时来读书,在十五年到二十年的时间里完成这个任务是可能的。

　　十分难能可贵的是,胡绳先生在他的晚年,依然焕发着解放思想的朝气,探索真理的精神。他在《八十初度》里所说的"天命难知频破惑,尘凡多变敢求真",就是这种精神境界的生动写照。特别是在20世纪90年代后期,他以80高龄并且身患绝症之躯,在以顽强的毅力与疾病做斗争的同时,还继续勤于思索,对一些有重大影响的理论问题提出新的见解。

　　胡绳先生在青年时期为《读书生活》撰稿时,就曾经提醒革命队伍中的人注意防止"左"倾幼稚病,到了晚年,他撰写的一篇重要文章仍然是《关于防"左"》。由此可见,"左"倾思潮一直如影随形伴随着中国历史的曲折进程,同时也伴随着胡绳先生对"左"倾思潮危害的持续不断的深刻认知和睿智思考。

《关于防"左"》这篇文章写道：

邓小平同志最近在视察南方时的讲话中说："中国要警惕右，但主要是防止'左'。"这里我就防止"左"的问题说一些看法。主要说两个问题：一、当前防"左"，防什么？二、为什么产生"左"，怎样防？

先说第一个问题。警惕右，警惕什么？非常明确，就是警惕资产阶级自由化倾向。否定四项基本原则，闹资产阶级自由化，必然破坏国家的安定，破坏社会主义建设，造成动乱，这是必须警惕的。防"左"，究竟防什么？我想概括地说这样两条。

第一条，防"左"就是要防止再"以阶级斗争为纲"。这个问题要从中国社会现阶段的主要矛盾说起。现阶段我国社会的主要矛盾是：人民日益增长的物质文化需要同落后的社会生产力之间的矛盾。这是1956年党的"八大"首先提出来的，1981年党的历史决议（《关于建国以来党的若干历史问题的决议》)肯定了这个提法，1991年江泽民同志在建党70周年讲话时也肯定了这个提法。历史决议里说，这是在社会主义改造基本完成以后我国所要解决的主要矛盾。那么还有没有阶级矛盾呢？江泽民同志说："阶级斗争已经不是我国社会的主要矛盾，但是它在一定范围内还将长期存在，并且在一定条件下还可能激化。这种斗争集中表现为资产阶级自由化同四项基本原则的对立。"这是我们党在十一届三中全会以来，对中国社会现阶段主要解决什么问题的基本认识。这个认识反映在我们党的路线、方针、政策上就是"一个中心"：经济建设；"两个基本点"：坚持四项基本原则，坚持改革开放。

……

两个基本点中，有一个是坚持四项基本原则，这里显然包括反对和平演变,反对资产阶级自由化,这些实际上都是国内国际阶级斗争的表现。我们不像国外有些人那样,否认国际上的阶级斗争,说全世界只有共同的人类利益,没有阶级的利益。事实上,帝国主义国家中的有些势力正企图和平演变中国,国内也有一定范围的阶级矛盾和阶级斗争。但是,我们处理这些阶级矛盾和阶级斗争问题,必须服从于和服务于经济建设这个中心,不能离开这个中心。……那么,怎样反对和平演变呢?如果我们把门关起来,封闭起来,不和他们接触,不和他们搞经济、贸易、文化等交流,这虽然也可说是反对和平演变的一种方法,但这是愚蠢的方法,归根到底是无效的方法。这样做,就脱离了经济建设这个中心。围绕经济建设这个中心,我们必须实行改革开放的政策。没有改革开放,经济建设就搞不上去。①

胡绳先生认为:

历史经验告诉我们:"左"的错误的严重性,可以使革命瓦解、垮台,而且还可以引出右的错误来。所以我们不能说"左"比右好。还是邓小平同志讲得对:"右可以葬送社会主义,'左'也可以葬送社会主义。"右的错误比较容易鉴别出来,而"左"的错误不大容易识别。邓小平同志说:"'左'带有革命的色彩,好像越'左'越革命,'左'的东西在我们党的历史上可怕呀!一个好好的东西,一下子被它搞掉了。"我们要很好地运用国内国际的历史经验,提高鉴别"左"的错误的能力。②

---

①胡绳:《关于防"左"》,载中国社会科学院科研局组织编选:《胡绳集》,中国社会科学出版社,2003年,第268—269页。

②同上书,第277页。

石仲泉先生在《大师是怎样炼成的——石仲泉谈胡绳》一书中写道："在20世纪50年代初期至60年代中期的10多年间,胡绳参与了许多中央重要政治文件和理论文献的起草和修改,参加了毛泽东和党中央召集的一些重要学术理论问题的讨论。"[①]在改革开放时期,胡绳先生又参与了许多中央重要政治文件和理论文献的起草和修改。胡绳从1953年至1993年,作为中央"一支笔"参与起草中央文件和领导人讲话等活动整整40年。论参与时间之长,涉及范围之广,顾问方面之多,似没有出其右者。这是胡绳作为学界大师为别人难以企及的光辉一页。[②]

20世纪70年代中期,在以《帝国主义与中国政治》为代表的研究成果和对近代史展开专题研究的基础上,尚且身处逆境的胡绳开始了《从鸦片战争到五四运动》这部巨著的写作。

90年代,胡绳在组织编修《中国共产党历史》上卷的同时,主编了《中国共产党的七十年》这一印数达数百万册的皇皇巨著。此外,正值"粗知天命"(胡绳自谓"七十八十,粗知天命")之时的胡绳发表了大量政论性学术论文,汇集成《马克思主义与改革开放》一书出版,被誉为"很有影响、很有深度、很有新意"、达到"中国社会科学最高水平"的力作。这三本书成就了胡绳作为大师的晚年辉煌。

胡绳先生逝世时,新华社发表评论说,他少年早慧,崭露才华,又能不断刻苦自励,辛勤劳作,终于锻炼成为学识渊博、成就卓著、在国内外享有盛誉的学者。

胡绳先生晚年为什么能在学术上获得如此巨大的成就呢？也就是说为什么会出现"胡绳现象"？

石仲泉先生认为：

---

①石仲泉：《大师是怎样炼成的——石仲泉谈胡绳》,广西人民出版社,2022年,第38页。

②同上书,第77页。

除了时代大环境以外,胡绳个人的各种素质是他能够成为理论巨人、学界大师的基本条件。

第一,坚持与时俱进的马克思主义观。他的求学时代,正值深重的民族危机。强烈的爱国热情使他从广泛的阅读中去追求进步、探寻真理,接受了马克思主义。这丝毫不影响他在晚年不遗余力地坚持用与时俱进的科学的马克思主义观,来研究当代中国社会主义发展的一系列重大理论和实践问题,……成为理论巨人、学界大师的根本指针。

第二,有密切关注现实的社会责任感。中国的知识分子从古至今有一个优良传统:"天下兴亡,匹夫有责"。胡绳同志也是如此。他在77岁时回顾他的学术生涯时写道:"我一生所写的文章,虽然有一些可以说有或多或少的学术性,但是总的来说,无一篇不是和当时的政治相关的。'纯学术性'的文章几乎没有。对此我并不后悔。"他还说:"在20世纪快要结束的时候,我们略微回顾一下这些发展和变化,可能就会感到马克思主义已有的发展还不能和现实生活相适应,因而感到发展马克思主义是每一个真诚的马克思主义者所应该担负起的任务。"因此,这种责任感是他能够与时俱进、不断攀登学术高峰,成为理论巨人、学界大师的一个精神动力。

第三,有面向世界的开阔视野。胡绳虽然是学者,但不把自己关在象牙之塔内,不搞自我封闭。长期从事的新闻出版和时事政治评论工作,使他具有世界眼光,注意用马克思主义的宽广视野观察世界的政治、经济、科技、文化等各方面的发展变化,并从与世界的比较中,研究中国的历史和现实。这种分析使他的文章读起来,一是实际,没有那种令人吐槽的"客里空"和"高大嗓";二是新鲜,角度新、资料新、论述新,给人以新的启发。

第四,有独具特色的历史眼光。胡绳作为大历史学家,精通历史是他的独特优势。但他不是为历史而历史,更不是将历史当作远离政治、不关心社会的避风港湾。研究历史是为了研究现在,知古是为了鉴今,一定要坚持"以史为鉴,资政育人"。他非常注重总结历史经验,并运用历史的经验教训来研究改革开放和现代化建设中的理论与实践问题。他很赞同恩格斯说的两句名言:一是"必须从最顽强的事实出发";二是任何一个民族要想取得更大进步,"无论从哪方面学习都不如从自己所犯错误的后果中学习来得快"。因此,他研究问题总是把历史的分析与理论的分析相结合,使政论与史论相统一,因而他写的文章具有深厚的历史底蕴,不仅梳理出历史的本然,而且还能揭示历史的所以然。

第五,坚持全面、缜密、多维的辩证思想方法。胡绳曾就读于北大哲学系,青年时代开始写作哲学普及读物,而且主要是讲思想方法的。胡绳具有这样深厚的马克思主义哲学素养……他具有辩证地、多方位地看问题的思维方法。再加上他长期在国统区工作,当时马克思主义处于被压迫的地位,他进行文化宣传,写思想评论、批评错误思想时,就不可能采取打棍子、戴帽子的简单方法,而只能通过深入分析,将道理讲得全面清楚,才能令人信服,达到好的宣传效果。这样长时期的工作环境也促使他不得不思维缜密,考虑问题周到、细致。这样,他写文章长于分析、善于说理的特点,就在晚年的学术研究中得到了更充分体现。是他能不断攀登学术高峰,成为一代宗师的一个重要特质。[1]

---

[1] 石仲泉:《大师是怎样炼成的——石仲泉谈胡绳》,广西人民出版社,2022年,第234—238页。

石仲泉先生认为：

"沪漂"是胡绳成长史的一个重要节点。"漂"的生活使许多早慧之才过早凋谢，胡绳却没有。他步入社会，开始了解社会这面多棱镜。他的"沪漂"，没有生活散荡、随波逐流、东闯西逛混日子，而是一面读书自修，一面从事写作，并参加中国共产党领导的文化宣传，投身抗日救亡运动。在上海的两年间，他为《读书生活》《生活知识》《新知识》《自修大学》《时事新报》等报刊撰稿，发表了60多篇文章还参加《新学识》的编辑工作。他的生活完全靠写文章得的稿酬维持，没有去找什么工作。①

胡绳先生还有过很少为人所知的"汉漂"生活。1938年初，他曾经在武汉与邹韬奋、柳湜、史枚、廖庶谦、林默涵等文化界知名人士一起创办《全民抗战》杂志。当时在《全民抗战》编辑部作文书工作的徐鸿女士回忆说："胡绳当时才二十岁，文章写的快，深入浅出，很受读者欢迎。杂志社地方小，来往人多，成天乱哄哄的，但他好像不受一点干扰，凡是接受的任务，总能按时交稿。他自己的学习也抓得很紧，有半年的长计划和一周的短计划。他把计划写下来，贴在椅子背后的墙上，休息时常常端一杯茶，站在计划前，看看执行情况，有时还在上面勾勾画画，做些修改。那时他正在学习《反杜林论》。除了给杂志写稿外，他还写了一本《哲学入门》，很通俗，我几乎都能看懂。"②

当年的"沪漂"生活和《读书生活》杂志给胡绳先生留下的生命印记极其深刻，他在晚年曾经充满深情地回忆："我和柳湜同志相识是在一九三

①石仲泉：《大师是怎样炼成的——石仲泉谈胡绳》，广西人民出版社，2022年，第5页。

②涂鸿：《"阿妹头"自述》，解放军文艺出版社，1991年，第68—69页。

六年。但是在认识他以前,我已经读过他写的不少文章了。一九三四年冬,他和艾思奇同志编辑的《读书生活》杂志创刊。那时我在北平,是个大学一年级学生。这个在当时出版界中以一种完全新的风格出现的杂志吸引了大量青年读者。……通过解答群众关心的问题(大至世界形势和国家的民族出路问题,小至个人遭遇问题),而把马克思主义思想武器传播给群众,是他们所进行的出色的工作之一。《读书生活》杂志在开辟这一工作中起了很大的作用。一九三五年秋天,我离开北京的学校到上海。由于给《读书生活》投稿而逐渐同这个出版社(这时已建立了读书生活出版社)的辛勤的工作者认识了。至今我还能记得在斜桥弄的一间既做发行工作又作编辑室用的简陋房子里同柳湜谈话的情景。"①

胡绳先生还向龚育之和石仲泉等著名党史专家多次提到,对于20世纪30年代上海《读书生活》等进步刊物开展的马克思主义通俗化宣传取得的成绩和效果,应该给予充分的肯定和重点研究。

有人说,一份进步刊物,可以将人领入人类精神的高地。可以说,《读书生活》就是当年将胡绳、鲁藜等一批优秀青年领入人类精神高地的一份进步刊物,这是已经得到历史证明的不刊之论。

---

① 胡绳:《写在〈柳湜文集〉的后面》,载柳湜:《柳湜文集》,生活·读书·新知三联书店,1987年,第882—883页。

第14章 鲁迅逝世纪念号

　　1936年10月19日,鲁迅先生在他的寓所与世长辞。10月25日,《读书生活》在1936年第四卷第十二期的封面刊登了著名艺术家马达绘制的神态安详的一幅鲁迅先生逝世遗像,并刊登了《吊鲁迅先生》文章,随后又在第五卷第一期推出了鲁迅逝世纪念特刊,报道了蔡元培、沈钧儒、章乃器、李公朴、胡愈之、王造时等各界名流参加鲁迅先生万人葬礼的感人场面,刊登了鲁迅先生生前挚友曹靖华先生的悼念演讲,深切地表达了人们对"民众意志的代言者,时代的号筒"鲁迅先生的崇高敬意。

　　发表在《读书生活》1936年第四卷第十二期"社会相"专栏署名宗珏撰写的《吊鲁迅先生》这样写道:

　　　　一个可怕的惊耗:鲁迅先生在今天(十月十九日)的早晨逝世了!这是一个无可挽回的损失。一种极度悲痛的情绪,逆袭着我们的心,使我们无法压抑自己的眼泪,我们从此失去了我们伟大的文学导师,像不久以前丧失了高尔基一样,在远东风云密布的阴霾的天空上,我们看到一颗星球横空坠落了!

　　　　我们哭高尔基的眼泪还没有凝结,现在,我们又在鲁迅先生的灵前流下了最悲痛的眼泪。我们哀悼鲁迅先生的死,不特是站在崇高的友谊上——因为他是我们文化界同人的最高超而诚挚底友人,而且,最重要的,还是在反帝抗敌和反封建底共同目标之上。鲁迅先生底数十年来的艰苦的战斗,给我们年青的伙伴留下了许多可贵的遗产。从五四运动起,鲁迅先生就开始参加了这个战斗,一直到他停止了最后的呼吸。他时时刻刻在关心着我们,为中华民族的独立与自由而战斗的伙伴,他和我们在一起走,给我们许多宝贵的指导,教训我们怎样去打击我们的敌人! 而且,他常常是站在时代的前头的! 罗曼·罗兰说:"高尔基是一个冲锋队!"我觉得这话正可以移赠给鲁迅先生。

从五四以来,中国经过多少灾祸,帝国主义和封建势力不断的对新兴的文化加以严重的压迫,明刀暗箭,不断地加在新文化的战士的身上;凭着鲁迅先生底不屈不挠的精神,他底躯体终于没有在这种恶劣的环境之下死去,他受尽了艰苦,饱尝了污蔑和中伤,他以坚忍不拔的努力冲破了这一切困难,使我们的新文化运动能够一天一天的走上一条康庄大道! 这是鲁迅先生底不可磨灭的功绩!

二十年来,他从新文学的领野出发,以《阿Q正传》这部亘世不朽的名著,像一枝箭一样开始射击着封建势力,这部名著很快的就引起了罗曼·罗兰的注意,被译成了英文,世界语,日文,俄文……这决不是件偶然的事。这事说明了鲁迅先生底伟大无比的天才,已经在中国这块半殖民地的大陆开了奇葩。

继着《阿Q正传》之后,鲁迅先生底锋利的笔更瞄准了我们的敌人,把战野扩大了。他把世界底丰富的文学遗产和许多新生的宝藏,介绍到中国来,他译了《毁灭》,译了《死魂灵》……而且,他还介绍了许多木刻和版画给中国的青年艺术学徒。在中国鲁迅先生无疑的曾经奠下了新文学运动基石的。

两次的文学论争，鲁迅先生始终是站在最严肃而又公正的立场用着他底犀利的视察力，判断力，指出我们底正确和错误之点，在"文艺自由"论争的时候，鲁迅先生有过一封很宝贵的信——《恐吓和辱骂绝不是战斗》!

在目前关于国防文学的论争之中，鲁迅先生虽然在卧病，依旧没有忘记对我们的指导，他给我们提供了许多宝贵的意见，使国防文学的理论更辉煌地发展起来……!

可惜他终于摆不脱病魔的骚扰，在这个国难日迫的当前，撒弃我们而去了!

我们很久之前就得到鲁迅先生卧病的消息，中国文艺家协会在成立之日，曾经同时慰问高尔基和鲁迅先生这两位伟大的导师，不期高尔基逝世之后，鲁迅先生也竟一病不起了! 在敌人步步的迫紧我们使我们日益陷于水深火热的目前，鲁迅先生的死，更增加了我们的悲哀和愤恨，他是在不断的战斗中失去了健康的。要追悼鲁迅先生，只有在整个统一战线之中，整齐了我们的步调，来争取我们民族的解放和自由! 才不失鲁迅先生底毕生对我们教育的意义。

现在，让我们且忍着自己的眼泪，向伟大的鲁迅先生致哀!

为了隆重悼念鲁迅先生，《读书生活》在1936年第五卷第一期的封面印出了一张人们举幛扬幡护送鲁迅先生灵柩现场的大幅黑白摄影，这幅摄影的右上角还特地显示了一幅圆形的鲁迅先生肖像。这是《读书生活》创刊以来首次使用摄影照片作为封面装帧，它充分说明了刊物编辑部对纪念鲁迅先生专刊的高度重视和缜密的策划。

《读书生活》1936年第五卷第一期"纪念鲁迅先生特载"的第一篇文章是由何辉先生记录，鲁迅先生生前挚友、著名学者曹靖华1936年10月24日在北平中法大学的演讲——《我们应该怎样来纪念鲁迅》。

《读书生活》1936年第五卷第一期封面

曹靖华先生说：

　　自从这个不幸的消息传来以后，因为神经上受到了莫大的刺激，这两天身体有点不适，今天的讲话很难有什么头绪，现在仅把我这两天来的感想，同大家谈谈：

　　今年要算一个最不幸的年头，在不久以前，在苏联失掉了一位全世界劳苦大众的战士，他是全世界最钦佩最敬崇的高尔基，可是我们中国的高尔基，在这个风雨如晦的时候，也离我们而长逝了，当我们全中国的同胞们，听到这个可怕的消息时，恐怕在每一个人的心上，都要被很沉痛的悲哀所笼罩着。我们所悲痛的，并不是因为我们失掉了一位相识的友人，而是中华民族失掉了一个光荣的先驱者。

鲁迅的伟大，有他数百万言的遗著与他数十年来斗争的事实来证明，并不是几句话可以概括得了的；今天我所能够谈到的，也不过是只能把这位先驱者，艰苦斗争的经过，给诸位作一简单的说明而已。

不必从远处来说，就只从新青年时代说起吧，在新青年时代，当时的"新青年"，为向黑暗社会猛攻的炮台，在"新青年"的周围，团结了许许多多勇敢的青年战士们，鲁迅便是新青年队伍中的一员，他们确实为中华民族作了许多事，他们的功绩是永远跟着中华民族的历史，光荣的闪耀着。可是由新青年到现在，这当中经过了一个相当的距离，在这个过程中，我们可以看到，这些先知先觉者，这些群众的领导者，都已经或先后的奔向自己的前程了，关于他们各个人的思想行为和一切，大家都看得很清楚，用不着我个人来述说，其中值得我们玩味的，便是在经过了这个距离以后，也就是在环境与实践上，都起了巨大的变动以后，当时的那些领导者，能跟着时代前去的，究竟有几个人？大家经过了这一番回忆，在今天这个悲痛的场合中，更可以看到鲁迅先生的伟大，当是那般群众的领导者，能够时时刻刻奔在时代前面的，不是只有鲁迅一个么？这些凡是能够少微留心中国文台事件的，都可以知道的很详细，我的话并不过火，鲁迅由新青年时代起，一直到他生命最后的一刻止，他始终是一位勇敢而又顽强的大众的战士，环境的险恶，敌人的凶猛，只能加强他的坚决与勇敢，这些有他的行动与著作在作着证明，也用不着我来引经据典。

他时时刻刻都在向封建社会与黑暗斗争，他时时刻刻都在领导青年向光明的路途上迈进，他从来不把自己的写作看为消遣，而认为是严肃的战斗工作，我们很少看到他在悠闲的冷风弄月与写些身边琐事，他的每篇作品都是严肃的描写社会的伟大斗争，并暗示青年们应向那条道路上走去，每一篇文章甚而至于每一个字，都等于一粒机关枪的枪弹；而且他又是一个非常优秀的射手，他的每一颗子弹，都未曾虚发，每一粒发出来的子弹，都要使黑暗的社会受到一次打击与损害，由于这点，我们便可以看到，鲁迅的著作，不但在文学史上占着优越的地位，而更是中国社会思想史与中国社会斗争史上最可宝贵的材料，所以我以为鲁迅不但是一位优秀的文学家，而更是一位勇敢的向黑暗势力斗争的战士，他曾经竭尽他所有的力量，领导着我们向黑暗与奴隶的生活斗争。可是在这个国势垂危的时候，在这个最后的决战来临的时候；我们英勇的战士，离开我们而去了，使我们每一个不愿作奴隶的中国人，怎么会不感到分外悲痛呢！

实际讲起来，鲁迅是不会即刻便死去的，他绝不会离开我们如是之速，致他死命的最主要的原因，便是黑暗势力的加紧进攻。逼迫他不得不以病危的身体而加倍工作，终于被过度的劳苦，将我们的战士攫去了，为着整个的中华民族，他完成了命中注定的牺牲，这并不是没有根据的空谈，如果我们把最近鲁迅的工作，检讨一下便可以一条一条的拉出事实来证明，大家都还记得在高尔基病重的时候，鲁迅是也入了空前的危险期，当时为他治病的医生和许多朋友，都劝他离开上海去静养。可是我们这位意志坚强的老伙伴，在这个国势紧张危急的局面下，他的牺牲无我的精神，使他无论如何不肯离开上海一步，这时候他如果能把文化与民族生命看轻，而看重自己的健康，他是不会死的，至少他不至于死得这样快！这点，我们看他在大病中，怎么不肯放松自己的工作，来写答复托洛斯基派与徐××的信，和一些解决文台纠纷的文章,在他病得连手也抬不起来的时候,他还把自己的意见用口述说出来,请别人来记录,这些意见并不是病中杂吟,而是切迫的文化思想的问题,是救亡图存的领导工作,这工作,永远的纠缠着他,一直使他牺牲了他的健康与生命。

鲁迅的死,是完全为着整个中华民族生存而牺牲。为着我们的子子孙孙不愿作亡国奴而牺牲的,他的全部的著作与英勇的向前斗争的精神在给我们作着证明,我们伟大的战士,在这危亡的局面里,他是中华民族的灵魂,我们失掉了他,我们当然要感到极深刻的悲痛。

他确实死得太早了,如果到中国脱去了一切束缚而得到光明的社会,那时他再离开我们,我们的悲哀便可以减轻一点,可是在光明和黑暗剧烈斗争的现在,使我们失掉了一位领导者,使我们的工作受到了莫大的打击,但是一个人的死是不能挽回的,他的死使中国争取自由与光明的广大群众在自己未来的工作上,感到困难;可是他给我们遗留下的伟大的工作与宝贵的斗争经验。我们在他死了以后,为着纪念他;为着我们光明的前途,必须努力研究他的遗著,要诚恳的接受他的斗争的经验,与继续他的勇敢的斗争的精神,向他指示给我们的道路上走去。到了求得真正的光明与自由,解脱了非人的生活时,对于这个伟大的作家,我们心里才能安然,只有这样才能使我们现在的悲哀消失,否则这个伟大的作家他会死不瞑目的!

"纪念鲁迅先生特载"的第二篇文章是署名影愚采写的上海万民追悼鲁迅葬礼现场纪实。这篇现场纪实的标题是《最大的行列·最后的敬礼——民众的葬仪》。

一九三六年的深秋——十月二十二日下午二时光景,在上海这个东方唯一的都市中,掀起了一个巨浪:这巨浪正象征出一颗巨星陨落之后人民大众的惊惶,悲痛的心理。

这是鲁迅先生的葬仪,一个民族革命的伟大战士的安息。

胶州路上的洋梧桐叶,在肃杀的秋空不住地悉悉索索,斜挂了的太阳,放出金色的光辉打从稀疏的树缝间映射在千万人的面孔上,一种悲怆的空气分外显得浓厚。在蚂蚁一般的人群中,除了几个忙着布置葬仪的执事者在不断地奔跑外,大家都沉默在无言中,虽然也有几个歌咏队在唱着悠扬的挽歌。每一个人的眼睛亮晶晶地,有的伤感地湿润了,有的像燃烧出悲愤的火一般。

这些人群中,除热情的青年,有老人有孩子,男的,女的,文学家,著作家,艺术家,教授,特别值得注意的有短衫工人和店员,也有银幕上的明星。奴隶的红夹印捕,耀武扬威的西捕以及一些带着奸笑的狗们。

空气显得无限的沉闷,忧郁,凄怆,这中间,又包含着一种有力的紧张:像一幕悲壮的喜剧将要揭开了。

童子军一边维持着秩序,一边散发着《鲁迅先生的挽歌》和《鲁迅先生的传略》;另外还有几位青年散发着《鲁迅先生生前救亡主张》;面部放着火一般的热情,一双手敏捷地向群众中,不住地挥。人群中轰动起来了,大家争先恐后的喊:

"喂,这儿!"

"我……要一张!"

"喂,我还缺呢……"

这时候,忽而从万国殡仪馆门口挤出了一群青年纠察队,手里拿着小方三角形白旗,高声喊着:

"我们排好队伍!"

"快要出发啦!"

"排好我们的队伍!"

"五个人一排……"

"五个人!"

刹那间,整齐了一个万人的行列;一排排的向前面推进。前面的已经拐了个大弯,从胶州路转到爱文义路。停住了脚,歌咏队唱起了悠扬的挽歌,后面的人也跟着在低唱起来,他们的眼光都一齐盯住在那一小方的纸上,像要把一个字一个字吞进肚里去似的。花圈队一双双的从里面鱼贯而出,接着就是那无数的白布挽联一行行的排出,每一个群众的目光都转向到这些漂在空中的白布挽联上去了。

这许多幅的挽联,每一个字,每一句话,都包含着无限的哀思和沉痛的呼声。乐队的哀歌声响起来。一部光亮的黑色灵车,载了我们伟大的战士出来,向群众中慢慢地移动着。在车前,两个青年竖起了一幅用墨绘成的巨像,虎生生的,面容显出了一个思想家的冷静,像在深思,又仿佛带着微笑似的。车后一部绿色的汽车中,置着这位巨人的遗照,两个十来岁的小姑娘红着眼睛在咽泣。紧接着是先生的夫人,爱子。后面的几部汽车中,除了他的弟弟周建人夫妇,是有蔡元培先生和孙夫人宋庆龄女士。

"哀悼鲁迅……先生……"

"哀悼鲁迅……先生……"

"他是我们……民族的灵魂……"

"他是……新时代的号声……"

"唤起大众……来争生存!"

"他反抗……帝国主义,"

"他反抗……黑暗势力,一生到老……"

光滑的柏油路上,这一个最大的行列,在庄严的挽歌中前进了。从最前排连续地接下去,这歌声响彻了云霄,震撼了每一个送葬者的

心灵！沉重的词句,通过了千万只喉管,形成了无比的力量,他惊醒了高楼大厦中的人们,在他们出来张望,群众歌唱也特别的响亮:

"你的笔尖是枪尖,"

"刺透了旧中国的脸;……"

"你的声音是晨钟,"

"唤醒了奴隶们的迷梦;……"

一阵一阵的歌声接下去行进着,像一条铁链似的。过了租界,那些荷枪实弹的西捕不见了,中国的武装警察布满了马路的两旁,如临大敌。他们与民众组成的行列,构成了一幅中国的缩影。

在暮色苍茫中,已经到达了万国公墓。千百个群众,渐渐地集聚在一块了,悲痛侵蚀了每一个人的心,热血止不住沸腾,他们由悲痛而愤激,于终止不住呼号了:

"鲁迅先生精神不死!"

"鲁迅先生精神万岁!"

"纪念鲁迅先生,要打倒×帝国主义!"①

"纪念鲁迅先生,要打倒汉奸!"

"中华民族解放万岁!"

在激昂的怒吼中,开始了鲁迅先生的葬仪。首先由主席蔡元培先生的演讲,全体群众立刻都肃静下来,但等不到蔡先生的话说完,大家齐声的回答了:

"是的,鲁迅先生精神不死!"

接着掌声就雷一般的响了。沈钧儒先生报告过鲁迅先生的事略后,在群众的欢呼声中催出孙夫人宋庆龄女士出来讲演了。她说话

———————————

①这里所指是日本帝国主义。当时的国民政府不准新闻媒体出现"日本帝国主义"字样。

的声音很细小，几乎使人听不出来，她说："我们要纪念鲁迅先生，必须打倒帝国主义，消灭一切汉奸，完成民族解放运动。"群众听完了孙夫人的话，像疯狂似的叫了起来："拥护孙夫人的主张！"

接着章乃器先生说："鲁迅先生之所以伟大，是在于他的文章，是为全世界被压迫大众讲话的。尤其是对被压迫得最厉害的中国大众。我们纪念鲁迅先生要发起一个'鲁迅先生运动'；第一，使没有参加联合战线的都觉悟起来参加；第二，应使每一个人每一天都能做一小时有利于民族解放的工作；第三，每个人都应该学鲁迅先生的至死不屈的精神。"群众的掌声，掩没住了一切的悲哀，接着是内山完造先生，邹韬奋先生等的讲演，大家在欢呼中形成了一团火，把整个万国公墓的阴郁的气氛都赶掉了。当胡愈之读过哀词后，一面"民族魂"的黄色绸旗覆上灵柩，千百个群众反回复到静默，在哀惋的安息歌声中向着我们的巨人行了最后的敬礼。

半边明月高高地照耀着，这无数群众走上了归途。《义勇军进行曲》的歌声又响彻了寂静的郊野。

除"纪念鲁迅先生特载"外，这一期的《读书生活》"大众习作"专栏还在头条位置发表了两首悼念鲁迅先生的诗歌。

署名钱志抗创作的《悼我们的先锋——鲁迅》这样写道：

你说：
"死了应即忘了，
可不必记忆。"
我们既弱了一个刚毅的先锋，
怎能抑止情绪，
不痛加惋惜？

我们愿多死几个土豪劣绅，

使我们的喇叭吹得更响。

只不愿死了你一人！

我们愿多死几个贪官污吏，

使我们的队伍严肃整齐。

只不愿死了你一人！

我们愿多死几个汉奸军阀，

使我们好多杀几个敌人。

想不到竟死了你这人！

你说：

"死了应即忘了，

可不必记忆。"

我们既弱了一个刚毅的先锋，

怎肯徒然悲悼，

不格外奋勇？

署名宇飞创作的《陨星的流光——悼鲁迅先生》这样写道：

在我眼前仿佛

展放着万顷狂涛；

我凝视着，

我静听着，

涛声？

波语？

分明是敌人咆哮。

我睁圆了我的眼睛，

我握着我的剑鞘；

我静待着，

我注视着，

我没有战栗，

我没有恐惧，

我只是心火在血底燃烧。

呵！这漫漫的长夜里呵——

只有星光闪烁。

夜幕是展开了；

他吞噬了光明，

他把全人类拥抱。

我们的斗士呵！

他要向这穹窿无际的黑暗长号。

他的悲壮战歌响彻了宇宙，

他热力的脉搏掀起了无止息的血潮；

他要把匍匐在夜里的青年送到光明的明朝。

夜幕是延长了，

夜幕是延长了，

星火也要消灭在这夜里；

于是光明同黑暗战争开始了。

叛徒？

腻友？

谁管他叛徒腻友呵！

是一样地沐浴在这搏战的血潮。

他热情像烈火一样的燃烧，

他战歌像海涛一样的狂啸，

他怀着坚决的毅力,

他像闪电的急跑;

我们的斗士呵!

我们的斗士呵!

他在这一瞬间啊,

流星般的陨落了!

他像流星一般的陨落了,

我们都不哭号,

我们都不喊叫,

我们要在悲悼的顷刻拔剑出鞘,

我们要继续呵——继续的战到明朝;

——渴望的光明就在明朝。

他是死了,

金光灿烂的死哟?

悲壮凯旋的死哟?

他是死了?

从此冤仇变成了腻友,

从此展开了斗士的血潮。

这伟大的寂寥哟!

要把黑暗溶化冰消。

我们的血浪还在潮,

我们的心火还在烧,

趁着流星陨落的闪烁——

我们要一齐地拔剑出鞘;

因为斗士他已掀起了永无止息的血潮。

据《李公朴之歌》记载,在鲁迅先生葬礼的现场,在万民哀悼的哭声中,沈钧儒、李公朴、章乃器、王造时四位爱国会的领袖将一面黄绸覆盖在鲁迅先生的灵柩上,上面由沈钧儒亲自书写"民族魂"三个大字,随后李公朴先生等勇敢坚毅地走在送葬队伍的最前列,并代表上万名送葬者向鲁迅先生致以最后的敬礼,然后在悲哀的《安息歌》中,填了第一锹土。

送完葬,李公朴先生回到家里已经十分疲劳了,然而他不想休息,上万人的送葬队伍一直在眼前闪烁。他觉得心中有许多话要说,但一时又不知从何说起。他沉思了一会,打开日记本,写下了这样一段话:"鲁迅先生热爱自己的祖国,热爱自己的民族,为中华民族的解放奋斗了一辈子,临终的前一天还在执笔为文。真可谓鞠躬尽瘁,死而后已。今天上万群众不经邀请,不凭通知,也没有人组织联络,各自冒着寒风细雨,从四面八方汇集墓地,悼唁鲁迅先生,表达崇敬的心意。上海从来没有过,全中国也从来没有过。古人曰'人生自古谁无死,留取丹心照汗青',今天我感受到了,一个人为民众尽了力,人民大众是不会忘记他的。鲁迅先生是我们的楷模,我们这些后来人要紧紧跟上。"[①]

人们不能忘记的是,在鲁迅先生逝世近十年后的1946年7月12日,李公朴先生在昆明街头被国民党特务枪杀殒命,用自己的壮烈牺牲践行了他的誓言:"鲁迅先生是我们的楷模,我们这些后来人要紧紧跟上。"

笔者揣想,也许就是在参加鲁迅先生追悼会的那一天晚上,李公朴先生就开始筹划在《读书生活》1936年第五卷第一期隆重推出"纪念鲁迅先生特载"。

《读书生活》"纪念鲁迅先生特载"不仅真实、生动地记叙了当时人们

---

① 杨金达、陈荣著,李公朴研究会编:《李公朴之歌》,群言出版社,2020年,第108页。

对中国一代文学巨匠的深切悼念和缅怀,同时也给今天的人们留下了一份十分珍贵的鲁迅研究史料,尤其是记叙鲁迅先生葬礼现场情景和两首诗歌的史料更为弥足珍贵。

《读书生活》"纪念鲁迅先生特载"是李公朴先生和他的战友留给我们的一笔非常宝贵的精神财富,我们永远不会忘记鲁迅先生;我们永远不会忘记李公朴先生和他的战友;我们永远不会忘记"纪念鲁迅先生特载"这份十分珍贵的历史文献。

第15章 "把读书融化在生活中"魅力永恒

在20世纪30年代,左翼文化运动在上海风起云涌,期刊成为左翼文化运动的主流阵地。这些期刊是进步人士传播新思想、发表新作品的舆论平台,也是向国民党政府抗争,鞭挞社会黑暗的尖锐武器。《读书生活》就是当时与《生活》《新生》齐名的为左翼文化运动推波助澜的三份进步刊物之一,正如著名学者叶文心所说,《读书生活》"是一份重要的左翼杂志"。这份杂志"为中国共产党在城市中的发展提供了土壤,促使上海的小市民倾向这一政党"。①

《读书生活》的创刊标志着期刊出版进入了一个新时代。《读书生活》公开申明文字资讯属于每一个人,开启了中国期刊史的先河。

《读书生活》在创刊辞中明确提出了"把读书融化在生活中"的科学理念,同样也开启了中国期刊史的先河。

---

①叶文心:《上海繁华——经济伦理与近代城市》,王琴译,中国人民大学出版社,2023年,第154—155页。

《读书生活》1934年创刊号

《读书生活》开启了中国期刊史的"两个先河",这是一个非常有趣的重要历史文化现象,十分值得我们深入地研究和探讨。

在"把读书融化在生活中"科学理念的指导下,《读书生活》从创刊伊始就大力提倡"读书是读活书,一面为生活挣扎,一面在万分嘈杂中,利用一分一分的时间去读书",积极贯彻"生活化,小品化,大众化"的办刊思路,充分满足了广大人民群众追求真理,向往光明的需要,引导一大批热血青年走上了抗日救亡的救国和追求真理的道路,因此成为上海进步文化阵地中的一个坚强红色堡垒。

《读书生活》杂志"把读书融化在生活中"的科学理念来源于这份进步

刊物的创办人李公朴先生科学先进的读书观、人生观。

他在《读书生活》1934年第一卷第二期撰写的《读书实验》一文中指出：

一、做人与读书。诸位在读书的时候，就应当从认识环境和改造环境两方面实验起来。在社会上可以做一个明了时代和改造社会的人。二、做事与读书。有许多人以为读书很多就是有学问，就能做事，其实这是不尽然的。所谓学问必须是能知能行，而且是正确的知，正确的行，才能算是真学问。能知不能行的人，固然是与蛀书虫没有什么区别，所以这行都是不正确的，那于人于事于社会都是没有裨益的。要想达到正确的知，正确的行，就应当把求得的知识在日常生活中，实验起来。……所以一个人读书如果不能在做事上实验起来，纵然能称'学富五车'或'十载寒窗'也只能博得一个'书生'的名气，做起事来，还是一个糊涂虫。三、求进步与读书。我们生存在社会中，做人做事是要经常遇着种种障碍和困难来阻止我们摧残我们。当我们遇着这些困难的时候，我们怎样才能扫除各种困难达到做人做事成功的目的呢？

第一，要有不怕失败的精神。……第二，要有创造的精神，中国人是很缺乏这种精神的，不但缺乏这种知识，而且常要压制这种精神。……在社会上可以看见禁止这样禁止那样，所以十几年来把中国弄得死气沉沉没有一点进步的现象，这都是由于一般青年没有了创造的精神。要知道宇宙间的现象和社会的事理，是要我们随时随地去创造去发现，才能改造社会，社会才有进步。

李公朴先生总结说：

现在我的话已经说完了,总括的说一句,实验的读书就是把读书与做人,做事和求进步三件事结合起来,才是真正的读书,才能求得真正的知识。

李公朴先生特别提醒广大读者,在投身反侵略斗争的同时,还必须保住自己的工作和家庭,现在还不是抛弃一切的时候,重要的是通过阅读与书写,对当前世界有新的认识。所以才需要依照《读书生活》给出的书单,引导广大读者特别是青年一代,通过阅读来提升自己,以读书做人为根本性的目的,真正明白读书做人对他们选择正确的人生道路的重要性。

笔者认为,李公朴先生读书观的核心理念是"把读书融化在生活中",从这个科学理念出发,他主张《读书生活》要逐步实现通俗化、大众化、小品化和学校化,主要着眼服务于工人、职员、小店员、失学失业青年,目的是使他们懂得如何生活,如何学习,做到读书学习与社会实践的统一,即理论与实践的统一。他反对为读书而读书,不与社会实践相结合;要求大家"读活书""活读书",把"做人与读书,做事与读书,求进步与读书"结合起来,真正认识自然发展的规律和社会发展的规律,并下决心改造自然,改造社会,为人类增加一点幸福,做一点有益的事。

"把读书融化在生活中"科学理念的创立是李公朴先生科学读书观的直接体现,"把读书融化在生活中"科学理念的实质内容主要体现在《读书生活》杂志倡导的通俗化、大众化、小品化、现实化和学校化。

(一)"把读书融化在生活中"——倡导通俗化

由于《读书生活》的主要读者对象是一些文化程度不高的店员、工人、职员、中学生,而且还担负着向人民大众传播新文化种子的责任,所以《读书生活》特别注意刊物"通俗化"的问题,将非常硬性的,使人看了感觉头痛的哲学、社会科学、政治经济学等理论,大胆做了"中国味道"的"通俗化"初步尝试,开辟了社会科学通俗化的道路。

艾思奇先生在《读书生活》"哲学讲话"专栏上发表的一系列关于马克思主义的文章,旨在通俗化马克思主义的理论。他告诉广大读者,哲学是一个人生活中最重要的课程。哲学能够引导人们选择正确的生活方式。一旦掌握了真正的科学方法,一个人就能以新的方式看待整个世界,继而对人的存在及其归宿都会有新的认识。哲学课程对每个人都非常重要,而且所有读者都有能力学习哲学。一个人一旦获得了新的思想意识,就会在时机来临时做好行动的准备。

艾思奇先生将复杂的哲学概念与日常生活中的实例相结合,强调了理论与实践相结合的重要性,使得晦涩的哲学知识变得平易近人,使其更易于被青年和普通群众理解和应用,成功地将抽象的哲学观念转化为普通人可以理解和接受的内容,使得马克思主义能够更好地融入广大人民群众的生活中,从而扩大了马克思主义在中国的传播范围和影响力。

柳湜先生在《读书生活》1935年第三卷第一期发表的《如何通俗化》文章中说:"我们认为通俗化并不是庸俗化,它决不反对高深学理的研究,把高深的理论化为庸俗,迁就低级。恰恰相反,它是在一面提高大众的文化水准,一面代表着正确立场使高深学理普遍化,在形式方面尽可能地去掉经院气,做到使大众易于接近。简明化不是公式化,定义化。具象化不能妨害科学的抽象的法则的理解,而且是文学与科学的结合,在说明抽象法则时,用具象的方式去表达。"《读书生活》提倡的通俗化,就是刊物的文章内容让具有一般识字能力的人都能够读得懂,看明白,尽量减少"不能读"的情况。

(二)"把读书融化在生活中"——倡导大众化

《读书生活》编辑部在第一卷出刊后,根据《申报》流通图书馆统计,大部分读者年龄为16~25岁,多数为店员、职员、学生和工人。在20世纪30

年代,店员和职员的范围广泛,根据统计,此时上海大概有20万~30万职员,分布在旧式店铺、市政机关、洋行,以及民族资本商业诸多部门中。从读者来信的内容看,《申报》流通图书馆读者多为城市下层、有初等识字水平的店职员和工人,多数是旧式店铺(特别是零售业商铺)店员,政府和公共事业部门下层职员(如报社校对员、学校勤杂工),也有工厂熟练和半熟练工人。他们大多出身相对富裕的农民家庭,有小学或中学文化,农村破产后被迫搬迁至城市。他们多喜欢读书看报,上海这样印刷产业发达的城镇培养和满足了这个需求。

所以《读书生活》在创刊辞中表达了这样的希望:"我们的理想是将来的《读书生活》完全要变作读者的园地,里面全部要登载他们的文学写作,生活实录,科学研究,时事意见等,稿子要从各社会层的角落里飞来,撰稿人都是不见经传的生活奋斗的大众。"并且热烈地向广大的读者发出呼吁,"希望读活书的人数一天天加多,大家来多创造一点新园地吧!"

为此,《读书生活》一直强调刊物的大众化,文章尽量用大众生活的语言表达,写出大众的感想与意见,反映"大众自己的真实"。就像柳湜先生所说的那样,《读书生活》应变为各种社会层的人都要读的东西,它能走进工厂、商店、农村,甚至闺房、富地,它应该是已自觉的人的朋友,更是未自觉的人的导师。不要仅是博得少数人的欢声,而更多数人生惧,或漠不关心它。它应该放弃后母的心肠,平等地对待一切孩子,我们在当前的民族统一战线下,我们不能让哪一个孩子落伍,哪一个阶层的分子站在民族抗争以外,我们不能放弃一丝一毫的民族力量,这原则要用到教育上去,一切文化工作方面去。

提倡大众化,李公朴先生在《读书生活》1935年第二卷第六期的"编前"语中说得更为坦率:

生活记录要普遍一些。我们觉得生活记录不仅是指职业生活,没有职业或职业不正当,或职业以外的生活难道不是生活,不值得一记录么?那决不。《读书生活》既然以生活指导为中心,读书不过是了解生活,争加生活奋斗的工具,在提供生活经历的一方面说,生活记录自然有重要意义。

(三)"把读书融化在生活中"——倡导小品化

《读书生活》在"科学小品"专栏首次推出了高士其先生创作的《我们的抗敌英雄》系列科学小品文,高士其先生以其深厚的文学素养、系统的科学知识、坚实的专业基础、富有想象力的构思和深刻的寓意与哲理,将思想性、科学性与艺术性完美结合,浑然一体创作的科学小品,以拟人的形象手法,用生动活泼、娓娓动听的故事形式,深入地探索了从人们眼睛看不见的微小细菌到无垠的宇宙秘密。这些科学小品文真正实现了马克思主义和科学传播的完美结合,成功地将马克思主义与科学、文学相融合。它们以恰当的比喻,如同革命的匕首和投枪一般,直接刺向敌人的心脏,给日本侵略者和国民党反动派以有力的揭露、打击和嘲讽,同时为人民大众提供了好吃又好消化的科学食粮,为科学大众化、传播科学知识做出了开创性、奠基性的贡献。

(四)"把读书融化在生活中"——倡导现实化

随着九一八事变、一·二八事变的发生,特别是随着日军跨越长城、觊觎华北,中华腹地置于敌人虎口之下,中华民族的生存危机日益加剧,加之国共内战和国民党内部纷争的局面,很多民众和青年陷入焦虑与彷徨的迷雾中。在这种情势下,《读书生活》以笔做武器,并将刊物尽量发行"到民间阅读去",最终是要帮助广大职员和学徒更好地把握自己的命运。

为此,《读书生活》杂志在创刊辞中明确指出:"我们提倡读书,但一定要读我们生活需要的书,我们提倡读书,但一定是配合我们的生活实践的读书。"所以,李公朴在该刊1935年第三卷第一期《〈读书生活〉的一周年》中写道:

> 诸君! 今日再不容许我们不打开眼睛了,再不容许我们把时光花到空洞的书本子上去了。同时也不容我们,只凭热血,没有认识,盲目的去作孤注一掷的狭隘的民族抗争,新的民族解放战争是要有抗争的理论去武装自己的,同时要在抗争中去学习理论,深化自己的认识呢!

他在《读书生活》1936年第四卷第一期发表的《青年救亡工作的研究》中直接指出,广大青年:

> 先有救亡的决心和牺牲的精神还是不够的,同时还应该从事下述三种实际的准备:第一是理论的基础,第二是对中国国内的实际情形要有充分的认识,第三是实际工作的训练。理论的基础知识,是每一个从事救亡工作的青年所必须有的,没有理论的基础,不但对于时代历史的演变毫无把握,而且还有一种危险性隐藏在里面。比方一个毫无理论基础的青年,他因为不了解社会的发展必然要到达社会主义的阶段,今天是个爱国青年,明天也许要变为一个汉奸。这都是可能的,一个没有理论基础的青年,他的行动往往是不坚定的。所以一个从事救亡工作的青年,最低限度,对于社会发展的法则和阶段,应该有充分的把握。
>
> 其次说到实际工作的训练,则更为现在一般青年所缺乏了。现在几乎每一个青年都觉得国应该救,但他们不知道应该怎样去工作……这个问题是和唤起整个中国民众起来参加救亡工作有连带关

系的,所以今后每个青年应该特别的注意。我们认为每个青年要训练实际工作首先应该从本校的实际工作做起,把不愿工作的同学组织起来,使他们能一致的工作,倘若本校的工作无法做起,那么要做唤起全国民众的工作,那是难之又难了。

《读书生活》杂志注意从理论基础、中国社会实际情形和实际工作的训练三个方面积极引导广大青年读者认真做好"三种实际的准备",告诉他们每个人都可以在实际生活中训练自己,在每天的生活中磨炼出自己正确的观念,深刻认识到,只有在生活中的学习,才是真正的带着实践性的学习;也只有学习中的生活,才是真正的具备着战斗性的生活,才能抗争社会的黑暗,才能赶走帝国主义侵略者,才能取得中华民族解放战争的最后胜利。

(五)"把读书融化在生活中"——倡导学校化

李公朴先生一直强调:"《读书生活》杂志的本身,就是一个理论与实践联系很密切的学校……强调着学习与生活的统一。"所以,《读书生活》编辑部一直在努力把这份杂志办成一个正规学校以外的教育园地,办成一所真正的社会大学。

叶文心先生认为,《读书生活》是一所没有围墙的学校,在任何时候,读者们只要拿起杂志,就可以将工作现场变成教室课堂。不同于学校的讲堂,在这个教育园地里宣讲的并不是那些能说会道、知识渊博的学者,而是被迫辍学的"沉默的大多数"。[①]

《读书生活》倡导学校化,同时创造出了"书报化"和"讲义化"的新教

①叶文心:《上海繁华——经济伦理与近代城市》,王琴译,中国人民大学出版社,2023年,第156页。

育方法。开办了当时一般杂志前所未有的各种讲座,比如艾思奇的"哲学讲话",夏征农的"文学讲话",曹伯韩的"算学讲话",高士其的"科学小品"以及"读书写作问答"等,都受到了广大读者的拥护和欢迎。

此外还有曹伯韩、廖庶谦、陈楚云撰写的《社会常识读本——帝国主义》《中国历史》《妇女问题》《民族问题》《国际关系》《读书常识》《读报常识》,以通俗易懂的文字,讲解社会政治常识,宣传革命思想,逐期连载,适合店员、学徒、工人自学,之后更是成了群众组织的许多读书班、读书会学习的课本。

《读书生活》杂志倡导"把读书融化在生活中"的科学理念以及"生活化,小品化,大众化"的办刊宗旨和积极实践,是20世纪30年代把一份杂志办成一所"没有围墙"的学校的成功经验。

著名出版家傅璇琮曾经说过,出版社是能出人才的,编辑是能成为专家学者的。回顾20世纪的中国出版史,凡是能在历史上占有地位的出版社,它们总有两大特点,一是出好书,二是出人才。我们一提起过去的"商务",总会自然想起张元济、沈雁冰、郑振铎、傅东华;一说起"开明",就会想起夏丏尊、叶圣陶、徐调孚、周振甫。

还应该指出,回顾20世纪的中国出版史,凡是能在历史上占有地位的出版社,大多数都是从出版杂志"起家"的,如被誉为中国"红色出版中心"的生活·读书·新知三联书店开始就是从出版杂志"起家"的:生活书店从创办《生活》周刊开始,是在《生活》周刊杂志社的基础上成立的;新知书店从《中国经济情报》和《中国农村》月刊"脱胎而成";读书生活出版社由《读书生活》杂志社衍变而来。三联书店也有两大特点:一是出好书,二是出人才。今天,我们也可以非常自豪地说,一提起《读书生活》杂志,一提起读书生活出版社,人们总会自然想起李公朴、艾思奇、柳湜、夏征农、黄洛峰、范用,想起高士其、胡绳、刘岘、鲁藜……

当年李公朴先生来到延安,在与毛泽东等一批共产党人谈话并实地考察后,曾经想撰写一本《革命的圣地——延安》,后来他又认为还是《革命的摇篮——延安》的书名更为亲切——因为人们从五湖四海来到延安参加革命,就像孩子投入了母亲的怀抱,许多人才都是在这里孕育、成长、壮大的。后来因为搜集的资料在成都国民党反动派制造的"抢米风潮"中遗失了,未能完成写作,成为李公朴先生的一大憾事。①

笔者认为,由于客观原因限制,李公朴先生虽然没有将《革命的摇篮——延安》这本书写成,但是他和他的战友却把《读书生活》杂志办成了一所没有"围墙"的社会大学,把《读书生活》杂志真正办成了一个"革命的摇篮",许多人才都是在这个"革命的摇篮"里孕育、成长、壮大的。

说起李公朴先生创办没有"围墙"的社会大学的重大意义,曾经做了七年李公朴先生秘书工作的方仲伯先生认为:"这个'学校'虽然时间不长,但对中国新教育的贡献是较大的。他的许多精辟的见解,迄今仍有一定的意义。公朴既是一个政治活动家,又是一个民众教育家,他的教育思想的基本点是面向群众,面向实际。他的教育内容是认识教育、技术教育、组织教育和人格教育。他的教育方法是教、学、做、用合一。他在一定程度上,认识到理论应与实践相结合,普及应同提高相结合。"②是的,方仲伯先生说得非常正确。《读书生活》倡导"把读书融化在生活中",强调读书必须以"应用"为目的,将"读、学、做、用"一体化的科学理念,与我们今天提倡素质教育和终身学习的教育理念是完全一致的。

《读书生活》把杂志办成一所"没有围墙"的学校的伟大实践,与法国著名学者加斯东·巴什拉提出的教育理念完全相同。加斯东·巴什拉认为:"学习将持续人的一生。一种局限于求学阶段的文化恰恰是对科学文化的否定,有了永久的学校才会有科学,科学应该建立的就是这种学校。

①方仲伯:《忆李公朴》,载中国人民政治协商会议全国委员会文史资料研究委员会编:《文史资料选辑·第29册·第86辑》,中国文书出版社,2011年,第23页。
②同上书,第34页。

届时,社会的兴趣将发生决定性的逆转:社会将为学校而生,而不是学校为社会而建。"①也就是说,人的一生是持续读书学习的一生,现实生活就是"教室课堂",人的一生就是在一所没有"围墙"的社会大学校不断地"读书"和实践中,学习提升自己的生存智慧。

笔者认为,《读书生活》把一份杂志办成了一所"没有围墙"的学校,这就是"把读书融化在生活中"科学理念的永恒魅力之所在,就是给我们今天的读书生活提供的最宝贵借鉴和启示之所在。

一位爱读书的朋友说得好:真正意义上的读书,是明白做一个具备人格尊严的人的真正意义,懂得在为人处世和待人接物方面怎样去维护他人的人格和尊严;真正意义上的读书,要把自己的思想磨炼成一把尖锐、锋利的钢刀。即使你的思想被碾成一片废墟,也要在废墟的角落里长出一棵迎风而立的劲草,因为这棵劲草的灵魂——是独立的思想。

一个人要"把读书融化在生活中",就要认真读书,树立正确的人生观、价值观,具有社会责任感,在面对是非善恶时,要有清晰的判断力,做到积极讴歌真善美,坚决鞭挞假恶丑,勇于抵制和改变消极的社会现象。

一个人要"把读书融化在生活中",就要在面对困难和挑战时不气馁;在取得成功和荣誉时不骄矜,始终保持对生活的热爱心和向往光明的进取心,坚持读书学习和个人的不断成长,不断学习新知识、掌握新技能,适应快速变化的世界,争取做一个对推动社会文明进步有贡献的人。

一个人"把读书融化在生活中",就要多读书,读活书,读书活,努力使自己在精神上变得更加丰富和高贵,不断实现个人精神境界的升华,努力将自己塑造成为一个拥有高尚灵魂的人。

如果人人都"把读书融化在生活中",在生活中逐步形成浓郁的书香

①加斯东·巴什拉:《科学精神的形成》,钱培鑫译,东方出版中心,2022年,第333页。

氛围,一定会加速深入推进我国的书香社会建设,不断拓展阅读的广度和深度,提高全民阅读的质量水平,一定能够为国家的强盛、民族的复兴筑牢深厚的文化基石、提供巨大的精神力量。

从这个意义上说,《读书生活》杂志倡导的"把读书融化在生活中"的科学理念魅力永恒!《读书生活》杂志促进中华民族文明进步的重要作用永恒!

附录:《读书生活》总目录

什么是电影？ | 凌鹤

诗的作法及其他——答冯剑南君

名辞浅释

数学公理的来源——答文成宣君

自学经济学之前——答王炎白君

果戈理的作品 | 英

人——机械 | 崇

我们的世界 | 夏高波

第一卷 第七期（1935年2月10日）

乙亥画相 | 韶华

实用主义的破产 | 允一

老实话 | 伯韩

水火不入的油漆 | 乃夫

不如意的事 | 艾思奇

名辞浅释

太阳黑点与人心 | 李崇基

深X光线器械的完成 | 乃夫

一个小贩的生活 | 王平

三家店的学徒 | 曼辉

"贱骨头" | 李秀芝

染织厂里 | 何瑞光

写些什么？怎样的写？ | 尹庚

教育救国及生活读书化——答罗俊君

意志自由问题——答许北辰君

《一年来的中国文学》——答吴实甫君

劝世人莫读古书文 | 曹聚仁

杂文家和大菜司务 | 唐弢

萨尔小公民的公意 | 斐亚

小店铺 | 若木

离别 | 舒星

深夜的哭声 | 吴鹤生

文学在新年——一篇文艺座谈的速记 | 夏时

论辩文作法讲话 | 王子舟

第一卷 第八期（1935年2月25日）

总结算 | 允一

"既成事实" | 韶华

痴子赞 | 柳湜

响炮酒 | 松泉

读报 | 北航

用照相作比喻 | 艾思奇

名辞浅释

从人造金刚石说起 | 从贤

人伍的第一天 | 王谢

我怎样尝到了女工的生活 | 琴仙

练习生的自述 | 孙烈

论美国 | 王纪元

关于"扬弃"一词的疑问——答徐亮君

人和环境——答周鹏邹杰方嫩平三君

关于生产要素的问题 | 惟明

第三卷 第二期(1935年11月25日)

后记

当笔者打开历史尘封近90年，厚厚重重四大卷《读书生活》杂志，认真翻阅已发黄的纸张，重温这些依然滚烫的文字时，突然想起了著名哲学家张祥龙生前怀念恩师贺麟先生的动人诗句："翻一本年久发黄的旧书，却是活火一团，取不尽的温暖……"在笔者的心中，《读书生活》杂志就是那"活火一团"，现在读来仍然觉得是那"取不尽的温暖"。

《杂志民国——刊物里的时代风云》的作者周为筠先生写道：

> 当重新翻阅这份曾经影响一时的老刊时，我们仿佛穿越时空的隧道，进入那个动荡不安的时代，触摸到了那些早已黯淡的历史兴奋点，鲜明地感受到出版者们的真诚与果毅、奋斗与追求。它凭借一腔热情，像冲锋在前的文化斗士，"用敏锐的眼光和深切的注意，诚挚的同情，研究当前一般大众读者所需要的是怎样的'精神食粮'"，言人所欲言，言人所不敢言，为特殊时代供应特殊需要的精神食粮。①

我们通过这些杂志，仿佛看到了知识分子的力量，他们的笔下流

---

①周为筠：《杂志民国——刊物里的时代风云》，金城出版社，2009年，第105页。

着墨也流着血,他们用新知识道统推动近现代社会一步步向前艰难迈进。①

将这段评价文字移赠给《读书生活》杂志恰如其分。

此时此刻,笔者的脑际浮现出了李公朴、艾思奇、柳湜、夏征农以及鲁迅、高士其、胡绳、刘岘、鲁藜等一批在《读书生活》中或笔者在现实生活接触过的熠熠闪光的历史人物,他们都和中国大众的读书生活密切相关,他们都和《读书生活》杂志密切相关。在实际意义上讲,这些历史人物都是读书成才的典型范例,或者说这些历史人物都是社会影响很大的阅读推广人。所以,笔者在两年前写完《暗夜灯火——打开历史尘封的红色记忆》这本书之后,就在着手准备《暗夜星火——穿越悠悠岁月的激昂文字》这本书的写作。《暗夜灯火——打开历史尘封的红色记忆》讲述的是中国共产党人在抗日战争和解放战争时期在国统区出版发行的读书刊物《读书与出版》的红色故事;《暗夜星火——穿越悠悠岁月的激昂文字》讲述的是抗日战争时期在上海出版的进步期刊《读书生活》的红色故事。这两份红色刊物都是中国共产党在国统区的红色出版中心"三联书店"的核心刊物,笔者这两本书讲述的故事都和中国人的读书生活密切相关,从红色基因的传承上来讲,这两部书是"红色血缘"密切的"姊妹篇"。读者朋友若有兴趣可以把这两本书一起对照阅读一下,或许收获会更大。

《非常传媒——左联期刊研究》一书的作者左文先生写道:

左联期刊堪称是中国乃至世界传播史上的奇迹,他们创造了与其传播环境极为不相称的传播效果,他们的传播学价值应该受到重视,它们短暂而艰难的生存轨迹已经被时间风化成了文化的标本,人

---

① 周为筠:《杂志民国——刊物里的时代风云》,金城出版社,2009年,第6页。

们在五光十色的当代传播媒介中非常轻易地就将它们淹没和遗忘了,但是这并不意味着它们可以长久地被有意或无意地忽视。其实,它们时时刻刻都在提醒着我们思考这样的问题:在所谓正常态的社会中,究竟应该有怎样的传播媒介?究竟应该有怎样的文学传播媒介?我们究竟应该有怎样的传播媒介,才会在面对左联期刊时不至于羞愧难当?

长久以来,左联期刊都在默默地保存着自己的价值。被誉为传播学奠基人之一的政治学者哈罗德·拉斯韦尔认为大众传媒的传播过程有三种价值:一、监视环境,揭示那些会对社会及其组成部分的地位带来影响的威胁和机遇;二、使社会的组成部分在对环境作出反应时相互关联;三、传递社会遗产。

左联期刊是具备这样的价值的,首先,左联期刊充当了对当时社会环境的监视者,揭示了国家、民族的危机,批判了当时社会的黑暗与暴虐,它们出色地完成了恩格斯提出的期刊所应肩负的使命:"把社会肌体的所有弊端提交自己的读者裁判";其次,左联期刊的感召力使广大民众在反抗恶劣生存环境时"相互关联"了,它们所营造的舆论氛围和所达到的传播效果,对于中国人民在民族危亡关头的最终觉醒以及中国文艺界抗日统一战线的最后形成,作出了不可磨灭的贡献;最后,左联期刊给后来者留下了不朽的社会思想遗产,那些愿意接近、触摸和解读这些思想遗产的人无疑将变得更加富有,并且变得更加从容和坚强。在穿透血与火的历史魅影之后,左联期刊无疑证明了拿破仑的著名论断:世界上有两种强大的力量,即刀枪和思想,从长远来看,刀枪总是被思想战胜。①

---

① 左文:《非常传媒——左联期刊研究》,北京出版社,2010年,第369页。

作为左联期刊的佼佼者,《读书生活》给我们这些后来者留下的"不朽的社会思想遗产",就是"把读书融化在生活中"的科学理念,这是一笔非常丰厚的社会思想遗产,特别值得我们这些后来者接近、触摸和解读,这也是促使笔者撰写这部书稿的思想起因之一。

著名哲学家张申府先生在1942年5月7日《新华日报》上发表的文章《科学与民主》中说:"至于科学,今日乃是科学的时代,没有科学是不能立国的……中国提倡科学与民主早已有年,但是现在社会上封建思想还是这样普遍,官僚武断的恶习还是这样流行,鬼神的迷信还是这样深入人心,物质建设厚生之道还是这样落后,人民心习思想上却还看不出科学精神的效力。在这种情形下,显然仍大有把科学与民主重加提倡的必要。"①

笔者认为,在张申府先生这篇文章发表82年后的今天,"我们显然仍大有把科学与民主重加提倡的必要"。

所以,弘扬《读书生活》当年大力倡导的科学与民主精神是笔者撰写这部书稿的又一个思想起因。

在撰写这部书稿的过程中,笔者的心灵和思绪一直被李公朴、艾思奇、柳湜、夏征农以及鲁迅、高士其、胡绳、刘岘、鲁藜等人的崇高灵魂打动着、震撼着、激励着——正是他们当年的呕心沥血和不畏艰苦,正是他们当年的顽强拼搏,才给今天的我们留下了极其珍贵的四大卷红色宝典——《读书生活》,才给今天的我们留下了90年前那一代人亲身经历的多姿多彩的"读书生活"。

限于笔者的才情,或许没能够将这部宝典蕴含的丰富的科学思想内涵和文化矿藏全部挖掘出来,但是,笔者的这些个人局限丝毫不会影响《读书生活》这部红色思想宝典的熠熠闪光。

在这部书稿即将付梓之际,笔者突然想起了古代希腊著名哲人赫拉

---

① 舒衡哲:《张申府访谈录》,北京图书馆出版社,2004年,第209页。

克利特充满火焰般的精彩诗句：

> 别急着把赫拉克利特的书翻完，
> 这条路布满艰辛，
> 那里漆黑一片，
> 遍布迷雾，
> 没有丝毫光亮。
> 但是，
> 如若这位向导指引着你，
> 它会比太阳更璀璨。①

　　用这位人类先哲的诗句来比喻和赞颂红色宝典《读书生活》是恰当准确的。因为在笔者的心灵深处，《读书生活》就是指引人生的正确"向导"，宛如黑夜中的启明星一般灿烂。或者应当说，《读书生活》放射出的科学思想光亮甚至"比太阳更璀璨"。

　　其实，我们身边就时时处处发生着"把读书融化在生活中"的故事。记得五年前的一天，笔者发现一个朋友三岁的女儿正在聚精会神地看一本儿童漫画书。笔者充满好奇地问："你为啥这样爱读书呢？"小女孩十分认真地回答说："读书能够减少烦恼，书读多了，烦恼就少了。"

　　这个"小书虫"的故事生动地启示我们：人与书，书与人；人与生活，书与生活，几乎每天都在这样互相渗透，互相影响，互相融化着，人类其实都在自觉或不自觉地践行着《读书生活》杂志倡导的"把读书融化在生活中"啊！

　　也许是一种巧合？笔者写完这部书稿的时间正好是2024年4月23

---

① 《古希腊名哲言行录》，中国华侨出版社，2022年，第321页。

日——世界读书日。当天浙江日报社的公众号发布的一篇文章中说：

> 每年这个时候,劝读劝学的文章数不胜数,读书这件个人的事情因此带有强烈的公共性。在劝人读书的众多理由中,有一个理由时下青年恐怕无法拒绝:读书破万"卷"。此"卷"即书卷,多读好书不吃亏;此"卷"也是内卷、外卷、混合卷。在一众网络词汇中,"卷"因其精准直击了当代人的内心焦虑而经久不衰。当竞争白热化,拿什么拯救内心的不安? 喝了再多"鸡汤",都不如开卷破万"卷"。
>
> 多数情况下我们之所以会被"卷"进去,做重复低效的工作,本质是效率和创新力不足。要想"跳出三界外、不在五行中",最根本的还是要自我提升。而读书是新知的入口,是性价比最高的能力提升之法。

笔者认为,这段话写得很精彩,堪称是新时代最接地气的一篇"劝读文",转摘一段与读者朋友分享,或许你会发出会心的微笑。

特别感谢青年批评家、优秀阅读推广人、《人民日报海外版》编辑张鹏禹先生,在繁忙的采访、写作间隙,欣然应允拨冗为拙著撰写了一篇文采斐然、别具一格,带有导读意义的序言。

张鹏禹先生自谦地认为,一个"90后"小字辈为一个"50后"老前辈的著作作序不合礼数,所以他提出一个变通之法,以第一读者的名义撰写一篇"读后感"放在附录之中。

因为作者和本书编辑一再力主将这篇带着真情实感的"读后感"作为序言放在本书前面,无奈之下,他只得"恭敬不如从命"了。

邀请一位"90后"青年批评家撰写序言,在作者创作的五本书中,还是第一次。应该说,"小字辈"给"老一辈"著作作序,这种做法在文化界并不多见,也许人们对我们这个尝试是仁者见仁,智者见智。

张鹏禹告诉我,这篇文章他原计划写3000字左右,因为阅读《暗夜星火——穿越悠悠岁月的激昂文字》书稿后深深被李公朴等老一辈读书人的理想和追求所感动、所激励,竟然奋笔疾书,字数猛增一倍。作为本书的作者,我为年轻一代对李公朴等老一辈读书人的崇敬之情深深感动和激励。

相信各位读者朋友读了他带着火焰和灵感的激情文字,再翻阅一下《暗夜星火——穿越悠悠岁月的激昂文字》这本书讲述的读书生活故事,自然会品评他说得好不好、在不在理,或许会收获一份意外的惊喜。

笔者还要衷心感谢天津科学技术出版社社长孟祥刚、总编辑方艳和副总编辑张建锋,天津人民出版社社长刘锦泉、副社长沈海涛以及这本书的责任编辑刘颖、李晓琳、张冲、李佩俊,美术编辑吕刚,以及衷心感谢所有关心支持这本书写作和出版的朋友们,正是他们的热情支持、辛勤劳动和积极鼓励,为笔者顺利完成这部书稿的写作提供了满满的信心和力量。

樊国安写于2024年4月23日——世界读书日